国际贸易电子商务标准化实用指南

胡涵景　张荫芬　著

中国质检出版社
中国标准出版社

北　京

图书在版编目（CIP）数据

国际贸易电子商务标准化实用指南/胡涵景，张荫芬著．—北京：中国标准出版社，2014.6
ISBN 978 - 7 - 5066 - 7531 - 4

Ⅰ．①国…　Ⅱ．①胡…②张…　Ⅲ．①国际贸易—电子商务—标准化—中国—指南
Ⅳ．①F724.6 - 65

中国版本图书馆 CIP 数据核字（2014）第 073935 号

内 容 提 要

本书系统地介绍了电子商务标准化的相关知识，EDI 标准的构成、EDI 数据标准化、EDI 应用语法规则、报文设计规则、远程传输贸易数据交换统一行为守则、XML 电子商务标准化知识、UN \ CEFACT 核心构件技术规范标准以及电子商务自律办法与电子商务协议、电子商务发票等知识。本书始终围绕着标准体系展开，自始至终都贯穿着标准体系这根红线，是从事电子商务工作必备的工具书。

中国质检出版社
中国标准出版社　出版发行

北京市朝阳区和平里西街甲 2 号（100013）
北京市西城区复外三里河北街 16 号（100045）
网址：www.spc.net.cn
电话：（010）64275360　发行中心：（010）51780235
读者服务部：（010）68523946
中国标准出版社秦皇岛印刷厂印刷
各地新华书店经销

*

787mm × 1092mm　1/16 开本　印张 18　字数 401 千字
2014 年 6 月第一版　　2014 年 6 月第一次印刷

*

定价：56.00 元

前言

电子商务是经济全球化和贸易自由化的重要手段，也是传统产业变革和企业实现技术跨越的关键推动力，已成为各国政府为增强国家竞争力、赢得市场资源配置优势而大力推进的战略性任务。电子商务不是一个单纯的技术问题，而是一个跨国界、跨地区、跨行业、跨学科、跨领域的系统工程。标准化在其间起着协调和统一有关技术问题，更新经营观念，确立市场运营的技术规则，连接电子商务的各个环节，确保其协同工作，使之有序、高效、快速、健康发展。

联合国贸易便利化与电子业务中心（UN/CEFACT）从20世纪80年代开始就负责专门从事研究和制定国际贸易单证以及电子商务的国际标准和措施，并在联合国框架内发布和推广这些标准和措施。到目前为止UN/CEFACT共发布了35个建议书、7套标准和5套技术规范，形成了一套全球统一的贸易便利化措施和电子商务标准化理论。

国际贸易电子商务标准化包括两部分内容，一类是电子数据交换（EDI）标准化，另一类是基于XML的电子商务标准化。本书将全面解析EDI标准化和基于XML的电子商务标准化的原理与方法，同时解析构成EDI标准化的229个标准和使用方法，以及构成基于XML的电子商务标准化的225个标准和使用方法。本书是目前国内第一部全面和准确描述电子商务标准化理论的书籍，它不仅可以作为从事国际贸易电子商务工作者的参考书和手册，也可以作为各大专院校和各商务培训机构的教材。

由于作者水平有限，书中错误在所难免，敬请读者和用户指正。

在编写本书的过程中得到了商务部的孟朱明高级工程师、交通部的陈琪明和黄德玉研究员、工业与信息化部的陈淑仪研究员、中国远洋运输集团总公司的钟小林高级工程师的大力帮助，在此表示衷心感谢！

著　者

2014 年 1 月于北京

目录

第 1 章 贸易便利化与电子商务标准化

本章学习目标

- ◆了解贸易便利化的组成；
- ◆了解国际贸易电子商务与贸易便利化的关系；
- ◆了解国际、国内贸易便利化与电子商务标准化的现状。

1.1 贸易便利化

世界经济全球化和国际贸易便利化是当今世界经济发展的两大趋势。国际贸易加快了世界经济全球化的进程，贸易便利化成为国际贸易增长的新引擎。最近几年受到国际金融危机、欧债危机、全球经济下滑、贸易保护主义抬头等因素的影响，使我国国际贸易高速增长势头放缓了。在稳增长，调结构，促进平衡的基础上我们应当通过加快推进贸易便利化与标准化的应用推广来重新带动我国国际贸易快速发展，提高我国国际贸易的竞争力。

贸易便利化在20 世纪90 年代作为国际贸易与各国经济发展的重要因素被提出。由于它对贸易的竞争力和市场一体化所产生的重要影响以及在吸引国外直接投资方面的重要性，在过去十年间受到了各国政府和国际社会的广泛关注。世界贸易组织（WTO）已经将它作为新一轮多边贸易谈判的四大议题之一。

在实施贸易便利化的过程中，无论是政府机构还是企业都能够从中获得巨大的利益。贸易便利化会使政府机构通过增加贸易税征收、改善资源利用和强化贸易商守法水平等方面得益。同时，政府办事机构将会更加高效和透明，使行政管理保持较高的安全等级和有效的政府监管水平，同时还可以避免腐败的发生。贸易便利化会使贸易商提高办理效率、降低交易成本，从而提高全球市场的竞争力。世界银行的一项关于促进增效的研究发现，为促进贸易便利化花费 1 美元，就会通过出口为各受益方转化成 70 美元。

国际贸易便利化是一项复杂的系统工程，它涉及贸易的各个领域和环节。联合国贸易便利化与电子业务中心（UN/CEFACT）将它定义为：“国际贸易便利化就是使办理国际贸易事务的手续、程序、单证和操作实现简化、协调和标准化，使国际贸易业务办理比以前更为简便、快捷和节省成本”。标准化、简化、协调是贸易便利化的核心。图 1－1 给出了简化、协调和标准化之间的逻辑关系。

简化就是消除贸易手续、处理和程序中的所有多余部分和重复。

协调就是对本国规程、操作和单证按照国际公约、标准和管理所进行的调整。

标准化是一项针对国际间各方均予认同的惯例和手续、单证和信息进行格式化开发的过程。

WTO 将透明化列入贸易便利化范畴，并将简化、协调、标准化、透明化作为贸易便利化的四大原则。图 1－2 给出了 WTO 贸易便利化的四大原则。

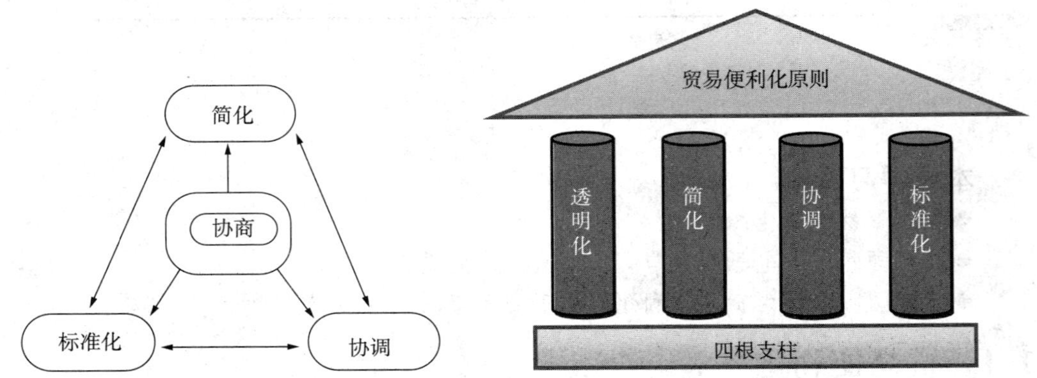

图 1－1　简化、协调和标准化之间的逻辑关系

图 1－2　WTO 贸易便利化的四大原则

“世界贸易需要国际标准”，早在 20 世纪 60 年代初，联合国就成立了联合国贸易便利化与电子业务中心（UN/CEFACT），这是一个专门从事研究、制定、发布和推广国际贸易便利化与标准化的机构。国际贸易便利化包括国际贸易事务相关的手续、程序、单证和操作，其目的是简化、协调和标准化，使国际贸易业务办理更为简便、快捷和节省成本。为实现这一目标，UN/CEFACT 的主要任务就是制定全球统一的标准和便利措施，消除国际贸易中的技术壁垒，提高效率、降低成本。

目前，全世界从事贸易便利化活动的机构有 13 家。WTO、UN/CEFACT 以及世界海关组织（WCO）是从事贸易便利化工作的主要机构。另外，还有一些联合国机构也积极参与贸易便利化活动。

WTO 主要负责各国之间的谈判。WTO 从 2001 年开始的多哈回合贸易谈判正在起草国际贸易便利化公约，同时开始国际贸易便利化多边谈判。多哈回合贸易谈判的四大议题分别是农产品、非农产品的市场准入、服务贸易、贸易便利化。虽然在前 3 项谈判上遇到了很大阻力，使得谈判进入僵局，但是贸易便利化谈判进展顺利，有望在 2013 年年底前完成贸易便利化多边谈判，在 2014 年开始实施。

UN/CEFACT 主要负责贸易便利化技术层面的工作，包括贸易程序简化措施和数据交换标准的研制与发布，以及贸易便利化协调机制的建立。UN/CEFACT 经过 50 多年的努力，到目前为止，相继发布了 35 个建议书、7 套标准和 5 套技术规范，形成了一整套全球统一的贸易便利化措施和国际贸易数据交换标准，其内容主要针对国际贸易过程中的手续、程序、单证以及操作的简化、协调和标准化等。其中电子商务标准化是贸易便利化的一个分支。标准化可分为贸易单证标准化、电子数据交换（EDI）标准化以及基于可扩展置标语言（XML）电子商务标准化三部分内容。

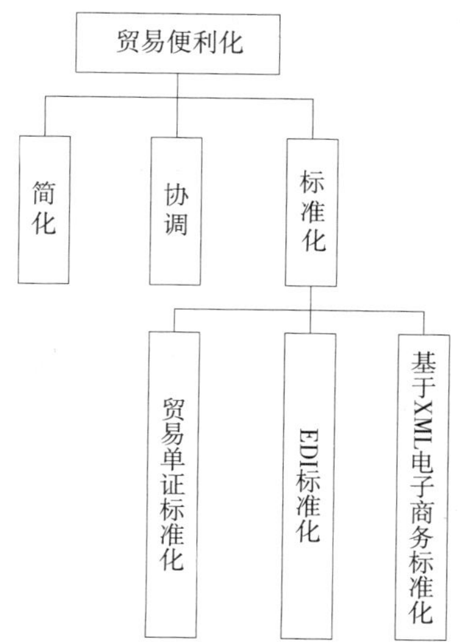

图1-3 贸易便利化与电子商务标准化之间的逻辑关系

目前，全世界所有发达国家在国际贸易中均已采用与国际标准一致的贸易单证，并采用了EDI或基于互联网的电子商务来进行国际贸易数据交换。许多原来从西方殖民统治独立出来的国家，由于与西方发达国家在经济、技术、贸易上的联系，也采用了与国际贸易一致的贸易单证，并逐步采用了EDI或基于互联网的电子商务来进行国际贸易数据交换。只有一些发展中国家和经济转型国家目前还尚未做到这点，但也正在积极准备采用与国际标准一致的贸易单证，这其中就包括中国。

联合国国际贸易法委员会（UNCITRAL）已经为贸易便利化发布了《电子商务示范法》以及《电子签名示范法》等，并且正在起草其他有关贸易便利化的国际法规，为贸易便利化奠定法律基础。

世界海关组织（WCO）正在世界各国加快推进海关手续的简化，尤其是在结关、跨境管理和安全上正在积极加快推进相关手续、程序、单证和操作的简化、协调和标准化。

其他国际组织正在积极配合UN/CEFACT和WTO加快推进国际贸易便利化的进程。

1.2 电子商务标准化

随着科学技术的飞速发展，世界经济日新月异。尤其是20世纪80年代以后，在信息技术革命浪潮的猛烈冲击下，人类社会的所有领域都发生了改变。在这期间世界经济正逐渐向全球化方向发展，国际贸易也空前活跃，市场竞争愈演愈烈。正是在这样的背景下，以计算机技术、网络技术和信息技术为基础的电子商务应运而生。电子商务是经济全球化和贸易自由化的重要手段，也是传统产业变革和企业实现技术跨越的关键推动力，已成为各国政府为增强国家竞争力、赢得市场资源配置优势而大力推进的战略性任务。电子商务不是一个单纯的技术问题，而是一个跨国界、跨地区、跨行业、跨学科、跨领域的系统工程。标准化在其间促进协调和统一有关技术问题，更新经营观念，确立市场运营的技术规则，连接电子商务的各个环节，确保其协同工作，使之有序、高效、快速、健康发展。

为迎接电子商务给全球带来的机遇和挑战，使得它在全球范围内有序地发展，并实现网络间的无缝连接和互操作性，世界主要国家和有关国际组织都非常重视电子商务标准化工作，纷纷采取措施，保障和促进本国的电子商务有效、快速和健康的发展。

为了解决技术壁垒问题，节省国际贸易的成本，提高效率，UN/CEFACT 从 20 世纪 80 年代开始就负责专门从事研究和制定国际贸易单证、以及电子商务的国际标准和措施，并在联合国框架内发布和推广这些标准和措施。到目前为止 UN/CEFACT 共发布了 35 个建议书、7 套标准和 5 套技术规范，形成了一套全球统一的贸易便利化措施和单证标准化理论。

电子商务包括两部分内容，一类是电子数据交换（EDI），另一类是基于 XML 的电子商务。UN/CEFACT 将 EDI 定义为在增值网上一种电子数据传输方法，用这种方法，首先将商业或行政事务处理中的报文数据按照一个公认的标准，形成结构化的事务处理的报文数据，然后将这些结构化的数据经由网络，从一台计算机传输到另一台计算机。UN/CEFACT 将基于 XML 的电子商务定义为在互联网上一种电子数据传输方法，用这种方法，首先将商业或行政事务处理中的报文数据按照一个公认的标准，形成结构化的事务处理的报文数据，然后将这些结构化的数据经由互联网，从一台计算机传输到另一台计算机。通过上述定义不难发现 EDI 是通过增值网来实现的；基于 XML 的电子商务是通过互联网来实现的。由于采用 EDI 方式进行电子数据交换大大提高了数据交换的速度、效率、数据的安全性，节省了大量人力、物力、财力以及时间，因此被世界各国广泛接受和采用。根据美国财富杂志的调查，目前的世界贸易有 90% 是通过 EDI 方式进行数据交换的。也就是说 EDI 目前仍然是世界贸易数据交换所采用的主要方式。但是由于 EDI 成本相对较高，程序和标准相对较复杂，这使得许多中小企业望而却步。随着互联网技术的发展和成熟，使得满足中小企业涉足国际贸易需求的愿望成为可能。在这个大的背景下产生了基于互联网的电子商务。本书将在第 2 章到第 6 章解析电子数据交换（EDI）标准；从第 7 章到第 12 章解析基于 XML 的电子商务标准。

1.3　国际、国内贸易便利化与电子商务标准化的现状

在 UN/CEFACT 的一份报告中指出："国际贸易单证标准化已经成为进入国际市场的先决条件""国际贸易单证标准化是实现单证自动处理和电子业务的第一步"。

目前，全世界所有发达国家在国际贸易中均采用与国际标准一致的贸易单证，并且都使用了电子商务技术进行国际贸易。很多从西方殖民统治独立出来的国家和地区由于在经济上的联系也已经采用与国际标准一致的贸易单证，并在西方国家的帮助下应用电子商务技术进行国际贸易。只有部分发展中国家和经济转型国家正在准备采用与国际标准一致的贸易单证，同时使用电子商务技术进行国际贸易。目前，全世界已有 40 个国家或地区已经建立了国际贸易单一窗口，实现了真正意义上的贸易便利化。

我国的国际贸易便利化与标准化工作始于 20 世纪 90 年代初。国际贸易标准的研制

工作主要由中国标准化研究院承担。自20世纪90年代初，我国科研人员本着与国际惯例接轨的原则，将一部分UN/CEFACT的理论引进到我国，经过深入的研究、消化和吸收，并结合我国的实际情况，相继研制出一批既与国际惯例接轨，又符合我国国际贸易实际的标准。据统计，到目前为止，我国已研制和发布了72项国际贸易单证标准、EDI标准以及基于XML电子商务标准，填补了我国国际贸易便利化与标准化的空白，为提高我国国际贸易效率，降低贸易成本起到了积极作用。

目前，我国在外贸管理、海关、运输、金融等领域已经开始使用电子商务。但是，在推广应用方面做得还不够，制约我国电子商务应用的主要环节就是标准化。因此，积极开展电子商务标准化的研究与应用工作具有非常重要的意义。

本章小结

1. 贸易便利化就是使办理国际贸易事务的手续、程序、单证和操作实现简化、协调和标准化，使国际贸易业务办理比以前更为简便、快捷和节省成本。标准化、简化、协调是贸易便利化的核心，它们三者之间的关系如图1－1所示。

2. 电子商务标准化是贸易便利化的一个分支。贸易便利化与电子商务标准化之间的关系如图1－3所示。

3. 目前，全世界所有发达国家在国际贸易中均采用与国际标准一致的贸易单证，并且都使用了电子商务技术进行国际贸易。很多从西方殖民统治独立出来的国家和地区由于在经济上的联系也已经采用与国际标准一致的贸易单证，并在西方国家的帮助下应用电子商务技术进行国际贸易。

只有部分发展中国家和经济转型国家正在准备采用与国际标准一致的贸易单证，同时使用电子商务技术进行国际贸易。目前，全世界已有40个国家或地区已经建立了国际贸易单一窗口，实现了真正意义上的贸易便利化。

我国的国际贸易便利化与标准化工作始于20世纪90年代初。目前已经初步建立起了我国电子商务标准应用体系。

思考题

1. 什么是贸易便利化？
2. 贸易便利化与电子商务有着什么样的关系？

第2章 电子数据交换（EDI）标准化基础知识

本章学习目标

◆了解 EDI 标准的组成；
◆了解和掌握 EDI 术语；
◆了解和掌握 EDI 标准体系；
◆了解和掌握 EDI 标准化的原理与方法；
◆知道如何选择和查找 EDI 标准。

2.1 EDI 标准的构成

在第 1 章中提到电子商务标准化是贸易便利化的一个分支，它由电子数据交换（EDI）标准化和基于 XML 电子商务标准化组成。从第 2 章到第 6 章将解析电子数据交换（EDI）标准。

构成 EDI 应用系统有三个基本要素，即：EDI 网络、计算机应用系统以及 EDI 标准。本书仅讨论 EDI 标准，而不讨论 EDI 网络和计算机应用系统。

由于 EDI 数据交换是在增值网上进行，为此，必须为它的运行建立一套规则，即：标准。这些标准包括 EDI 网络标准、EDI 处理标准、EDI 数据标准和 EDI 语义语法标准等。本书仅解析 EDI 数据标准和 EDI 语义语法标准。UN/CEFACT 从 20 世纪 90 年代初至今分别为国际贸易电子数据交换（EDI）标准化推出了 2 个建议书和 2 套标准。它们分别是：

1）建议书 25 号："联合国行政、商业和运输业电子数据交换（UN/EDIFACT）的应用"；

2）建议书 26 号："电子数据交换用商用交换协议"；

3）UN/EDIFACT 标准："行政、商业和运输业电子数据交换（EDIFACT）应用级语法规则 第 1 部分到第 10 部分"；

4）UN/EDIFACT（UNTDID）标准："联合国贸易数据交换目录"。

EDI 起源于 20 世纪 70 年代初，是计算机技术、网络通信技术和标准化技术高度结合的综合应用技术。它将行政、商业、运输业和相关行业的业务伙伴之间交换的业务数据进行标准化、结构化并通过网络通信系统，实现这些业务数据在计算机之间的快速传递与处理，以完成有关的交易过程。由于它具有简化业务程序，加快业务进程，降低成本，增强市场竞争能力，促进货物流通，提高工作效率等优点，代表了先进的技术和先进的生产力，因而20世纪80年代逐渐在世界发达国家得到广泛应用，20世纪90年代扩展到包括中国在内的许多发展中国家并达到应用高潮。

到目前为止，尽管受到以互联网技术为基础的电子商务以及移动商务的巨大挑战，但是EDI仍被认为是在世界范围内应用最广、技术最为成熟的一种电子商务方式。据统计，目前全世界有120多个国家的数万家大型企业以及各国的贸易行政主管部门在使用EDI。因此，EDI在今天的国际贸易中仍扮演着极其重要的角色。

EDI在世界范围内得到如此广泛的应用并继续得以发展，在很大程度上得益于卓有成效的国际EDI标准化的发展，尤其是以UN/EDIFACT为代表的国际EDI标准的发展。

UNTDID是联合国贸易数据交换目录的简称，通常又习惯称作联合国行政、商业和运输业电子数据交换，即：UN/EDIFACT。在UN/CEFACT第25号建议书中将UN/EDIFACT定义为用户应用协议，该协议在进行数据交换时使用户应用系统与开放系统互联（OSI）模型兼容。UN/EDIFACT提出于1986年，由原联合国欧洲经济委员会（UN/ECE）国际贸易便利化工作组（WP.4）开发、维护和管理，旨在简化和协调世界各国在行政、商业和运输业等方面的程序和惯例，促进国际商品贸易和服务贸易的发展。随着全球信息化建设的发展和世界经济一体化进程的加快，1997年，UN/ECE对原WP.4进行了战略性的结构调整，组建了CEFACT替代WP.4，并在CEFACT下设了“业务分析工作组（BPAWG）”“国际贸易程序工作组（ITPWG）”“技术和方法工作组（TMWG）”“法律工作组（LWG）”“代码工作组（CWG）”“UN/EDIFACT工作组（EWG）”等。其中，EWG的主要任务是开发和维护UN/EDIFACT；提供开发UN/EDIFACT所需的工具和行政支持；开发、维护和协调UN/EDIFACT的实施所需的指南和建议；提出支持多语种术语的建议；推动UN/EDIFACT在世界范围内的应用。

UN/CEFACT在20世纪90年代初为国际贸易报文标准化提供了一套贸易数据交换目录，即：UNTDID，也就是我们现在所说的UN/EDIFACT标准。它们由一套标准、目录和指南组成，用于在独立的计算机信息系统之间进行结构化电子数据交换。这些规则在联合国框架内进行推荐，由UN/ECE批准和在联合国贸易数据交换目录（UNTDID）中发布，并按商定的程序进行维护。它们由以下9部分组成：

- UN/EDIFACT应用级语法规则
- UN/EDIFACT数据元目录（UNEDED）
- UN/EDIFACT复合数据元目录（UNCD）
- UN/EDIFACT段目录（UNSD）
- UN/EDIFACT报文设计指南与规则（UNMSGR）
- UN/EDIFACT代码表（UNCL）
- UN/EDIFACT联合国标准报文（UNSM）
- 远程传输贸易数据交换用统一行为守则
- 国际贸易用电子数据交换协议样本

而其中的UN/EDIFACT应用级语法规则又由10部分标准组成。而这10部分标准均被ISO采纳作为ISO标准，标准号分别为ISO 9735-1，ISO 9735-2，……ISO 9735-10。

UN/CEFACT在其第25号建议书：“联合国行政、商业和运输业电子数据交换

（UN/EDIFACT）的应用”中建议各国政府在引入 EDI 进行国际的、地区的以及国内的行政、商业以及运输业数据交换时，采用 UN/EDIFACT 国际标准。目前，全世界凡是采用 EDI 进行贸易和商业活动时均采用 UN/EDIFACT 标准。

由于 EDI 标准是一套非常复杂、庞大、逻辑紧密的应用体系，为了能尽快掌握它，我们应当先从解析 EDI 术语和 EDI 标准体系开始。

2.2 EDI 术语

EDI 是非常复杂的数据交换系统，在学习过程中要遇到非常多的专业名词术语。为了便于后续的学习，在这里先来熟悉一下 EDI 的名词术语。下面给出的术语和定义均源自 UN/CEFACT 研制和发布的 EDI 标准。

字母字符集 alphabetic character set

包含字母和（或）表意字符，还可包含除数字以外的其他图形字符的字符集。

字母数字字符集 alphanumeric character set

包含字母、数字和（或）表意字符，还可包含其他图形字符的字符集。

非对称算法 asymmetric algorithm

使用公钥和私钥形成一个非对称密钥集的密码算法。

属性 attribute

一个实体的特性。

鉴别 authentication

见“数据原发鉴别”。

批式 EDI batch EDI

对参与方之间使用请求和应答方式的结构化数据交换没有特殊需求的电子数据交换。

业务 business

一系列过程，每个过程都有清晰易解的目的、涉及多个组织、通过信息交换实现、直接面向某些共同商定的目标、并延续一段时间。

证书 certificate

用户的公钥与其他相关信息一起使用，并由认证机构用私钥签名使其不可伪造。

认证机构 certification authority

一个或多个用户信赖的、负责生成和分配证书的机构。

认证路径 certification path

目录信息树中对象证书的有序序列。通过处理该有序序列与其初始对象的公钥，可以获得该路径中最终对象的公钥。

字符 character

供组织、控制或表示数据的元素集合中的一个元素。

字符总表 character repertoire

一个代码型字符集中的图形字符的集合，其编码被认为相对独立。

代码扩充 code extension

不包含在给定代码型字符集的字符总表中的字符编码技术。

代码表 code list

代码型简单数据元的数据元值的完整集合。

代码表目录 code list directory

已标识和规定的代码表的清单。

代码型字符集 coded character set

用于建立字符集和该字符集中的字符与其编码表示之间的一一对应关系的一组明确的规则。

成分数据元 component data element

在复合数据元中使用的简单数据元。

成分数据元分隔符 component data separator

用来分隔复合数据元中成分数据元的服务字符。

复合数据元 composite data element

按照复合数据元规范中的说明，已标识、命名和结构化的、在功能上相互关联的成分数据元的集合。

复合数据元目录 composite data element directory

已标识和命名的复合数据元及其规范的清单。

复合数据元规范 composite data element specification

复合数据元目录中对复合数据元的描述，这些描述包括对构成该复合数据元的成分数据元的位置和状态的说明。

条件型 conditional

在报文规范、段规范或复合数据元规范中使用的一种状态类型，用来说明一个段组、段、复合数据元、独立数据元或成分数据元为可选或当适合条件出现时才使用。

机密性 confidentiality

这一性质使信息不泄漏给非授权的个人、实体或进程，不为其所用。

控制字符 control character

目的为实现一种格式、控制数据传输或执行其他控制功能的一种字符。

凭证 credential

建立实体所声明身份的数据。

密码学 cryptography

这门学科包含了对数据进行变换的原理、手段和方法，其目的是掩藏数据的内容，防止对它作了篡改而不被识破或非授权使用。

数据 data

信息的可重复解释的形式化表示，以适用于通信、解释或处理。

数据元 data element

在数据元规范中描述的数据单元。

数据元目录 data element directory

已标识、命名和规定的简单数据元（简单数据元目录）或复合数据元（复合数据元目录）的清单。

数据元分隔符　data element separator

服务字符，用于分隔：

——非重复独立数据元；或

——段中的复合数据元；或

——一个由重复数据元的出现的集合；或

——一个由重复数据元的出现的空集。

- 一个重复数据元出现的集合指的是出现一次或多次（可多达指定的最大次数）的重复数据元在传送中出现，
- 而一个由重复数据元的出现的空集指的是重复数据元在传送中一次都没出现。

数据元规范　data element specification

复合数据元目录中对复合数据元的描述（复合数据元规范）或简单数据元目录中对简单数据元的描述（简单数据元规范）。

数据元值　data element value

简单数据元的一个具体例子，应按简单数据元规范中的规定表示，当其为代码型时，还应按代码表中的规定表示。

数据完整性　data integrity

这一性质表明数据没有遭受以非授权方式所作的篡改或破坏。

数据原发鉴别　data origin authentication

确认接收到的数据的来源与所声明的。

数据值的表示　data value representation

与简单数据元的数据元值有关的允许的字符类型（如：字符型或数值型）和长度条件。

小数点符号　decimal mark

把一个数字的整数部分和小数部分分开的字符。

解密　decipherment

与一个可逆的加密过程对应的反过程。

解密处理　decryption

见“解密”。

默认服务字符　default service characters

当在服务串通知中未定义其他字符集时，用做服务字符的那一组字符。

从属性标识符　dependency identifier

在从属性注释中使用的、用于规定位于从属性注释中的项之间的从属类型的标识符。

从属性注释　dependency note

该类注释用于：

- 表达报文规范中的段组之间或段之间的关系；
- 表达段规范中的数据元之间的关系；

• 表达复合数据元规范中的成分数据元之间的关系。

对话 dialogue

交互式 EDI 交易中的发起方和应答方之间的双向会话。

数字签名 digital signature

附加在数据单元上的一些数据，或是对数据单元所作的密码变换（见“密码学”），这种数据或变换允许数据单元的接受者用以确认数据单元来源和数据单元的完整性，并保护数据，防止被人（例如接收者）进行伪造。

电子数据交换 electronic data interchange (EDI)

在商业交易或行政事务等计算机应用之间通过对交易或报文数据的结构使用商定的标准后进行电子传送。

加密 encipherment

对数据进行密码变换（见“密码学”）以产生密文。

编码 encoding

用位组合来表示一个字符。

加密处理 encryption

见“加密”。

指数标记 exponent mark

用于指明应把紧随其后的字符解释为一个指数的控制字符。

过滤 filtering

把包含任意位模式的八位字节转换成由基本语法支持的字符集所属的八位字节的过程。

图形字符 graphic character

一种字符，它不是控制字符，有可视的表示，通常由书写、打印或显示产生。

组 group

一组报文（一个或多个报文类型）和/或一组包（每个包都含有一个对象）。组由组头开始，用组尾结束。

组头 group header

开始并标识一个组的服务段。

组尾 group trailer

结束一个组的服务段。

散列函数，哈希函数 hash function

将值从一个大的（可能很大）定义域映射到一个较小值域的（数学）函数。“好的”散列函数是把该函数用到大的定义域中的若干值的（大）集合的结果可以均匀地（和随机地）被分布在该范围上。

交互式 EDI interactive EDI (I-EDI)

为某种业务目的而在对话中进行预定义和结构化的数据交换，该交换符合语法规则，并且在一对协作过程之间以即时的方式进行。

交互式 EDI 交易 I-EDI transaction

剧本的一个应用实例，由一个或多个对话组成。

标识符　identifier

用于标识或命名一个数据项并可能指出该数据项的确定性质的一个字符或一组字符。

表意字符　ideogram

在自然语言中，表示一个概念及其发音元素的图形字符。如：一个中文汉字或日文汉字。

发起方　initiator

开启对话应用和（或）交互式 EDI 交易应用。

完整性　integrity

见“数据完整性”。

交换　interchange

用交换头（或服务串通知）开始，并用交换尾结束的相同类型或不同类型的报文和（或）包的序列。

交换头　interchange header

开始并唯一标识一个交换的服务段。

交换尾　interchange trailer

结束一个交换的服务段。

密钥　key

管理加密和解密操作的一序列符号。

必备型　mandatory

在报文规范、段规范或复合数据元规范中使用的一种状态类型，用来规定一个段组、段、复合数据元、独立数据元或成分数据元至少应使用一次。

报文　message

一个已标识、命名和结构化的在功能上相互关联的段的集合，它涵盖某一特定交易类型的需求（如发票），并在报文规范中说明。一个报文用报文头开始，用报文尾结束。

报文体　message body

一个已标识、命名和结构化的、在功能上与段相关联的集合，它涵盖某一特定交易类型的需求（如发票），不包括报文头和报文尾，并在报文规范中说明。

报文目录　message directory

已标识和命名的报文及报文规范的清单。

报文头　message header

开始并唯一标识报文的服务段。

报文规范　message specification

在报文目录中对报文的说明，它包括对组成该报文的各个段和段组的位置、状态和出现最大次数的说明。

报文尾　message trailer

结束报文的服务段。

报文类型　message type

标识报文类型的代码。

源的抗抵赖性　non – repudiation of origin

允许报文发起方为报文接收方提供该报文源和报文内容完整性的不可撤销证据的服务元素。这将避免发起方随后撤销报文或其内容的企图。提供给报文接收方的源的抗抵赖性是以每个使用非对称加密技术的报文为基准。

数字字符集　numeric character set

包含数字、还可包含控制字符和特殊字符、但不包含字母的字符集。

对象　object

一个按八位字节组成的比特流（可以与一个 EDIFACT 报文相关联）。

对象头　object header

开始并唯一标识一个对象的服务段。

对象尾　object trailer

结束一个对象的服务段。

组织　organization

人们为一定目的在其中活动的唯一的权威机构。

包　package

一个对象及其相关的头段和尾段。

父子关系　parent – child relationship

两个项之间的一种关系，其中一项（子）被包含于并直接从属于另一项（父）。

位置标识符　position identifier

在从属性注释中使用的一种标识符，以标识某一个项（段组、段、或数据元）在父项中的位置。

私有密钥；私钥　private key

（在公钥密码系统中）用户密钥对中仅被该用户所知的密钥。

公开密钥；公钥　public key

（在公钥密码系统中）用户密钥对中公布给公众的密钥。

限定符　qualifier

一个赋予另一数据元或段的功能以特定意义的简单数据元，其值可以从一个代码表中提取。

释放字符　release character

指出接收时应将紧随其后的字符传给应用的字符。

重复数据元　repeating data element

在段规范中，其最大出现次数大于 1 的复合数据元或独立数据元。

重复分隔符　repetition separator

用于分隔重复数据元的相邻的重复出现的服务字符。

应答方　responder

对发起方做出应答的应用。

剧本　scenario

具有同一业务目标的一系列业务活动的形式规范。

秘密密钥　secret key

用于对称密码技术并只能由一组特定实体使用的密钥。

段　segment

一个已标识、命名和结构化的、在功能上相互关联的复合数据元和（或）独立数据元的集合，它在段规范中描述。段用段标记开始，用段终止符结束。

段目录　segment directory

用段规范来标识和命名这些段的清单。

段组　segment group

报文中已标识的若干个段和（或）段组的层次化的集合。

段规范　segment specification

段目录中对段的说明，它包括了对组成该段的数据元的位置、状态和最大出现次数的说明。

段标记　segment tag

通过引用段目录来唯一标识一个段的简单数据元。

段终止符　segment terminator

指示一个段结束的服务字符。

服务字符　service character

保留给句法使用的字符，它包括成分数据元分隔符、数据元分隔符、释放字符、重复分隔字符和段终止符。

服务复合数据元　service composite data element

用于服务段中的复合数据元。

服务数据元　service data element

服务简单数据元或服务复合数据元。

服务报文　service message

用于交换与 EDIFACT 语法规则或安全的使用有关的服务信息的报文。

服务段　service segment

- 在服务报文中使用的段；
- 用于控制数据传送的段。

服务简单数据元　service simple data element

仅在服务段和（或）服务复合数据元中使用的简单数据元。

服务串通知　service string advice

用在交换开始，以规定在交换中使用的服务字符的一个可选的字符串。

简单数据元　simple data element

含有单一的数据元值的数据元。

简单数据元目录　simple data element directory

已标识和命名的简单数据元及简单数据元规范的清单。

简单数据元规范 simple data element specification

简单数据元目录中的简单数据元的属性集合。

特殊字符 special character

不是字母、数字或空白字符，通常也不是表意字的图形字符。

独立数据元 stand - alone data element

一种在段中使用而又不处于复合数据元中的简单数据元。

状态 status

段、段组、复合数据元或简单数据元的一种属性，在报文用法中标识段/数据元的出现或不出现的规则。

串 string

作为整体考虑的具有相同性质（如字符）的元素序列。

对称算法 symmetric algorithm

加密和解密或者鉴别和确认都使用相同密钥值的密码算法。

威胁 threat

一种潜在的对安全的侵害。

传送 transfer

从一个伙伴到另一伙伴的信息通信。

触发段 trigger segment

开始一个段组的段。

2.3 EDI 标准体系

2.3.1 EDI 标准体系框架

UN/CEFACT 为了保证 EDI 系统的安全、便利、可靠和高效，为其研制了 229 项标准。由于标准众多，涉及面广，不免为读者或用户在学习和使用上带来困难。一种研究 EDI 标准化的重要方法就是从研究标准体系入手。研究 EDI 标准体系，分析标准体系的结构以及标准之间的逻辑关系，制定出 EDI 标准体系框架，是一种有效的标准化工作的方法。

什么是 EDI 标准体系呢？通过实践给它定义为：“在一定范围内为了满足 EDI 特定业务需求，实现特定目标而将相关标准有机地结合起来组成科学的整体”。

EDI 标准体系有以下特征：

1） 结构性

EDI 标准体系内的标准按其内在联系分类排列，就形成了标准体系的结构形式。EDI 标准体系的基本结构形式有层次结构和过程结构。

2） 相关性

EDI 标准化对象的内在联系决定了标准体系内各项标准的相关性。

3） 整体性

EDI 标准化对象的内在联系形成了标准的整体性。每个标准都不是孤立的，都是整个体系中的一个部分。

4）目的性

EDI 标准体系都是根据明确的用户需求来达到明确的目的。

UN/CEFACT 为国际贸易电子数据交换（EDI）标准化推出了2个建议书和2套标准。其中这2套标准又由229项具体的标准组成。在建立标准体系之前，首先应当对它们进行科学分类。EDI 标准按应用领域划分为3个层面。第1个层面为应用层面，第2个层面为技术层面，第3个层面为法律层面。每个层面又由具体类别的标准组成。图2－1给出了 EDI 标准体系框架。

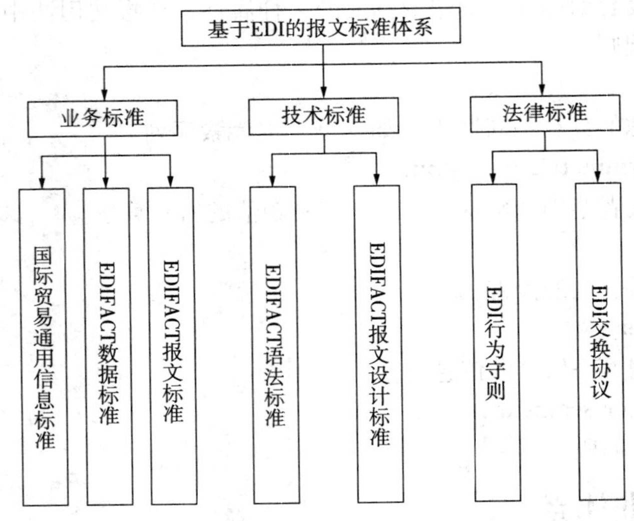

图2－1　EDI 标准体系框架

2.3.2　EDI 标准体系明细表

前一节我们介绍了 EDI 标准体系框架，下面我们将给出 EDI 标准体系表。EDI 标准体系表按照 EDI 标准体系框架给出。

2.3.2.1　EDI 业务标准

- UN/EDIFACT 数据元目录（UNEDED）
- UN/EDIFACT 代码表（UNCL）
- UN/EDIFACT 复合数据元目录（UNCD）
- UN/EDIFACT 段目录（UNSD）
- UN/EDIFACT 联合国标准报文（UNSM）

其中，UN/EDIFACT 复合数据元目录由下面两部分组成：

——UN/EDIFACT 批式复合数据元目录（UNEDCD）

——UN/EDIFACT 交互式复合数据元目录（UNIDCD）

UN/EDIFACT 段目录由下面两部分组成：

——UN/EDIFACT 批式的段目录（UNEDCD）

——UN/EDIFACT 交互式目录（UNIDCD）

UN/EDIFACT 联合国标准报文（UNSM）分别由批式报文和交互式报文组成。每个报文用 6 个大写的英文字母表示。

1）2011 年 UN/EDIFACT 给出了 195 个联合国标准批式报文，它们的具体名称如下：

ENTREC　Accounting entries message
DOCAMA　Advice of an amendment of a documentary credit message
CONAPW　Advice on pending works message
RETANN　Announcement for returns message
APERAK　Application error and acknowledgement message
IFTMAN　Arrival notice message
AUTHOR　Authorization message
BALANC　Balance message
BOPCUS　Balance of payment customer transaction report message
BOPINF　Balance of payment information from customer message
BOPBNK　Bank transactions and portfolio transactions report message
BANSTA　Banking status message
BAPLIE　Bayplan/stowage plan occupied and empty locations message
BERMAN　Berth management message
IFTMBC　Booking confirmation message
BMISRM　Bulk marine inspection summary report message
BUSCRD　Business credit report message
IFTICL　Cargo insurance claims message
HANMOV　Cargo/goods handling and movement message
CHACCO　Chart of accounts message
CLASET　Classification information set message
COACSU　Commercial account summary message
COMDIS　Commercial dispute message
IFTMCA　Consignment advice message
COPARN　Container announcement message
COPRAR　Container discharge/loading order message
COARRI　Container discharge/loading report message
CODECO　Container gate – in/gate – out report message
COPINO　Container pre – notification message
COREOR　Container release order message
COHAOR　Container special handling order message
COSTCO　Container stuffing/stripping confirmation message
COSTOR　Container stuffing/stripping order message
CNTCND　Contractual conditions message
COPAYM　Contributions for payment

CREADV	Credit advice message
RECECO	Credit risk cover message
CUSCAR	Customs cargo report message
CUSREP	Customs conveyance report message
CUSDEC	Customs declaration message
CUSEXP	Customs express consignment declaration message
CUSRES	Customs response message
IFTDGN	Dangerous goods notification message
DGRECA	Dangerous goods recapitulation message
DMRDEF	Data maintenance request definition message
DMSTAT	Data maintenance status report/query message
DAPLOS	Data plot sheet
DEBADV	Debit advice message
DEBREC	Debts recovery message
DELJIT	Delivery just in time message
DELFOR	Delivery schedule message
DESADV	Despatch advice message
BOPDIR	Direct balance of payment declaration message
DIRDEB	Direct debit message
CONDPV	Direct payment valuation message
DIRDEF	Directory definition message
DOCADV	Documentary credit advice message
DOCAMI	Documentary credit amendment information message
DOCAPP	Documentary credit application message
DOCINF	Documentary credit issuance information message
CONDRA	Drawing administration message
CONDRO	Drawing organization message
IMPDEF	EDI implementation guide definition message
INFENT	Enterprise accounting information message
DESTIM	Equipment damage and repair estimate message
CONEST	Establishment of contract message
CREEXT	Extended credit advice message
PAYEXT	Extended payment order message
FINCAN	Financial cancellation message
FINSTA	Financial statement of an account message
IFTMBF	Firm booking message
IFCSUM	Forwarding and consolidation summary message
IFTRIN	Forwarding and transport rate information message

IFTSAI	Forwarding and transport schedule and availability information message
IFTCCA	Forwarding and transport shipment charge calculation message
GENRAL	General purpose message
GESMES	Generic statistical message
GOVCBR	Government Cross Border Regulatory message
ITRRPT	In transit report detail message
INFCON	Infrastructure condition message
INSRPT	Inspection report message
INSREQ	Inspection request message
IFTMCS	Instruction contract status message
RETINS	Instruction for returns message
IFTMIN	Instruction message
INSDES	Instruction to despatch message
ICASRP	Insurance claim assessment and reporting message
ICSOLI	Insurance claim solicitor's instruction message
IPPOAD	Insurance policy administration message
INSPRE	Insurance premium message
PRPAID	Insurance premium payment message
ISENDS	Intermediary system enablement or disablement message
SANCRT	International movement of goods governmental regulatory message
IFTSTA	International multimodal status report message
IFTSTQ	International multimodal status request message
IFTFCC	International transport freight costs and other charges message
INVRPT	Inventory report message
CONITT	Invitation to tender message
INVOIC	Invoice message
JOBAPP	Job application proposal message
JAPRES	Job application result message
JINFDE	Job information demand message
JOBCON	Job order confirmation message
JOBOFF	Job order message
JOBMOD	Job order modification message
JUPREQ	Justified payment request message
LEDGER	Ledger message
CASRES	Legal administration response in civil proceedings message
LREACT	Life reinsurance activity message
LRECLM	Life reinsurance claims message
MEQPOS	Means of transport and equipment position message

MEDPRE	Medical prescription message
MEDRUC	Medical resource usage and cost message
MEDRPT	Medical service report message
MEDREQ	Medical service request message
MSCONS	Metered services consumption report message
SSIMOD	Modification of identity details message
IPPOMO	Motor insurance policy message
CREMUL	Multiple credit advice message
DEBMUL	Multiple debit advice message
FINPAY	Multiple interbank funds transfer message
PAYMUL	Multiple payment order message
SSREGW	Notification of registration of a worker message
OSTENQ	Order status enquiry message
OSTRPT	Order status report message
PARTIN	Party information message
PAXLST	Passenger list message
PAYORD	Payment order message
CONPVA	Payment valuation message
PAYDUC	Payroll deductions advice message
CUSPED	Periodic customs declaration message
CODENO	Permit expiration/clearance ready notice message
MEDPID	Person identification message
PRICAT	Price/sales catalogue message
PRIHIS	Pricing history message
PRODAT	Product data message
PRODEX	Product exchange reconciliation message
PROINQ	Product inquiry message
PROSRV	Product service message
PROCST	Project cost reporting message
PROTAP	Project tasks planning message
IFTMBP	Provisional booking message
ORDCHG	Purchase order change request message
ORDERS	Purchase order message
ORDRSP	Purchase order response message
QALITY	Quality data message
CONQVA	Quantity valuation message
QUOTES	Quote message
RDRMES	Raw data reporting message

RECADV	Receiving advice message
REGENT	Registration of enterprise message
REBORD	Reinsurance bordereau message
RECALC	Reinsurance calculation message
RECLAM	Reinsurance claims message
RECORD	Reinsurance core data message
REPREM	Reinsurance premium message
RESETT	Reinsurance settlement message
RETACC	Reinsurance technical account message
RELIST	Reinsured objects list message
REMADV	Remittance advice message
RPCALL	Repair call message
COLREQ	Request for a documentary collection message
DOCAMR	Request for an amendment of a documentary credit message
REQDOC	Request for document message
CASINT	Request for legal administration action in civil proceedings message
REQOTE	Request for quote message
RESMSG	Reservation message
CONRPW	Response of pending works message
DOCARE	Response to an amendment of a documentary credit message
SAFHAZ	Safety and hazard data message
SLSRPT	Sales data report message
SLSFCT	Sales forecast message
STLRPT	Settlement transaction reporting message
SOCADE	Social administration message
STATAC	Statement of account message
MOVINS	Stowage instruction message
SUPCOT	Superannuation contributions advice message
SUPMAN	Superannuation maintenance message
SUPRES	Supplier response message
TANSTA	Tank status report message
TAXCON	Tax control message
CONTEN	Tender message
TPFREP	Terminal performance message
COEDOR	Transport equipment stock and profile report message
UTILMD	Utilities master data message
UTILTS	Utilities time series message
VATDEC	Value added tax message

CALINF　Vessel call information message
VESDEP　Vessel departure message
WASDIS　Waste disposal information message
WKGRDC　Work grant decision message
WKGRRE　Work grant request message
CONWQD　Work item quantity determination message
SSRECH　Worker's insurance history message

2）2011 年 UN/EDIFACT 给出了 15 个 联合国标准交互式报文，它们的具体名称如下：

AVLREQ　Availability request – interactive message
AVLRSP　Availability response – interactive message
IHCLME　Health care claim or encounter request and response – interactive message
IHCEBI　Interactive health insurance eligibility and benefits inquiry and response
RESREQ　Reservation request – interactive message
RESRSP　Reservation response – interactive message
SKDREQ　Schedule request – interactive message
SKDUPD　Schedule update – interactive message
TSDUPD　Timetable static data update – interactive message
TUPREQ　Travel, tourism and leisure data update request – interactive message
TUPRSP　Travel, tourism and leisure data update response – interactive message
TIQREQ　Travel, tourism and leisure information inquiry request – interactive message
TIQRSP　Travel, tourism and leisure information inquiry response – interactive message
PASREQ　Travel, tourism and leisure product application status request – interactive message
PASRSP　Travel, tourism and leisure product application status response – interactive message

2.3.2.2　EDI 技术标准

- UN/EDIFACT 应用级语法规则
- UN/EDIFACT 报文设计指南与规则（UNMSGR）

其中，UN/EDIFACT 应用级语法规则由下面 10 个部分标准组成：

——第 1 部分：公用的语法规则
——第 2 部分：批式电子数据交换专用的语法规则
——第 3 部分：交互式电子数据交换专用的语法规则
——第 4 部分：批式电子数据交换语法和服务报告报文（报文类型为 CONTRL）
——第 5 部分：批式电子数据交换安全规则（真实性、完整性和源抗抵赖性）
——第 6 部分：安全鉴别和确认报文（报文类型为 AUTACK）
——第 7 部分：批式电子数据交换安全规则（保密性）
——第 8 部分：电子数据交换中的相关数据

——第 9 部分：密钥和证书管理报文（报文类型为 KEYMAN）

——第 10 部分：语法服务目录

2.3.2.3 EDI 法律标准

- 远程传输贸易数据交换用统一行为守则
- 国际贸易用电子数据交换协议样本

EDI 标准体系明细中有 229 项具体标准，但在 EDI 标准化实践过程中，发现没有哪一个标准能够独立完成一项完整的标准化工作，每项标准只能完成一项有限的工作，更多的情况是由多项标准来共同完成一项标准化工作。比如，复合数据元标准在 EDI 结构化数据中只能完成其中的一项数据标准化工作，而结构化数据由代码、数据元、复合数据元、段等多项数据标准组成，因此，要使整个数据都标准化，必须将多项标准结合起来使用。

然而在 EDI 标准体系中标准之间有着严密的逻辑关系，这些关系不仅反映了相同层面标准之间的联系，还有不同层面标准之间的联系。了解和掌握了这些逻辑关系，学习和应用 EDI 标准就变得容易多了。因此，学习 EDI 标准体系的另外一个非常重要的目的就是搞清楚体系中标准之间的逻辑关系。本书始终围绕着标准体系展开，自始至终都贯穿着标准体系这根红线。

2.4 批式 EDI 和交互式 EDI 的交换结构

EDI 可根据业务需求的不同将报文分为批式 EDI 和交互式 EDI（I－EDI）。

批式 EDI 指的是对参与方之间使用请求和应答方式的结构化数据交换没有特殊需求的电子数据交换。也就是说参与方发送报文后不要求接收方立即响应或回复。图 2－2 给出了批式 EDI 交换结构。从图中我们看到在一次批式 EDI 交换中可以包含一个或多个报文。这就是批式 EDI 的特点之一。

图 2－2　批式 EDI 交换结构

交互式 EDI 指的是为某种业务目的而在对话中进行预定义和结构化的数据交换，该交换符合语法规则，并且在一对协作过程之间以即时的方式进行。图 2－3 给出了交互式 EDI 交换结构。从图中我们看到在一次交互式 EDI 交换中仅包含一个报文。这是交互式 EDI 的特点之一。

通过比较批式 EDI 与交互式 EDI 的交换结构可以看出，它们的最大区别是：在一次批式 EDI 交换中可以包含多个报文；在一次交互式 EDI 交换中仅包含一个报文。

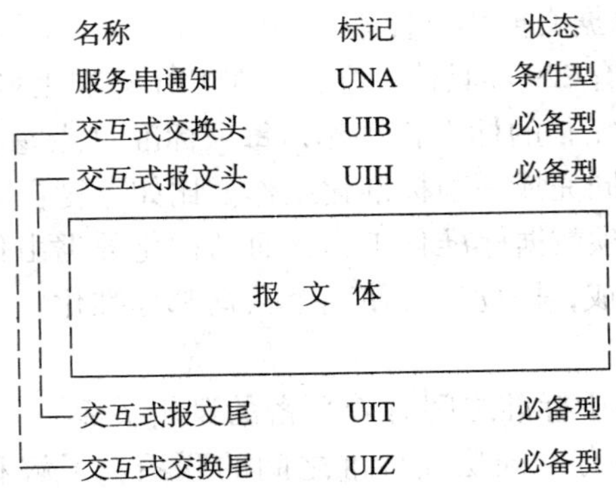

图 2－3　交互式 EDI 交换结构

2.5　EDI 标准化的原理与方法

在研究 EDI 标准化的原理与方法之前，让我们先看一下国际贸易单证标准化的原理与方法。UN/CEFACT 在国际贸易单证标准化上首先是通过规定一个单证的标准模版，该标准模版从贸易单证的格式与数据项的布局、数据项（元）、代码三个方面进行规定。随后结合标准模版制定了数据元标准、以及有关的代码标准。这些标准形成一套完整的单证模版标准体系。所有国际贸易单证的格式和布局均以该标准模版为基准。这个基准模版就是联合国贸易单证样式（UNLK）。UNLK 规定了纸面单证的纸张规格、单证格式和设计原则、数据项的表示、以及数据项的布局。同时确定了单证标准化的三大要素：数据标准化、格式标准化、布局标准化。标准化方法是将数据、格式、布局分别进行标准化，然后再将经过标准化处理后的数据、格式、布局结合起来形成标准化的单证。UNLK 不仅奠定了单证标准化的基础，同时也奠定了国际贸易电子报文标准化的基础。

在研究 EDI 标准化时我们可以将 EDI 报文看成是贸易单证。EDI 标准按照业务领域划分为 3 个层面，即：应用层面、技术层面以及法律层面。

应用层面的标准主要是数据标准。我们可以将电子报文的数据标准化与单证的数据标准化对照。电子报文由结构化的数据组成，其数据结构分为下面 5 层：报文、段、复合数据元、数据元以及代码。应用层面的标准化工作从报文、段、复合数据元、数据元以及代码 5 个方面开展，通常称为数据标准化的 5 要素。与单证数据结构比较，单证的数据结构只有单证、数据元以及代码 3 层，因此 EDI 数据标准化相对来说要复杂得多。

我们将 EDI 技术层面的标准与贸易单证的格式和数据元布局相比较。EDI 技术层面的标准化工作主要制定电子报文的语法标准和规则标准，包括 10 个语法标准和 1 个报文设计规则与指南。让我们再回顾一下批式 EDI 的交换结构图 2－2。图中的字符串 UNA、UNB 与 UNZ、UNG 与 UNE、UNH 与 UNT 分别称作服务串通知、交换头与交换尾、组头与组尾、报文头与报文尾，它们中有的是条件型的，有的是必备型的。这些字符串就是语法格式，它们限制的非常严格，因此，我们可以把语法看成单证格式标准。EDI 的报文设计规则与指南主要是对代码、数据元、复合数据元、段以及报文的进行规定和限制，因此，我们可以将报文设计规则与指南看成是单证中数据元的布局标准。

为了确保电子数据交换的安全性可靠性必需制定法律法规。法律层面的标准主要是 EDI 交换协议和 EDI 行为守则。

不难发现，EDI 标准化的原理与方法是单证标准化原理与方法的延伸，它们虽然应用于不同的信息载体，但是基本原理和方法是相同的。

基于 EDI 的电子报文所采用的标准化的方法是在应用层面、技术层面、法律层面分别进行标准化，即将数据、语法以及规则分别进行标准化，然后再将经过标准化处理后的数据、语法以及规则结合起来形成标准化的电子报文。为了保护贸易参与方业务的安全可靠，还应签署 EDI 的协议，遵守 EDI 用户的行为守则。

2.6 标准的选用

读者也许会问当同时遇到 UN/CEFACT 发布的建议书、标准、技术规范和国家标准时，我们应使用哪一个？下面给出了 UN/CEFACT 建议书与 ISO 标准和中国国家标准的选择与使用方法：

a）对于国际贸易通用信息标准

对于国际贸易通用信息标准的用户，在国际贸易便利化和标准化应用中，应优先使用现有的国家标准。因为国际贸易通用信息国家标准主要是等同或修改采用 UN/CEFACT 发布的建议书，如果有的数据在现有的国家标准中无法找到，比如说某个新独立的国家名称或货币名称，可能是由于国家标准还未及时修订，这时用户可以登陆 UN/CEFACT 网站查找最新的建议书获得想要的数据。

b）对于国际贸易单证标准

对于国际贸易单证标准的用户，在国际贸易便利化和标准化应用中，应优先使用现有的国家标准。用户可以将 UN/CEFACT 发布的建议书和标准作为参考。

c）对于国际贸易电子数据交换（EDI）标准

对于国际贸易电子数据交换（EDI）标准的用户，在国际贸易便利化和标准化应用中，应当与其贸易伙伴协商好使用哪个版本的 UN/EDIFACT 标准。由于 UN/CEFACT 对于 EDI 标准采用动态维护，即：每年都对 UN/EDIFACT 的 229 项标准修订和更新，并且每年都给出上半年版本 A 版的 UN/EDIFACT 标准和下半年版本 B 版的 UN/EDIFACT 标准。同时 UN/CEFACT 仍然保留每年的旧版本。因此，对于用户在进行 EDI 数据交换时协商使用哪个年代的哪个版本提供了方便。就像 INCOTERMS（国际贸易术语解释通则）一样，国际上有 INCOTERMS80、INCOTERMS90、INCOTERMS2000、INCOTERMS2010。用户可以在合同中商定选用其中的一个版本进行交易。而我国虽然研制了部分 EDIFACT 标准，但是，由于标准不全，版本不新，无法满足实际应用的需要。因此，建议用户使用 UN/EDIFACT 标准，而将 EDI 国家标准作为参考。

d）对于电子商务标准

对于国际贸易电子商务标准的用户，在国际贸易便利化和标准化应用中，应当与其贸易伙伴协商好使用哪个版本的 UN/CEFACT 标准或技术规范。由于 UN/CEFACT 对于基于 XML 电子商务标准和技术规范采用动态维护。尤其对于 UN/CEFACT 给出的 UN/CEFACT 核心构件库标准、228 项 UN/CEFACT XML SCHEMA 标准，UN/CEFACT 每年都对它们进行修订和更新，并且每年都给出上半年版本 A 版和下半年版本 B 版的标准。而我国虽然研制了部分我国的基于 XML 电子商务标准，但是，由于标准不全，版本不新，无法满足实际应用的需要。因此，建议用户 UN/CEFACT 标准或技术规范，而将电子商务国家标准作为参考。

本章小结

1. EDI 是科学技术发展的产物。它是信息技术、网络技术、计算机技术、国际贸易理论以及标准化理论的集成。

2. 在建立标准体系之前首先应当对它们进行科学分类。EDI 标准按领域划分为 3 个层面。第 1 个层面为应用层面，第 2 个层面为技术层面，第 3 个层面为法律层面。每个层面又由具体的小类标准组成。

3. EDI 可根据业务需求的不同分为批式 EDI 和交互式 EDI（I－EDI）。批式 EDI 指的是对参与方之间使用请求和应答方式的结构化数据交换没有特殊需求的电子数据交换。交互式 EDI 指的是为某种业务目的而在对话中进行预定义和结构化的数据交换，该交换符合语法规则，并且在一对协作过程之间以即时的方式进行。

4. 在 EDI 标准化实践过程中我们发现没有哪一个标准能够独立完成一项完整的标准化工作，每项标准只能完成一项有限的工作。更多的情况是由多项标准来共同完成一项标准化工作。

5. 在研究 EDI 标准化时我们可以将 EDI 报文看成是贸易单证。我们可以将电子报文的数据标准化与单证的数据标准化对照。电子报文由结构化的数据组成，其数据结构分为下面 5 层：报文、段、复合数据元、数据元以及代码。与单证数据结构比较，单证的数据结构只有单证、数据元代码 3 层，因此 EDI 数据标准化相对来说要复杂得多。我们将 EDI 技术层面的标准与贸易单证的格式和数据元布局相比较。技术层面的标准化工作主要制定电子报文的语法标准和规则标准，我们可以把语法看成单证格式标准。EDI 的报文设计规则与指南主要是对代码、数据元、复合数据元、段以及报文的进行规定和限制，因此，我们可以将报文设计规则与指南看成是单证中数据元的布局标准。为了确保电子数据交换的安全性可靠性必需制定法律、法规。法律层面的标准主要是 EDI 交换协议和 EDI 行为守则。

6. EDI 标准化的原理与方法是单证标准化原理与方法的延伸，它们虽然应用于不同的信息载体，但是基本原理和方法是相同的。

思考题

1. 为什么说EDI是信息技术、网络技术、计算机技术、国际贸易理论、标准化理论的集成？

2. 为什么说EDI标准化的原理与方法是单证标准化原理与方法的延伸？

3. EDI标准分类的好处是什么？

第3章 EDI数据标准化

本章学习目标

◆ 了解和掌握数据元、代码、复合数据元、段、报文的基本概念；
◆ 了解和掌握 EDI 的数据结构；
◆ 了解和掌握数据元、代码、复合数据元、段、报文标准化方法；
◆ 掌握如何使用数据元、代码、复合数据元、段、报文标准化。

3.1 基本概念

UN/CEFACT 从 20 世纪 90 年代末至今分别为国际贸易电子数据交换（EDI）标准化推出了 2 个建议书和 2 套标准，它们又由 229 项具体的标准组成。为了研究的方便，将它们分成应用层面、技术层面以及法律层面三大类，并建立了标准体系框架。应用层面的标准主要是数据标准。数据标准是 EDI 标准的核心，UN/CEFACT 非常重视数据标准，在 EDI 的 229 项标准中有 216 项是数据标准，它们每年更新两次。构成 EDI 报文的数据结构为层次结构，又称为树状结构，这种方式组成的数据称作为结构化数据。

在学习 EDI 数据元标准化之前先学习一下构成 EDI 报文的数据——数据元、代码、复合数据元、段以及报文的基本概念。

数据元是表示概念的一类数据，其特性可由支持信息交换的一组数据元属性来表示。或者说数据元是一组可识别和可定义的数据基本单元。一般来说数据元由数据元的名称、属性、表示三部分组成。数据元是表示数据的最小单元，它用一组属性描述其定义、标识、表示和允许值的一个数据单元。组成数据元规范的基本属性分为标识类属性、定义类属性、关系类属性、表示类属性、管理类属性。当然还可以根据需要增加扩展属性。数据元属性应依照一种标准方式来注册和控制，以便数据元字典中的数据元在信息交换中保持一致性，并且能够在不同的数据管理环境中进行数据元管理。

下面是 UN/EDIFACT 数据元的实例：

1000	单证名称 Document name
说明：	单证的名称。
表示：	an. . 35
1001	单证名称代码 Document name code

说明:	规定单证名称的代码。
表示:	an..3
1003	报文类型代码 Message type code
说明:	规定报文类型的代码。
表示:	an..6
1004	单证标识符 Document identifier
说明:	单证的标识。
表示:	an..35
1049	报文节代码 Message section code
说明:	规定报文节的代码。
表示:	an..3
1050	顺序位置标识符 Sequence position identifier
说明:	顺序指示位置的标识。
表示:	an..10
1052	报文项标识符 Message item identifier
说明:	报文中的项的标识。
表示:	an..35

在上面的数据元中给出了数据元的名称、定义、表示以及标记。这些已经构成了数据元的基本要素。用数据元表示数据的最大好处是数据的规范性和数据含义理解的一致性。

信息编码是将事物或概念（编码对象）赋予具有一定规律、易于计算机和人识别处理的符号，形成代码元素集合。代码元素集合中的代码元素就是赋予编码对象的符号，即编码对象的代码值。

所有类型的信息都能够进行编码：如关于产品、人、国家、货币、程序、文件、部件等各种各样的信息。

信息编码包含的内容有：数据表达成代码的方法、数据的代码表示形式、代码元素集合的赋值。

信息编码的主要作用有：标识、分类、参照。

标识的目的是要把编码对象彼此区分开，在编码对象的集合范围内，编码对象的代码值是其唯一性标志；信息编码的分类作用实质上是对类进行标识；信息编码的参照作用体现在编码对象的代码值可作为不同应用系统或应用领域之间发生关联的关键字。

EDIFACT 代码表中的代码均来自 EDIFACT 数据元，请看下面的实例：

1000	单证/报文名称 Document/message name
说明:	说明单证/报文功能的自然语言标识符。

表示：	an. . 35
1001	单证/报文名称，代码型 Document/message name, coded
说明：	用代码表示的单证/报文标识符。
表示：	n. . 3

从上面的实例中我们看出单证/报文名称有两种表示方式：一种是文本表示，一种是代码表示。第一种文本表示时，字符数限制为 35；第二种代码表示时，代码为 3 位阿拉伯数字。用代码表示数据的最大好处是数据含义理解的一致性和唯一性。尤其方便计算机处理，因此在 EDI 数据交换中大部分数据都是用代码表示。

那什么是复合数据元呢？在某些情况下给出的信息由若干个数据元组成，如：个人联系信息由电话号码、通信地址、电子邮件等数据元组成，我们把由若干数据元组成的集合称作复合数据元。组成复合数据元的数据元我们称为成分数据元。因此，我们可以将复合数据元定义为已标识、命名和结构化的、在功能上相互关联的成分数据元的集合。下面看一下复合数据元的例子：

C001　运输工具　TRANSPORT MEANS

说明：标识运输工具种类的代码和/或名称。

010	8179	运输工具描述代码	Transport means description code
020	1131	代码表标识代码	Code list identification code
030	3055	代码表负责机构代码	Code list responsible agency code
040	8178	运输工具描述	Transport means description

通过上面的例子不难看出构成复合数据元的成分实际上就是数据元和代码。

下面我们再看一下什么是段。UN/EDIFACT 是这样定义段的：一个已标识、命名和结构化的，在功能上相互关联的复合数据元和（或）独立数据元的集合。实际上段就是由若干复合数据元组成的集合。

ADR	地址	ADDRESS	
	功能：说明一个地址。		
010	C817	地址用法	ADDRESS USAGE
	3299	地址用途代码	Address purpose code
	3131	地址类型代码	Address type code
	3475	地址状态代码	Address status code
020	C090	地址细目	ADDRESS DETAILS
	3477	地址格式代码	Address format code
	3286	地址成分描述	Address component description
	3286	地址成分描述	Address component description
	3286	地址成分描述	Address component description
	3286	地址成分描述	Address component description

	3286	地址成分描述	Address component description
030	3164	城市名称	CITY NAME
040	3251	邮政编码标识代码	POSTAL IDENTIFICATION CODE
050	3207	国家（地区）标识符	COUNTRY IDENTIFIER
060	C819	国家行政区划细目	COUNTRY SUBDIVISION DETAILS
	3229	国家行政区划标识符	Country subdivision identifier
	1131	代码表标识代码	Code list identification code
	3055	代码表负责机构代码	Code list responsible agency code
	3228	国家行政区划名称	Country subdivision name
070	C517	地点标识	LOCATION IDENTIFICATION
	3225	地点标识符	Location identifier
	1131	代码表标识代码	Code list identification code
	3055	代码表负责机构代码	Code list responsible agency code
	3224	地点名称	Location name

通过上面的例子不难看出构成段的成分最终还是落在了数据元和代码上。

UN/EDIFACT 将报文定义为一个已标识、命名和结构化的、在功能上相互关联的段的集合，它涵盖了某一特定交易类型的需求。报文由段组成，段由复合数据元组成，复合数据元由数据元组成，而对于数据元来说其值可以是文本，也可以是代码。因此，数据的核心就是数据元。

3.2 EDI 的数据结构

在解析 EDI 的数据结构之前回顾一下数据模型。数据模型（data model）是数据特征的抽象，是数据库管理的教学形式框架。数据库系统中用以提供信息表示和操作手段的形式构架。数据模型包括数据库数据的结构部分、数据库数据的操作部分和数据库数据的约束条件。数据模型所描述的内容包括三个部分：数据结构、数据操作、数据约束。数据结构在数据模型中主要描述数据的类型、内容、性质以及数据间的联系等。数据结构是数据模型的基础，数据操作和约束都建立在数据结构上。不同的数据结构具有不同的操作和约束。EDI 的数据结构完全满足世界海关组织（WCO）的数据模型和国际海事组织（IMO）的数据模型。

在前面一节中已经介绍过了电子数据交换主要交换的就是报文。交换的报文由各个标准段组成，标准的段由各个标准的复合数据元或简单数据元组成，复合数据元由多个简单数据元组成，而代码型的数据元的值可以从标准代码表中获得。一层包着一层，由大到小。因此，研究电子报文的数据标准化问题就是研究数据元、代码、复合数据元、段以及报文的标准化问题。UN/CEFACT 为数据元、代码、复合数据元以及段都制定了标准，同时还为报文制定了 216 项标准，这其中有 195 项是批式 EDI 标准报文，另外 21 项是交互式 EDI 标准报文。这些标准相互关联，构成了一套完整的 EDI 数据标准体系。

图 3－1 给出了 EDI 报文数据结构图。构成 EDI 数据为结构化的数据，它分为 5

层，最底层为代码，然后是数据元，接着是复合数据元，再就是段，最上层为报文。

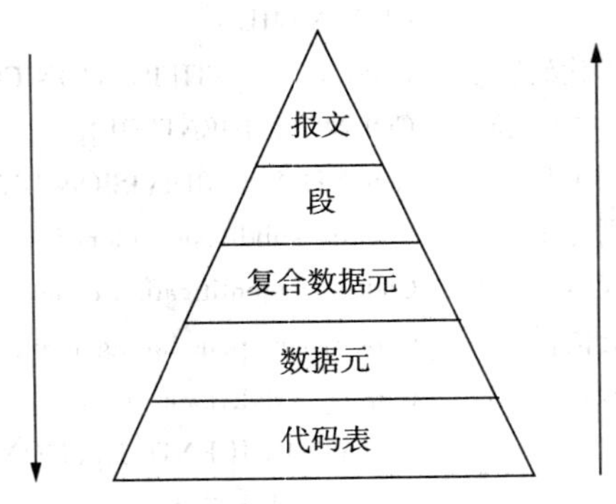

图 3－1　EDI 数据结构

前面介绍了 EDI 可根据业务需求的不同将报文分为批式 EDI 和交互式 EDI（I－EDI）。对于批式 EDI 来说报文的数据结构就应当由批式的数据构成。在 UN/EDIFACT 给出的代码表和数据元目录中并没有将它们刻意分开，而是将每个代码或数据元后面用［C］、［B］以及［I］来区分。其中［C］表示公用，［B］表示仅用于批式，［I］表示仅用于交互式。

图 3－2 给出了批式 EDI 的数据结构。

图 3－3 给出了交互式 EDI 的数据结构。

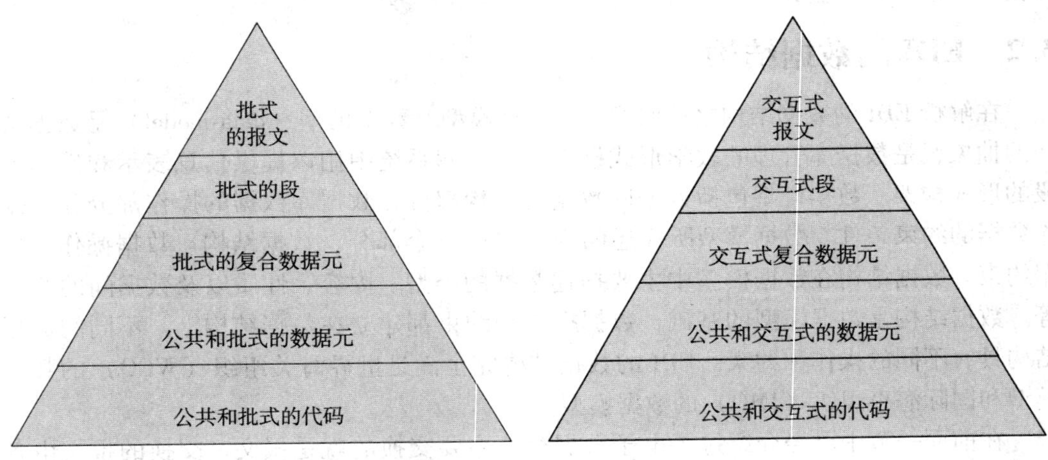

图 3－2　批式 EDI 的数据结构　　图 3－3　交互式 EDI 的数据结构

3.3　EDI 数据元标准化

EDI 数据元标准又称作 UN/EDIFACT 数据元标准，EDIFACT 是行政、商业和运输业电子数据交换的英文缩写。UN/CEFACT 制定的 EDI 标准都是适用于行政、商业和运输业的标准。因此，EDI 代码标准、EDI 复合数据元标准、EDI 段目录标准以及 EDI 标准报文都可称作 UN/EDIFACT 数据元标准、UN/EDIFACT 代码标准、UN/EDIFACT 复合数据元标准、UN/EDIFACT 段目录标准以及 UN/EDIFACT 标准报文。

3.3.1 EDI 数据元目录分类与说明

数据元是构成 EDI 报文的最小单位也称为简单数据元，它等效于一个语句中的一个字或一个词。它由唯一的四位数字标记、数据元名称、数据元描述及表示方式来标识。EDIFACT 报文中所使用的全部数据元均收入在 EDIFACT 数据元标准中，并有其相应的维护规程，根据 EDIFACT 报文的需要进行相应的增加、修改和删除。采用 EDIFACT 用户应首先从 EDIFACT 数据元标准中选用数据元来设计所需要的 EDIFACT 报文。由简单数据元组成的复合数据元等效于一个词组。复合数据元由唯一的四位字母数字标记来标识。段目录中的段是 EDIFACT 报文中的中间信息单位，它等效于一个句子。它是由预先定义的、功能上相关的数据元集合即复合数据元组成，这些数据元由其在集合中序列位置来定义。每个段都由三个字母段标记标识。

UN/CEFACT 在 20 世纪 90 年代初为国际贸易报文标准化提供了一套贸易数据交换目录，其中的一部分就是 UN/EDIFACT 数据元目录（UNEDED）。

在 UN/EDIFACT 数据元目录中将数据元分成 9 大类，见表 3－1。

表 3－1 UN/EDIFACT 数据元目录分类

序号	数据元标记范围	数据元内容	说明
第 1 类	1000－1699	单证、参考	用于数据处理或单证/报文的数据元，例如需要为用户数据交换提供服务的数据元、单证和报文名称、参考和参考号、顺序号
第 2 类	2000－2699	日期、时间、期限	所有时间的表示，如日历日期、时间期限（月、星期、日），时限、起始和终止日期
第 3 类	3000－3699	参与方、地址、地点、国家	法人和自然人的名称和地址、官员名称、组织机构、地点、国家、路线
第 4 类	4000－4699	条例、条款、条件、说明	鉴别、授权、背书、证明、条目、条件、条款、参考条目、戳记、标签、请求、说明、收据、声明、资料文本
第 5 类	5000－5699	金额、费用、百分比	财产价值、金额、费用；用于商业、运输、海关、统计以及其他用途的数额和价值；例如作为发票计算基准的价格、费率、百分率和折扣的详细内容
第 6 类	6000－6699	计量标识符、数量（非货币量）	尺码、重量、体积、距离、温度、货币及其他数量（第 5 组中的货币量除外）、计量单位说明符
第 7 类	7000－7699	货物与商品的描述以及标识符	货物和商品的描述、分类和标识、托运物标识符、包装号和种类、危险品细目
第 8 类	8000－8699	运输方式和工具、集装箱	运输工具和集装箱的标识和描述、运输设备细目、运输方式和动态、航次号和航班号
第 9 类	9000－9699	其他数据元（海关等）	海关清关所需的信息

在标准中使用下列指示符说明数据元的适用范围：

[B]　= 仅用于批式报文，

[I]　= 仅用于交互式报文，

[C]　= 在批式和交互式报文中通用。

数据元标记，数据元前的符号表示数据元的变更情况，其含义是：

+　　新增加；

#　　名称、说明、注或表示变更。

应当注意的是，用户在制作报文时一定要明确所制作的报文是批式 EDI 报文还是交互式 EDI 报文。对于批式 EDI 报文仅使用公用的数据元和批式数据元；对于交互式 EDI 报文仅使用公用的数据元和交互式数据元。

3.3.2　数据元目录示例

UN/EDIFACT 数据元目录分别由数据元标记、数据元名称、数据元说明以及数据元表示组成。为了使读者了解 UN/EDIFACT 数据元目录标准的样式，下面按照数据元分类给出了部分数据元目录。

1000　单证名称 Document name　[B]

说明：　单证的名称。

表示：　an. . 35

1001　单证名称代码 Document name code　[C]

说明：　规定单证名称的代码。

表示：　an. . 3

1003　报文类型代码 Message type code　[B]

说明：　规定报文类型的代码。

表示：　an. . 6

1154　参考标识符 Reference identifier　[C]

说明：　参考的标识。

表示：　an. . 70

2000　日期 Date　[I]

说明：　说明日期。

表示；　an. . 14

2002　时间 Time　[I]

说明：　说明时间。

表示：　n4

2005　日期/时间/期限功能代码限定符 Date or time or period function code qualifier　[B]

说明：　限定日期、时间或期限功能的代码。

表示：　an. . 3

2151　期限类型代码 Period type code　[B]

说明：　说明期限类型的代码。

表示：　an. . 3

3036	参与方名称 Party name	[C]
说明：	交参与方的名称。	
表示：	an..35	
3039	参与方标识符 Party identifier	[C]
说明：	说明参与方身份的代码。	
表示：	an..35	
4000	参考版本标识符 Reference version identifier	[B]
说明：	参考版本的标识。	
表示：	an..35	
4022	业务描述 Business description	[B]
说明：	业务的自由格式描述。	
表示：	an..70	
4025	业务功能代码 Business function code	[C]
说明：	描述特定业务功能的代码。	
表示：	an..3	
5004	货币金额 Monetary amount	[C]
说明：	规定货币的金额。	
表示：	n..35	
5006	货币金额功能描述 Monetary amount function description	[B]
说明：	货币金额功能的自由格式描述。	
表示：	an..70	
5007	货币金额功能代码 Monetary amount function description code	[B]
说明：	规定相关货币金额的功能的代码。	
表示：	an..3	
6002	经度 Longitude degree	[C]
说明：	以角度来度量和用度、分、秒来表示的地球东、西半球的地球表面坐标值，角度指的是经线平面与本初子午线平面间的夹角。	
表示：	an..11	
6008	高度 Height measure	[C]
说明：	规定高度的值。	
表示：	n..15	
6029	地理位置代码限定符 Geographical position code qualifier	[B]
说明：	标识地理位置类型的代码。	
表示：	an..3	
6060	数量 Quantity	[C]
说明：	数量的字母数字表示。	
表示：	n..15	
7008	项目描述 Item description	[C]
说明：	项目的自由格式描述。	
表示：	an..35	

7009　项目描述标识 Item description code　[C]
说明：说明一个项目的代码。
表示：an..17

7036　特征描述 Characteristic description　[B]
说明：特征的自由格式描述。
表示：an..35

7037　特征描述代码 Characteristic description code　[C]
说明：规定特征的代码。
表示：an..17

8015　交通限制代码 Traffic restriction code　[I]
说明：规定交通限制的代码。
表示：an..3

8017　交通限制应用代码 Traffic restriction application code　[I]
说明：规定交通限制应用的代码。
表示：an..3

8022　运费和费用描述 Freight and other charges description　[B]
说明：运费和其他费用的自由格式描述。
表示：an..26

9012　状态原因描述 Status reason description　[B]
说明：状态原因的自由格式描述。
表示：an..256

9015　状态类别代码 Status category code　[B]
说明：规定状态类别的代码。
表示：an..3

9018　属性描述 Attribute description　[C]
说明：实体属性的自由格式描述。
表示：an..256

3.4　EDI 代码标准化

UN/CEFACT 在 20 世纪 90 年代初为国际贸易报文标准化提供了一套贸易数据交换目录，其中的一部分就是 UN/EDIFACT 代码表（UNCL）。它将 UN/EDIFACT 数据元目录中代码型的数据元另外做成了一套标准代码表。在设计 UN/CEFACT 报文时，对于代码型数据元，其值可以从 UN/EDIFACT 代码表中获得。

3.4.1　EDI 代码表分类

在 UN/EDIFACT 代码表其分类与数据元分类一致，见表 3－2。

表 3－2 UN/EDIFACT 代码表分类

序号	代码的范围	代码的内容
第 1 类	1000－1699	单证、参考
第 2 类	2000－2699	日期、时间、期限
第 3 类	3000－3699	参与方、地址、地点、国家
第 4 类	4000－4699	条例、条款、条件、说明
第 5 类	5000－5699	金额、费用、百分比
第 6 类	6000－6699	计量标识符、数量（非货币量）
第 7 类	7000－7699	货物和商品的描述和标识符
第 8 类	8000－8699	运输方式和工具、集装箱
第 9 类	9000－9699	其他数据元（海关等）

3.4.2 代码表说明

+ 表示新增加，

| 表示说明、注释或功能改变，

表示名称改变，

[B] 表示仅用于批式报文，

[I] 表示仅用于交互式报文，

[C] 表示在批式和交互式报文中通用。

应当注意的是，用户在制作报文时一定要明确所制作的报文是批式 EDI 报文还是交互式 EDI 报文。对于批式 EDI 报文仅使用通用的代码和批式代码；对于交互式 EDI 报文仅使用通用的代码和交互式代码。

3.4.3 代码表示例

UN/EDIFACT 代码表分别由标记、数据元名称、数据元说明以及数据元表示和注释组成。为了使读者了解 UN/EDIFACT 代码表标准的样式，下面按照代码表的分类将每类中的一个代码作为示例给出。需要使用代码表的用户请使用 GB/T 16833—2011《行政，商业和运输业电子数据交换 代码表》。

1049 报文节，代码型 Message section，coded [B]

说明：说明报文某一特定部分的代码。

表示：an..3

1 标头节 Heading section

2 报文细目节 Detail section of a message

5 重复节 Multiple sections

6 汇总节 Summary section

7 分项 Sub－line item

8　海关申报报文商业标头节　Commercial heading section of CUSDEC
CUSDEC 报文的第 7 段组至第 14 段组。

9　海关申报报文的商业种类细目节　Commercial line detail section of CUSDEC
CUSDEC 报文的第 15 段组至第 22 段组。

10　海关申报报文的海关项目细目节　Customs item detail section of CUSDEC
CUSDEC 报文的第 23 段组至第 33 段组。

11　海关申报报文的海关分项细目节　Customs sub－item detail section of CUSDEC
CUSDEC 报文的第 34 段组至第 35 段组。

2155　费用期类型，代码型　Charge period type，coded　[I]

说明：说明计算费用期的类型。

表示：an..3

1　每日　Per day
每日提供服务的费用。

2　每周　Per week
每周提供服务的费用。

3　每月　Per month
每月提供服务的费用。

4　每次租用　Per rental
整个服务期的费用。

5　每小时　Per hour
每小时提供服务的费用。

6　每分　Per minute
每分钟提供服务的费用。

3045　参与方姓名格式，代码型　Party name format，coded　[B]

说明：参与方姓名表示的说明。

表示：an..3

1　姓名各部分顺序按下述定义
第一部分：姓　第二部分：名字或大写首字母　第三部分：名字或大写首母　第四部分：女子的姓　第五部分：称呼　姓名各部分按顺序传输；首先传输第一部分，女子的姓是女子出生时的姓，其他姓名不加说明。

4055　交货条款的功能，代码型　Terms of delivery function，coded　[B]

说明：与价格条件、交货条件有关或与两者均有关的条款的指示。

表示：an..3

1　价格条件　Price condition

2　发运条件　Despatch condition

客户对交货的供货方要求的条件：运费的支付、运输工具。

3 价格和发运条件 Price and despatch condition

4 客户托收 Collected by customer

指示客户在供货方地点接货，并关注运输工具。

5 运输条件 Transport condition

说明规定按照承运人责任运输货物的条件。

6 交货条件 Delivery condition

说明货物必须交给收货人的条件。

5013 指数限定符 Index qualifier [B]

说明：标识有关指数的类型。

表示：an..3

1 项目 Project

指示与总项目相关的指数。

2 组 Group

指示与一组工作项目相关的指数。

3 替代 Alternative

指出指数可供选择。

6079 结果状态指示符，代码型 Result normalcy indicator, coded [B]

说明：说明结果是否正常的代码。

表示：an..3

1 高于高参考极限 Above high reference limit

高于高参考极限。

2 低于低参考极限 Below low reference limit

低于低参考极限。

7001 物理或逻辑状态限定符 Physical or logical state qualifier [B]

说明：给物理或逻辑状态特定含义的代码。

表示：an..3

1 收货时 Upon receipt

收货时。

2 发货时 Upon despatch

发货时。

8035 交通限制类型限定符 Traffic restriction type qualifier [I]

说明：限定交通限制的类型。

表示：an..3

1　必须在登乘点中途停靠或转乘　Required stopover or connection must occur at the board point

中途停靠或转乘必须在登乘处进行。

2　必须在离乘处中途停靠或转乘　Required stopover or connection must occur at the off point

中途停靠或转乘必须在离乘处进行。

9003　职位限定符　Employment qualifier　[B]

说明：职位详细情况含义的说明。

表示：an..3

1　主要的　Primary

主要雇佣。

2　第二　Secondary

第二个雇佣。

3　第三　Tertiary

第三个雇佣。

4　专业　Profession

说明专业。

3.5　EDI 复合数据元标准化

3.5.1　说明

数据元是构成 EDIFACT 报文的最小单位也称为简单数据元，它等效于一个语句中的一个字或一个词。它由唯一的四位数字标记、数据元名称、数据元描述及表示方式来标识。EDIFACT 报文中所使用的全部数据元均收入在 EDIFACT 数据元标准中，并有其相应的维护规程，根据 EDIFACT 报文的需要进行相应的增加、修改和删除。采用 EDIFACT 用户应首先从 EDIFACT 数据元标准中选用数据元来设计所需要的 EDIFACT 报文。由简单数据元组成的复合数据元等效于一个词组。复合数据元由唯一的四位字母数字标记来标识。段目录中的段是 EDIFACT 报文中的中间信息单位，它等效于一个句子。它是由预先定义的、功能上相关的数据元集合即复合数据元组成，这些数据元由其在集合中序列位置来定义。每个段都由三个字母段标记标识。

UN/CEFACT 在 20 世纪 90 年代初为国际贸易报文标准化提供了一套贸易数据交换目录，其中的一部分就是 UN/EDIFACT 复合数据元目录（UNEDCD）。

3.5.2　复合数据元表示的有关说明

a）复合数据元标记

复合数据元标记前的符号指出复合数据元的变更情况，其含义是：

\+　新增加，

* 结构变更，

\# 名称变更，

| 描述、注和功能变更。

b）复合数据元结构中数据元状态

复合数据元结构中数据元状态用 M 和 C 表示，其含义是：

C 条件型，

M 必备型。

c）复合数据元分为批式复合数据元和交互式复合数据元

批式复合数据元用大写字母 C 加 3 位数字表示，其中数字从 001 到 999。如：C001，C002。交互式复合数据元用大写字母 E 加 3 位数字表示，其中数字从 001 到 999。如：E001，E002。

应当注意的是用户在制作报文时一定要明确所制作的报文是批式 EDI 报文还是交互式 EDI 报文，对于批式 EDI 报文仅使用批式复合数据元，对于交互式 EDI 报文仅使用交互式复合数据元。

3.5.3 复合数据元目录示例

UN/EDIFACT 复合数据元由简单数据元组成，每个简单数据元在复合数据元中表示一个成分。因此，又将复合数据元中的简单数据元称为成分数据元。UN/EDIFACT 复合数据元目录分别由位置、标记、中文名称、说明英文名称、状态表示等属性组成。为了使读者了解 UN/EDIFACT 复合数据元目录标准的样式，下面给出了部分批式复合数据元目录。

标记		中文名称	英文名称	状态	表示
C001		运输工具	TRANSPORT MEANS		
说明：标识运输工具种类的代码和/或名称。					
010	8179	运输工具描述代	Transport means description code	C	an..8
020	1131	代码表标识代码	Code list identification code	C	an..17
030	3055	代码表负责机构代码	Code list responsible agency code	C	an..3
040	8178	运输工具描述	Transport means description	C	an..17
C002		单证/报文名称	DOCUMENT/MESSAGE NAME		
说明：单证/报文类型的标识，用代码或名称表示。优先选用代码。					
010	1001	单证名称代码	Document name code	C	an..3
020	1131	代码表标识代码	Code list identification code	C	an..17
030	3055	代码表负责机构代码	Code list responsible agency code	C	an..3
040	1000	单证名称	Document name	C	an..35
C004		事件类别	EVENT CATEGORY		
说明：说明事件类别。					

010	9637	事件类别描述代码	Event category description code	C	an..3
020	1131	代码表标识代码	Code list identification code	C	an..17
030	3055	代码表负责机构代码	Code list responsible agency code	C	an..3
040	9636	事件类别描述	Event category description	C	an..70

C008		货币金额功能细目	MONETARY AMOUNT FUNCTION DETAIL		
说明：提供货币金额功能的细目。					
010	5105	货币金额功能细目描述代码	Monetary amount function detail description code	C	an..17
020	1131	代码表标识代码	Code list identification code	C	an..17
030	3055	代码表负责机构代码	Code list responsible agency code	C	an..3
040	5104	货币金额功能细目描述	Monetary amount function detail description	C	an..70

C009		信息种类	INFORMATION CATEGORY		
说明：说明信息的种类。					
010	9615	信息种类描述代码	Information category description code	C	an..3
020	1131	代码表标识代码	Code list identification code	C	an..17
030	3055	代码表负责机构代码	Code list responsible agency code	C	an..3
040	9614	信息种类描述	Information category description	C	an..70

C010		信息类型	INFORMATION TYPE		
说明：说明信息的类型。					
010	4473	信息类型代码	Information type code	C	an..4
020	1131	代码表标识代码	Code list identification code	C	an..17
030	3055	代码表负责机构代码	Code list responsible agency code	C	an..3
040	4472	信息类型	Information type	C	an..35

3.6 EDI 数据段标准化

3.6.1 说明

数据元是构成 EDIFACT 报文的最小单位也称为简单数据元，它等效于一个语句中的一个字或一个词。它由唯一的四位数字标记、数据元名称、数据元描述及表示方式来标识。EDIFACT 报文中所使用的全部数据元均收入在 EDIFACT 数据元标准中，并有其相应的维护规程，根据 EDIFACT 报文的需要进行相应的增加、修改和删除。采用 EDIFACT 用户应首先从 EDIFACT 数据元标准中选用数据元来设计所需要的 EDIFACT 报文。由简单数据元组成的复合数据元等效于一个词组。复合数据元由唯一的四位字母数字标记来标识。段目录中的段是 EDIFACT 报文中的中间信息单位，它等效于一个句子。它是由预先定义的、功能上相关的数据元集合即复合数据元组成，这些数据元由其在集合中序列位置来定义。每个段都由三个字母段标记标识。

UN/CEFACT 在 20 世纪 90 年代初为国际贸易报文标准化提供了一套贸易数据交换目录，其中的一部分就是 UN/EDIFACT 段目录（UNEDSD）。

3.6.2　段表示的有关说明

a）段中的变更指示符

段中的变更指示符指出了段的变化情况，其含义是：

+　增加，

*　结构变更，

#　名称变更，

|　描述、注和功能变更。

b）段结构中数据元状态

段结构中数据元状态用 M 和 C 表示，其含义是：

C　条件型，

M　必备型。

c）批式段和交互式段

批式段和交互式段均用 3 位大写英文字母表示。

应当注意的是用户在制作报文时一定要明确所制作的报文是批式 EDI 报文还是交互式 EDI 报文，对于批式 EDI 报文仅使用批式段，对于交互式 EDI 报文仅使用交互式段。

3.6.3　段目录示例

UN/EDIFACT 数据段由复合数据元和简单数据元组成。UN/EDIFACT 数据段目录分别由位置、标记、中文名称、说明英文名称、状态、表示等属性组成。为了使读者了解 UN/EDIFACT 段目录标准的样式，下面给出了部分批式段目录作为示例。

标记	中文名称	英文名称	状态	表示
ADR	地址	ADDRESS		
功能：说明一个地址。				
010	C817 地址用法	ADDRESS USAGE	C	
	3299　地址用途代码	Address purpose code	C	an..3
	3131　地址类型代码	Address type code	C	an..3
	3475　地址状态代码	Address status code	C	an..3
020	C090　地址细目	ADDRESS DETAILS	C	
	3477　地址格式代码	Address format code	M	an..3
	3286　地址成分描述	Address component description	M	an..70

	3286	地址成分描述	Address component description	C	an. . 70
	3286	地址成分描述	Address component description	C	an. . 70
	3286	地址成分描述	Address component description	C	an. . 70
	3286	地址成分描述	Address component description	C	an. . 70
030	3164	城市名称	CITY NAME	C	an. . 35
040	3251	邮政编码标识代码	POSTAL IDENTIFICATION CODE	C	an. . 17
050	3207	国家（地区）标识符	COUNTRY IDENTIFIER	C	an. . 3
060	C819	国家行政区划细目	COUNTRY SUBDIVISION DETAILS	C	
	3229	国家行政区划标识符	Country subdivision identifier	C	an. . 9
	1131	代码表标识代码	Code list identification code	C	an. . 17
	3055	代码表负责机构代码	Code list responsible agency code	C	n. . 3
	3228	国家行政区划名称	Country subdivision name	C	an. . 70
070	C517	地点标识	LOCATION IDENTIFICATION	C	
	3225	地点标识符	Location identifier	C	an. . 35
	1131	代码表标识代码	Code list identification code	C	an. . 17
	3055	代码表负责机构代码	Code list responsible agency code	C	an. . 3
	3224	地点名称	Location name	C	an. . 256

AGR　协议标识　AGREEMENT IDENTIFICATION

功能：说明协议的细节。

010	C543	协议类型标识	AGREEMENT TYPE IDENTIFICATION	C	
	7431	协议类型代码限定符	Agreement type code qualifier	M	an. . 3
	7433	协议类型描述代码	Agreement type description code	C	an. . 3
	1131	代码表标识代码	Code list identification code	C	an. . 17
	3055	代码表负责机构代码	Code list responsible agency code	C	an. . 3
	7434	协议类型描述	Agreement type description	C	an. . 70
020	9419	服务层代码	SERVICE LAYER CODE	C	an. . 3

AJT　调整细目　ADJUSTMENT DETAILS

功能：标识调整的原因。

010	4465	调整原因代码	ADJUSTMENT REASON DESCRIPTION CODE	M	an. . 3
020	1082	行项标识符	LINE ITEM IDENTIFIER	C	an. . 6

ALC　折让或费用　ALLOWANCE OR CHARGE

功能：标识折让或费用的详细内容。

010	5463	折让或费用代码限定符	ALLOWANCE OR CHARGE CODE QUALIFIER	M	an..3
020	C552	折让/费用信息	ALLOWANCE/CHARGE INFORMATION	C	
	1230	折让或费用标识符	Allowance or charge identifier	C	an..35
	5189	费用/折让标识代码	Allowance or charge identification code	C	an..35
030	4471	结算方式代码	SETTLEMENT MEANS CODE	C	an..3
040	1227	计算顺序代码	CALCULATION SEQUENCE CODE	C	an..3
050	C214	特殊服务标识	SPECIAL SERVICES IDENTIFICATION	C	
	7161	特殊服务描述代码	Special service description code	C	an..3
	1131	代码表标识代码	Code list identification code	C	an..17
	3055	代码表负责机构代码	Code list responsible agency code	C	an..3
	7160	特殊服务描述	Special service description	C	an..35
	7160	特殊服务描述	Special service description	C	an..35

3.7 报文示例——国际贸易商业发票报文

国际贸易商业发票报文是非常重要的报文。因此，在这里专门作为一节给出，以便让读者了解国际贸易商业发票报文的样式和结构。报文是数据交换的业务主体，下面给出我国国际贸易商业发票报文作为示例。

3.7.1 应用范围

适用于国际贸易中对外以及国内办理报关、结汇、申办各类证书和出口退税等业务中所需商业发票的电子数据交换。示例给出了国际贸易商业发票报文（INVOIC）的应用原则、报文结构和段格式。

3.7.2 报文定义

该报文依据买卖双方商定的条件对所提供的商品或服务以 EDI 方式提出付款要求。

3.7.3 应用原则

一个卖方可以就一笔或多笔交易开出发票；

一张发票可以涉及与一个或多个订单、交货指示、取消某一项等相关的商品、项目或服务；

一张发票可以包含有关的付款条款；

就国际贸易而言，发票可以包括附加信息，用于海关、统计、服务；

一张发票可以包含运输细节；

一张发票仅限使用一种货币。

3.7.4 报文结构

“状态”标识中 M 为必备型，C 为条件型。

段表示例如下。

编号	标记	名称	状态	重复次数
标头节				
0010	UNH	报文头	M	1
0020	BGM	报文开始	M	1
0030	DTM	日期/时间/期限	M	2
0060	IMD	项描述	C	1
0070	FTX	自由文本	C	1
0080	LOC	地点/位置描述	C	1
0120		——段组 1	C	2
0130	RFF	参考	M	1
0220		——段组 2	C	2
0230	NAD	名称和地址	M	1
0330		——段组 5	C	1
0340	CTA	联系信息	M	1
0350	COM	通信联系	C	1
0400		——段组 7	C	1
0410	CUX	货币	M	1
0500		——段组 9	C	1
0510	TDT	运输细目	M	1
0530		——段组 10	C	3
0540	LOC	地点/位置标识	M	1
0590		—— 段组 12	C	1
0600	TOD	交货或运输条款	M	1
细目节				
1160		——段组 25	C	99
1170	LIN	行项	M	1
1180	PIA	附加产品标识	C	1
1200	IMD	项描述	C	1

1220	QTY	量	C	1
1320		——段组 28	C	2
1330	MOA	货币金额	M	1
1490		——段组 32	C	1
1500	PAC	包装	M	1
1520	EQD	设备细目	C	1
1530		——段组 33	C	1
1540	PCI	包装标识	M	1
汇总节				
2320	UNS	节控制	M	1
2340		——段组 52	M	1
2350	MOA	货币金额	M	1
2470	UNT	报文尾	M	1

3.7.5 段格式

发票报文由段组成，每一个段列出 UN/EDIFACT 中数据元的状态、类型和长度，以及与本部分的对应关系，并给出适当注释和说明。

各段按其在报文中出现的顺序列出。段或段组做出标记后为 M（必备型）/C（条件型）指示符、最大重复次数和段描述。从左至右，第一栏是数据元标记和名称，第二栏是数据元在 EDIFACT 中的状态（M 或 C）、类型和长度。以上信息构成了原始 EDIFACT 的段格式定义。

第三栏和第四栏为本部分特定信息。第三栏是使用 EDIFACT 数据元的状态指示符，第四栏是说明及报文中特定数据元所用的代码值。本部分除了使用 GB/T 16833—2011 中的代码值外，还使用国标代码和外经贸部代码。当使用国标代码时，将其标准发布号列于段注释中；当使用 GB/T 16833—2011 中代码和外经贸部代码时，将其具体代码值列于第四栏中。

EDIFACT 段中的必备型（M）数据元在本部分中保持其状态不变。

EDIFACT 段中的条件型（C）数据元在本部分中根据实际业务需要又进一步约定了三种状态，并且可用缩写表示，具体列举如下：

必备型 M，指明数据元是必需的，必须发送；

条件型 C，指明数据元是选择性的，可按用户要求发送；

不使用 N，指明数据元不使用，应省略。

如果一个复合数据元被标为 N，则该复合数据元中的所有数据元的状态指示符栏为空白。

发票报文的段格式描述见表 3－3～表 3－27。

表 3－3

UNH 报文头			
功能：开始、标识并说明报文。 状态：M 重复次数：1			
数据元表示	EDIFACT	本部分状态	说明
0062 报文参考号	M1 an..14	M	发送方的唯一报文参考。交换中报文的顺序号。它与 UNT 中的数据元 0062 具有相同值，由发送方生成
S009 报文标识符	M1	M	
0065 报文类型	M an..6	M	INVOIC—发票报文
0052 报文版本号	M an..3	M	D—草案
0054 报文发布号	M an..3	M	081—2008 年第 1 版
0051 管理机构，代码型	M an..3	M	MFT—商务部
0057 团体分配的代码	C an..6	N	
0110 代码表目录版本号	C an..6	N	
0113 报文类型子功能标识	C an..6	N	
0068 公共访问参考	C1 an..35	N	
S010 传送状态	C1	N	
0070 传送顺序	M n..2		
0073 第一个和最后一个传送	C a1		
S016 报文子集标识	C1	N	
0115 报文子集标识	M an..14		
0116 报文子集版本号	C an..3		
0118 报文子集发布号	C an..3		
0051 管理机构，代码型	C an..3		
S016 报文实施指南标识	C1	N	
0121 报文实施指南标识	M an..14		
0122 报文实施指南版本号	C an..3		
0124 报文实施指南发布号	C an..3		
0051 管理机构，代码型	C an..3		
S018 剧本标识	C1	N	
0127 剧本标识	M an..14		

续表 3-3

数据元表示	EDIFACT	本部分状态	说明
0128 剧本版本号	C an..3		
0130 剧本发布号	C an..3		
0051 管理机构，代码型	C an..3		

注：

服务段，开始并唯一标识一个报文。该发票报文的类型代码为 INVOIC。

数据元 0065、0052、0054 和 0051：指明报文为由商务部（MFT）归口管理的发票报文格式是 2008 年发布的第 1 版。

例如：

UNH + ME0002 + INVOIC：D：081：MFT' 发票报文参考号为 ME0002，管理机构为商务部，报文发布号为 081，版本号为 D。

表 3-4

BGM 报文开始

功能：指示报文类型和功能并传输标识号。

状态：M

重复次数：1

	EDIFACT	本部分状态	说　　明
C002 单证/报文名称	C1	M	
1001 单证名称代码	C an..3	M	380—商业发票
1131 代码表标识代码	C an..3	N	
3055 代码表负责机构代码	C an..3	N	
1000 单证名称	C an..35	N	
C106 单证/报文标识	C1	M	
1004 单证标识符	C an..35	Man..17	发票号
1056 版本标识符	C an..6	N	
1060 修订标识符	C an..9	N	
1225 报文功能代码	C1 an..3	M	1—取消，5—代替，9—最初的传输—发票报文最初的传输
4343 应答类型代码	C1 an..3	N	

注：

发送方根据发票号、发票功能唯一地标识一个段。

数据元 1001 单证名称代码采用 GB/T 15421—2008，本部分中只能使用 380。

数据元 1225：

1 = 取消——对于一个给定的交易取销先前发送的发票报文（本部分内不定义修改发票。如果发票有误，一定要取销，并重发一个新的代替报文）；

5 = 代替——替代先前的发票报文，如：更正发票；

9 = 最初的传输——发票报文的最初的传输。

例如：

BGM + 380 + K207181084 + 9' 发票号为 K207181084，此发票为第一次发送，代码为 9。

表 3－5

DTM 日期/时间/期限			
功能：说明日期和/或时间或期限。 状态：M 重复次数：2			
	EDIFACT	本部分	说　　明
C507 日期/时间/期限	M1	M	
2005 日期/时间/期限功能代码限定符	M　an..3	M	137—报文日期时间 3—发票日期
2380 日期/时间/期限	C　an..35	M n8	报文日期时间/发票日期
2379 日期/时间/期限格式代码	C　an..3	M	203—CCYYMMDDHHMM 102—CCYYMMDD
注： 本段用于标识报文日期时间和发票日期。 数据元 2379 表示发票日期时，选用代码 102，即发票日期用统一格式 CCYYMMDD 表示。 例如： DTM＋137：200809291330：203’报文发送时间为 2008 年 9 月 29 日 13 点 30 分 DTM＋3：20080928：102’表示发票日期为 2008 年 9 月 28 日			

表 3－6

IMD 项描述			
功能：用行业格式或自由格式描述一个项目。 状态：C 重复次数：1			
	EDIFACT	本部分	说　　明
7077 项目描述类型，代码型	C1　an..3	M	B—代码和文本描述
C272 项目特征，代码型	C1	N	
7081 项目特征，代码型	C　an..3		
1131 代码表标识代码	C　an..17		
3055 代码表负责机构代码	C　an..3		
C273 项目描述	C1	M	
7009 项目描述代码	C　an..17	M	贸易方式代码，采用 GB/T 15421—2008
1131 代码表标识代码	C　an..17	N	
3055 代码表负责机构代码	C　an..3	N	

续表 3－6

	EDIFACT	本部分	说　明
7008 项目描述	C　an..256	C	贸易方式描述
7008 项目描述	C　an..256	N	
3453 语言名称代码	C　an..3	N	
7383 表面/内层代码	C1　an..3	N	
注： 本段用于说明发票所列的贸易方式，为必备段。 数据元 7009 表示贸易方式代码，采用 GB/T 15421—2008。 例如： IMD＋B＋10’ 贸易方式为一般贸易（一般贸易代码为 10）			

表 3－7

FTX 自由文本			
功能：提供自由格式或代码型文本信息。 状态：C 重复次数：1			
	EDIFACT	本部分	说　明
4451 文本主题代码限定符	M1　an..3	M	ACB—附加信息
4453 文本功能代码	C1　an..3	N	
C107 文本参考	C1	N	
4441 自由文本描述代码	M　an..17		
1131 代码表标识代码	C　an..17		
3055 代码表负责机构代码	C　an..3		
C108 文字文本	C1	C	自由处置区的内容
4440 自由文本	M　an..512	M an..35	
4440 自由文本	C　an..512	C an..35	
4440 自由文本	C　an..512	C an..35	
4440 自由文本	C　an..512	C an..35	
4440 自由文本	C　an..512	N	
3453 语言名称代码	C1　an..3	N	
4447 自由文本格式代码	C1　an..3	N	
注： 本段用于表示自由处置区的内容，一般为以下三种信息： ——说明特定号码，如进口许可证号、配额证书号等； ——运费、保险费等； ——缮打证明句。 例如： FTX＋ACB＋＋要求加注原料来源’ 自由处置区的内容为“要求加注原料来源”			

表 3－8

LOC 地点/位置标识

功能：标识地点或位置和/或相关位置。
状态：C
重复次数：1

	EDIFACT	本部分	说　明
3227 地点功能代码限定符	M1　an..3	M	27—原产地国
C517 地点标识	C1	M	
3225 地点标识符	C　an..35	M	原产地国代码为 an2，采用 GB/T 2659—2002
1131 代码表标识代码	C　an..17	N	
3055 代码表负责机构代码	C　an..3	N	
3224 地点名称	C　an..256	C	原产地国
C519 第一相关地点标识	C1	N	
3223 第一相关地点/位置标识	C　an..35		
1131 代码表标识代码	C　an..17		
3055 代码表负责机构代码	C　an..3		
3222 第一相关地点名称	C　an..70		
C553 第二相关地点标识	C1	N	
3233　第二相关地点/位置标识	C　an..35		
1131 代码表标识代码	C　an..17		
3055 代码表负责机构代码	C　an..3		
3232　第二相关地点名称	C　an..70		
5479　关系代码	C1　an..3	N	

注：

本段标识原产地国（地区），为必备段。

例如：

LOC+27+CN’原产地国为中国

表 3－9

段组 1 C2 RFF－DTM

RFF 参考

功能：说明一个参考。
状态：M
重复次数：1

续表 3－9

	EDIFACT	本部分	说　　明
C506　参考	M1	C	
1153　参考代码限定符	M　an..3	M	CT＝合同号 LC＝信用证号
1154　参考标识符	C　an..70	M an..17	合同号/信用证号
1156　单证行标识符	C　an..6	N	
1056　版本标识符	C　an..9	N	
1060　修订标识符	C　an..6	N	
注： 本段用于规定与整个报文相关的参考，如合同号，信用证号等，其中合同号为必备项。 例如： RFF＋CT：08WG311012061D'（合同号） RFF＋LC：WFH2191300F'（信用证号）			

表 3－10

段组 2 C2 NAD－SG5			
NAD 名称和地址			
功能：说明名称/地址及其相关功能，可单独使用 C082 和/或非结构化的 C058 或结构化的 C080 至 3207。 状态：M 重复次数：1			
	EDIFACT	本部分	说　　明
3035　参与方功能代码限定符	M1 an..3	M	EX—出口商 、IM—进口商
C082 参与方标识细目	C1	C	
3039 参与方标识符	M　an..35	M an13	出口商编码与进口商编码，均采用《中华人民共和国进出口企业资格证书》、《对外贸易经营者备案登记表》、或者《外商投资企业批准证书》中的 13 位企业代码
1131 代码表标识代码	C　an..17	C	160—参与方标识
3055 代码表负责机构代码	C　an..3	C	MFT—商务部
C058　名称和地址	C1	C	
3124 名称和地址描述	M　an.35	M an..35	出口商名称/进口商名称
3124 名称和地址描述	M　an.35	C an..35	
3124 名称和地址描述	M　an..35	C an..35	

续表 3-10

	EDIFACT	本部分	说　　明
3124 名称和地址描述	M an..35	C an..35	
3124 名称和地址描述	M an..35	C an..35	
C080 参与方名称	C1	N	
3036 参与方名称	C an..35		
3036 参与方名称	C an..35		
3036 参与方名称	C an..35		
3036 参与方名称	C an..35		
3036 参与方名称	C an..35		
3045 参与方名称格式代码	C an..3		
C059 街道	C1	N	
3042 街道名称和门牌号码/邮政信箱标识符	M an..35		
3042 街道名称和门牌号码/邮政信箱标识符	M an..35		
3042 街道名称和门牌号码/邮政信箱标识符	M an..35		
3042 街道名称和门牌号码/邮政信箱标识符	M an..35		
3164 城市名称	C1 an..35	N	
C819 国家（地区）行政区划细目	C1		
3229 国家（地区）行政区划标识符	C an..9	N	
1131 代码表标识代码	C an..17		
3055 代码表负责机构代码	C an..3		
3228 国家（地区）行政区划名称	C an..70		
3251 邮政编码标识代码	C1 an..17	N	
3207 国家（地区）标识符	C1 an..3	N	

注：

在发票报文中，出口商和进口商的标识是必备型的。

数据元 3039：参见对外贸易经济合作部《进出口企业代码》。

例如：

使用非结构化的 C058

NAD + EX + + CHINA NATIONAL MINERALS INPORT &：EXPORT CORPORATION

BLDG. 15，BLOCK 4，：ANHUILI，CHAOYANG DISTRICT BEIJING：CHINA' 出口商为中国五矿进出口公司

表 3－11

段组 2 C2 NAD－SG5
段组 5 C1 CTA－COM

CTA 联系信息

功能：标识应直接通信的人员或部门。
状态：M
重复次数：1

	EDIFACT	本部分	说　明
3139 联系功能代码	C1 an..3	M	AE—合同联系人
C056 联系人细目	C1	M	
3413 部门或人员标识	C an..17	N	
3412 部门或人员	C an..256	Man..35	联系人

注：
本段用于标识在 NAD 段内规定的公司的内部的部门和人员。
例如：
CTA＋AE＋Minerals ：ZhangMing’ 联系人：矿产部的张明

表 3－12

段组 2 C2 NAD－SG5
段组 5 C1 CTA－COM

COM 通信联系

功能：标识应与其直接联系的部门或人员的通信号。
状态：C
重复次数：1

	EDIFACT	本部分	说　明
C076 通信联系	M3	M3	
3148 通信地址标识符	M an..512	M	电话号码
3155 通信工具类型代码	Man..3	M	TE—电话

注：
本段用于标识在 CTA 段中标出的人员的通信号和通信类型。
例如：
COM＋01065198000：TE’ 电话号码为 01065198000

表 3－13

段组 7 C1 CUX			
CUX 货币			
功能：说明交易中使用的货币及其相关汇率细目。 状态：M 重复次数：1			
	EDIFACT	本部分	说　明
C504 货币细目	C1	M	
6347 货币使用代码限定符	M　an..3	M	1—付费币种
6345 货币标识代码	C　an..3	M	币种代码，见 GB/T 12406
6343 货币类型代码限定符	C　an..3	N	
6348 通货汇率	C　n..4	N	
C504 货币细目	C1	N	
6347 货币使用代码限定符	M　an..3		
6345 货币标识代码	C　an..3		
6343 货币类型代码限定符	C　an..3		
6348 通货汇率	C　n..4		
5402 汇率	C1　an..12	N	
6341 外汇交易市场标识符	C1　an..3	N	
段注释： 　货币段在国际贸易中是必备型的，本段描述在发票中要求的货币。 　数据元 6345：参考 GB/T 12406—2008《表示货币和资金的代码》。 例如： 　COX＋1：USD’发票的付费币种是美元			

表 3－14

段组 9 C1 TDT－SG10			
TDT　运输细目			
功能：说明有关运输的信息，如运输方式、运输工具、班次编号和运输工具标识。 状态：M 重复次数：1			
	EDIFACT	本部分	说　明
8051 运输阶段代码限定符	M1　an..3	M	20—干线运输
8028　运输工具行程标识符	C1　an..17	C	有关运输的参考号

续表 3-14

	EDIFACT	本部分	说　明
C220 运输方式	C1	M	
8067 运输方式名称代码	C an..3	M an1	运输方式名称代码，采用 GB/T 6512—2012《运输方式代码》
8066 运输方式名称	C an..17	C	
C001 运输工具	C1	C	
8179 运输工具描述代码	C an..8	C	6—飞机 13—远洋船 23—铁路散装货车 31—卡车
1131 代码表标识代码	C an..17		
3055 代码表负责机构代码	C an..3		
8178 运输工具描述	C an..17	C	
C040 承运人	C1	C	
3127 承运人标识符	C an..17	C	
1131 代码表标识代码	C an..17	N	
3055 代码表负责机构代码	C an..3	N	
3126 承运人名称	C an..35	C	
8101 运送方向指示代码	C1 an..3	N	
C401 额外运输信息	C1	N	
8457 额外运输原因代码	M an..3		
8459 额外运输责任代码	M an..3		
7130 客户装运授权标识符	C an..17		
C222 运输标识	C1	C	
8213 运输工具标识名称标识符	C an..9	C	如：船名代码
1131 代码表标识代码	C an..17	N	
3055 代码表负责机构代码	C an..3	N	
8212 运输工具标识名称	C an..35	C	如：船名、车辆牌照/飞机号
8453 运输工具的国籍代码	C an..3	N	
8281 运输工具所有权指示代码	C1 an..3	N	

注：

本段用于描述货物的运输方式、运输工具，为必备段。

数据元 8067；参考 GB/T 6512—2012《运输方式代码》。

例如：

TDT+20++1+13' 主段运输为海运，使用的运输工具为远洋船

表 3－15

段组 9 C1 TDT－SG10
段组 10 C3 LOC

LOC 地点/位置标识

功能：标识地点或位置和/或相关位置。
状态：M
重复次数：1

	EDIFACT	本部分	说　　明
3227 地点功能代码限定符	M1 an..3	M	5—启运地点 8—目的地 13—转运地
C517 地点标识	C1	M	
3225 地点标识符	C an..35	M	地点代码，见 GB/T 15514 和 GB/T7407
1131 代码表标识代码	C an..17	N	
3055 代码表负责机构代码	C an..3	N	
3224 地点名称	C an..256	C	地点名称
C519 第一相关地点标识	C1	N	
3223 第一相关地点/位置标识	C an..35		
1131 代码表标识代码	C an..17		
3055 代码表负责机构代码	C an..3		
3222 第一相关地点名称	C an..70		
C553 第二相关地点标识	C1	N	
3233 第二相关地点/位置标识	C an..35		
1131 代码表标识代码	C an..17		
3055 代码表负责机构代码	C an..3		
3232 第二相关地点名称	C an..70		
5479 关系代码	C1 an..3	N	

注：

该段标识与前边 TDT 中规定的运输细目有关的位置。

数据元 3225：见 GB/T 15514—2008《中华人民共和国口岸及有关地点代码》和 GB/T 7407—2008《中国及世界主要海运贸易港口代码》。

例如：货物从天津的新港 CNTXG 发往日本大阪 JPOSK 。

LOC+5+CNTXG'

LOC+8+JPOSK'

表3－16

段组 12 C1 TOD			
TOD 交货或运输条款			
功能：说明交货或运输条款。 状态：M 重复次数：1			
	EDIFACT	本部分	说　　明
4055 交货或运输条款的功能代码	C1an..3	M	3＝价格和交货条款
4215 运费支付方式代码	C1an..3	C an1	付款方式代码，采用 GB/T 16962
C100 交货或运输条款	C1	M	
4053 交货或运输条款描述代码	C an..3	C	交货条款代码，采用 GB/T 15423
1131 代码表标识代码	C an..17	N	
3055 代码表负责机构代码	C an..3	N	
4052 交货或运输条款描述	C an..70	C an..35	交货条款描述
4052 交货或运输条款描述	C an..70	C an..35	
段注释： 本段规定整个发票的交货和付款条款，为必备段。 数据元 4215：付款方式代码，采用 GB/T 16962—2010。 数据元 4053：在规定交货条款时，使用 GB/T 29193—2012《国际贸易术语字母代码》。 例如： TOD＋3＋1＋CIF' 交货条款为 CIF，付款方式代码为 1（信用证）			

表3－17

段组 27 C99　LIN－PIA－IMD－QTY－SG28－SG32			
LIN 行项			
功能：标识行项和配置。 状态：M 重复次数：1			
	EDIFACT	本部分	说　　明
1082 行项标识符	C1 an..6	M	每个行项商品的顺序编号
1229 行为代码	C1 an..3	N	
C212 项号标识	C1	N	
7140 项标识符	C an..35		
7143 项类型标识代码	C an..3		

续表 3－17

	EDIFACT	本部分	说　明
1131 代码表标识代码	C an. . 17		
3055 代码表负责机构代码	C an. . 3		
C829 分行信息	C1	N	
5495 分行指示符代码	C an. . 3		
1082 行项标识符	C an. . 6		
1222 配置等级号	C1 n. . 2	N	
7083 配置操作代码	C1 an. . 3	N	
注： 本段用于标识每个行项商品的顺序编号，该段至少出现一次。 例如： LIN＋1’ 表示第 1 个行项的商品			

表 3－18

段组 27 C99 LIN－PIA－IMD－QTY－SG28－SG32			
PIA 附加产品标识			
功能：说明附加或补充项目标识代码。 状态：C 重复次数：1			
	EDIFACT	本部分	说　明
4347 产品标识代码限定符	M1 an. . 3	M	5—产品标识
C212 项号标识	C1	M	
7140 项标识符	C an. . 35	M	商品编码采用海关使用的 HS 代码，长度为 8 位或 10 位
7143 项类型标识代码	C an. . 3	C	HS—HS 代码
1131 代码表标识代码	C an. . 17	N	
3055 代码表负责机构代码	C an. . 3	N	
C212 项号标识	C1	N	
7140 项标识符	C an. . 35		
7143 项类型标识代码	C an. . 3		
1131 代码表标识代码	C an. . 17		
3055 代码表负责机构代码	C an. . 3		
C212 项号标识	C1	N	

续表 3－18

	EDIFACT	本部分	说　　明
7140 项标识符	C　an. . 35		
7143 项类型标识代码	C　an. . 3		
1131 代码表标识代码	C　an. . 17		
3055 代码表负责机构代码	C　an. . 3		
C212 项号标识	C1	N	
7140 项标识符	C　an. . 35		
7143 项类型标识代码	C　an. . 3		
1131 代码表标识代码	C　an. . 17		
3055 代码表负责机构代码	C　an. . 3		
C212 项号标识	C1	N	
7140 项标识符	C　an. . 35		
7143 项类型标识代码	C　an. . 3		
1131 代码表标识代码	C　an. . 17		
3055 代码表负责机构代码	C　an. . 3		
注： 本段用于提供在 LIN 段中被指定的产品的附加标识（比如 HS 码），为必备段。 例如： PIA＋5＋64039100：HS’商品编码 64039100			

表 3－19

段组 27 C99　LIN－PIA－IMD－QTY－SG28－SG32			
IMD 项描述			
功能：用行业格式或自由格式描述一个项目。 状态：M 重复次数：1			
	EDIFACT	本部分	说　　明
7077 项目描述类型，代码型	C1　an. . 3	M	F—自由格式
C272 项目特征，代码型	C1	N	
7081 项目特征，代码型	C　an. . 3		
1131 代码表标识代码	C　an. . 17		
3055 代码表负责机构代码	C　an. . 3		
C273 项目描述	C1	M	
7009 项目描述代码	C　an. . 17	N	
1131 代码表标识代码	C　an. . 17	N	
3055 代码表负责机构代码	C　an. . 3	N	

续表 3-19

	EDIFACT	本部分	说　明
7008 项目描述	C an..256	M an..17	商品描述
7008 项目描述	C an..256	N	
3453 语言名称代码	C an..3	N	
7383 表面/内层代码	C1 an..3	N	
注： 本段用于标识当前分项，描述发票所列产品或服务，为必备段。 当没有产品码可用，或贸易伙伴要求用自由格式描述时使用数据元 7008。 例如： IMD+F++:::DAQING CRUDE OIL-IN BULK'			

表 3-20

段组 27 C99 LIN-PIA-IMD-QTY-SG28-SG32			
QTY 数量			
功能：说明一个相关的数量。 状态：M 重复次数：1			
	EDIFACT	本部分	说　明
C186 数量细目	M1	M	
6063 数量类型代码限定符	M an..3	M	47—发票上开列的数量
6060 数量	M n..35	M	
6411 计量单位代码	C an..8	C	见 GB/T 17295
注： 本段用于标识发票上该分项开列的数量，为必备段。 数据元 6411：参见 GB/T 17295—2008《国际贸易计量单位代码》。 例如： QTY+47:2100:PCS'　　商品数量：2100 条			

表 3-21

段组 27 C99 LIN-PIA-IMD-QTY-SG28-SG32 段组 28 C2 MOA			
MOA 货币金额			
功能：说明一项货币金额。 状态：M 重复次数：1			
	EDIFACT	本部分	说　明
C516 货币金额	M1	M	

续表 3－21

段组 27　C99　LIN－PIA－IMD－QTY－SG28－SG32 段组 28 C2 MOA			
MOA　货币金额			
功能：说明一项货币金额。 状态：M 重复次数：1			
	EDIFACT	本部分	说　　明
C516 货币金额	M1	M	
5025 货币金额类型代码限定符	M　an..3	M	146—单价 23—收费金额
5004 货币金额	C　n..35	C	标识单价时，长度为 n..13；含 2 位小数 标识金额时，长度为 n..12
6345 货币标识代码	C　an..3	N	
6343 货币类型代码限定符	C　an..3	N	
4405 状态描述代码	C　an..3	N	
注： 本段必须出现两次，分别用于表示每个行项商品单价、金额。 例如： MOA＋146：50’ 商品单价为 50 元 MOA＋66：7150’ 金额为 7150 元			

表 3－22

段组 27　C99　LIN－PIA－IMD－QTY－SG28－SG32 段组 32 C1 PAC－EQD－SG33			
PAC 包装			
功能：描述包装/实物单位的数量和类型。 状态：M 重复次数：1			
	EDIFACT	本部分	说　　明
7224 包装数量	C1　n..8	M	件数
C531 包装细目	C1	N	
7075 包装等级代码	C　an..3		
7233 与包装相关的描述代码	C　an..3		
7073 包装条款和条件代码	C　an..3		

续表 3－22

	EDIFACT	本部分	说　　明
C202 包装类型	C1	M	
7065 包装类型描述代码	C　an..17	C	包装类型代码
1131 代码表标识代码	C　an..17	N	
3055 代码表负责机构代码	C　an..3	N	
7064 包装类型	C　an..35	C	包装类型
C402 包装类型标识	C1	N	
7077 描述格式代码	M　an..3		
7064 包装类型	M　an..35		
7143 项类型标识代码	C　an..3		
C532 可退换包装细目	C1	N	
8395 可退换包装运送付款责任代码	C　an..3		
8393 可退换包装内装物代码	C　an..3		

注：

本段用于描述发票中各分项的件数和包装类型，为必备段。

例如：

PAC＋210＋＋CT’ 210 箱货物

表 3－23

段组 27　C99　LIN－PIA－IMD－QTY－SG28－SG32

段组 32 C1 PAC－EQD－SG33

EQD 设备细目

功能：标识一套设备。

状态：C

重复次数：1

	EDIFACT	本部分	说　　明
8053 设备类型代码限定符	M1 an..3	M	CN—集装箱
C237 设备标识	C1	M	
8260 设备标识符	C　an..17	M	集装箱箱号
1131 代码表标识代码	C　an..17	N	
3055 代码表负责机构代码	C　an..3	N	
3207 国家（地区）标识符	C　an..3	M	

续表 3－23

	EDIFACT	本部分	说　明
C224 设备规格和类型	C1	C	
8155 设备规格和类型描述代码	C　an..10	C	集装箱类型代码
1131 代码表标识代码	C　an..17	N	
3055 代码表负责机构代码	C　an..3	N	
8154 设备规格和类型描述	C　an..35	C	集装箱类型描述
8077 设备提供方	C1 an..3	N	
8249 设备状况代码	C1 an..3	N	
8169 满/空指示符代码	C1 an..3	C	满/空标识
4233 标志说明代码	C1 an..3	N	
注： 本段用于描述集装箱箱号。 例如： EQD + CN + CBHU1345518' 集装箱箱号为 CBHU1345518			

表 3－24

段组 27　C99　LIN－PIA－IMD－QTY－SG28－SG32 段组 32 C1 PAC－EQD－SG33 段组 33 C1PCI			
PCI 包装标识			
功能：说明单件包装或实物单位上的标志和标签。 状态：M 重复次数：1			
	EDIFACT	本部分	说　明
4233 标志说明代码	C1 an..3	M	21—只标分项
C210 标志和标签	C1	M	
7102 运输标志描述	M　an..35	M	运输标志
7102 运输标志描述	C　an..35	C	
7102 运输标志描述	C　an..35	C	
7102 运输标志描述	C　an..35	C	
7102 运输标志描述	C　an..35	N	
7102 运输标志描述	C　an..35	N	
7102 运输标志描述	C　an..35	N	
7102 运输标志描述	C　an..35	N	

续表 3－24

	EDIFACT	本部分	说　　明
7102 运输标志描述	C　an..35	N	
7102 运输标志描述	C　an..35	N	
8169 满/空指示符代码	C　an..3	N	
C827 标志类型	C1	N	
7511 标志类型代码	M　an..3		
1131 代码表标识代码	C　an..17		
3055 代码表负责机构代码	C　an..3		

注：

本段用于描述分项的运输标志。

例如：

PCI＋21＋ LGM 243041’ 分项的运输标志为 LGM 243041

表 3－25

UNS 节控制

功能：分隔报文的标头节、细目节和汇总节。
状态：M
重复次数：1

	EDIFACT	本部分	说　　明
0081 节标识	M1 a1	M	代码为 S 表示分隔细目节与汇总节

注：

此段用于区分细目节与汇总节。

例如：

UNS＋S’

表 3－26

段组 52 M1 MOA

MOA　货币金额

功能：说明一项货币金额。
状态：M
重复次数：1

	EDIFACT	本部分	说　　明
C516　货币金额	M1	M	
5025 货币金额类型代码限定符	M　an..3	M	39－发票总金额

续表 3－26

	EDIFACT	本部分	说　明
5004 货币金额	C n..35	M n..12	发票总金额
6345 货币标识代码	C an..3	N	
6343 货币类型代码限定符	C an..3	N	
4405 状态描述代码	C an..3	N	
注： 本段给出整个发票总金额，为必备段。 例如： MOA＋39：45612.20’ 发票总金额为 45612.20 元			

表 3－27

UNT 报文尾			
功能：结束报文，并检查报文的完整性。 状态：M 重复次数：1			
	EDIFACT	本部分	说　明
0074 报文中的段数	M1 n..10	M	在此详述报文中段的总数
0062 报文参考号	M1 an..14	M	UNH 段用的参考号必须在此重现
注： 本段是必备型 UN/EDIFACT 段，它总是报文的最后一个段。 例如： UNT＋25＋ME0002’ 报文中段的数目是 25，报文参考号为 ME0002			

3.8 我国标准报文介绍

3.8.1 概述

UN/CEFACT 为电子数据交换的用户开发了许多标准电子报文样本（模板）。这些报文分成批式报文和交互式报文。当用户需要使用 EDI 方式进行数据交换时可以使用自己开发的 EDI 报文，也可以直接套用 UN/EDIFACT 标准报文。在国际贸易数据交换中使用的大部分仍然是纸制的单证。使用 EDI 并不意味着所有数据交换都采用电子数据交换。它也仅仅是单证和电子报文一起使用，有的采用电子数据交换，有的采用纸制单证的形式来交换数据。目前，在海关和交通运输部门都使用 EDI。而在其他单证方面完全取决于贸易参与方之间商议的结果。而 UN/CEFACT 为电子数据交换开发的标准电子报文模板为打算使用 EDI 方式进行数据交换的用户带来了方便。

3.8.2 我国标准报文目录

为了让读者了解我国开发了哪些标准报文，下面给出我国已经开发出的批式EDI报文目录。UN/CEFACT报文用6位大写英文字母表示。在下面的目录中给出部分报文标记、报文的中文名称、报文的英文名称以及报文的功能说明。

APERAK 应用出错和确认报文
Application error and acknowledgement message
该报文用于通知报文发送方其报文已由接收方应用接收，并由于在应用处理期间遇到错误而被拒绝；或仅向发送方确认接收方应用已经接收到它的报文。

AUTACK 安全鉴别和确认报文
Secure authentication and acknowledgement message
用于鉴别已发送的报文，或对接收到的交换、组、报文或包提供安全确认的报文。

BAPLIE 船图/积载图报文
Bayplan/stowage plan occupied and empty locations message
传输运输工具上的设备和货物以及它们在运输工具上的位置有关信息的报文。本报文可在班轮代理、配载中心、码头、船东/经营人之间进行交换。

BAPLTE 船图/积载图总数报文
Bayplan/stowage plan total numbers message
传输运输工具上的设备总数和货物总量有关信息的报文。该报文可在班轮代理、配载中心、码头、船东/经营人之间进行交换。

COARRI 集装箱卸/装报告报文
Container discharge/loading report message
集装箱码头用于报告指定的集装箱已从海船上卸下（按指示卸、溢卸或短卸）或已装载到海船上的报文。

CONTRL 语法和服务报告报文
Syntax and service report message
用出错指示从语法上确认或拒绝一个已接收到的交换、功能组或报文的报文。

CUSEXP 海关快件货物申报报文
Customs express consignment declaration message
允许快件承运人向海关当局传输符合海关货运报告和/或结关要求数据的报文。

CUSRES 海关回复报文
Customs response message
允许海关当局向海关数据发送方传输数据的报文，也可用于海关传递货物的电子结关数据。

GENRAL 一般用途报文

General purpose message
用于传输文本信息的报文。

IFTDGN 危险品货物通知报文
Dangerous goods notification message
该报文由危险品货物的申报方（如承运人代理，货运代理）发送给负责按危险品货物管理的法定要求进行检查的地方当局的代表方（通常为港口当局），传送某一个运输工具/航次（如船舶、火车、卡车或驳船）装、卸和/或中转危险品货物的有关信息。

IFTMBC 订舱确认报文
Booking confirmation message
由提供转运和/或运输服务方向申请订舱业务方发送有关订舱确认信息的报文。
该确认可为接受、未定、有条件接受或拒绝订舱，业务受理中的条件也可以在该报文给出。

INVOIC 发票报文
Invoice message
依据买卖双方商定的条件，申明为已提供的货物或服务付款的报文。有正确数据限定的 UNSM 发票报文，也作为借记通知和贷记通知报文的说明。

ORDERS 订购单报文
Purchase order message
按买卖双方商定的条件，说明所订货物或服务的详细内容的报文。

ORDRSP 订购单回复报文
Purchase order response message
卖方发给买方的对订购单报文或订购单变更请求报文回复的报文。

PARTIN 参与方信息报文
Party information message
传输有关地点和相关操作、管理、金融、制造及贸易数据的基本信息的报文。

QUOTES 报价报文
Quote message
向可能的卖方提供可能销售的商品或服务价格、交货计划和其他条件能力的报文。

3.9 EDI 数据标准化应用指南

用户在使用 EDI 数据标准之前必须首先注意这些数据标准的版本号。UN/CEFACT 每年都对 EDI 数据标准进行修订，并且每年给出两版修订后的 EDI 数据标准。比如说 2010 年给出的数据元标准为 UNEDED10A 和 UNEDED10B。10A 为上半年的版本，10B 为下半年的版本。用户在进行电子数据交换之前首先应与参加电子数据交换的各方商定好大家均使用哪个版本的 EDI 数据标准。然后在制作 EDI 报文时一定要注意版本的一致性。这里的一致性指的是制作报文所使用的段目录标准、复合数据元标准、数据元标准以及代码标准均采用一个版本，比如均使用 10B 版本。

接下来用户应当注意报文中所使用的数据元、代码、复合数据元以及段应全部来自 UN/EDIFACT 的标准。尽可能不使用外部代码，如果一定要使用外部代码，应事先与交换的参与方协商，达成一致后在签署 EDI 交换协议时应明确写入协议之中。

用户还应当注意的是报文类型，即交换的报文是批式 EDI 报文还是交互式 EDI 报文。如果是批式 EDI 报文，那么使用的数据标准应当是适用于批式 EDI 报文的数据标准。如果是交互式 EDI 报文，那么使用的数据标准应当是适用于交互式 EDI 报文的数据标准。

当用户不会自己制作 EDI 报文时，可以套用联合国标准报文（UNSM）。UN/CEFACT 同样每年对 UNSM 进行修订，并给出两版修订后的 UNSM。因此，用户应当注意版本的一致性。

用户在使用 EDI 数据标准时应当登陆 UN/CEFACT 网站，从网站上查阅或下载所需要的标准。

本章一开始就提到 EDI 交换的报文由各个标准段组成，标准的段由各个标准的复合数据元或简单数据元组成，复合数据元由多个简单数据元组成，而代码型的数据元的值可以从标准代码表中获得。一层包着一层，由大到小。因此，我们研究电子报文的数据标准化问题就是研究数据元、代码、复合数据元、段以及报文的标准化问题，而这其中数据元是真正的核心。UN/CEFACT 为数据元、代码、复合数据元、段以及报文都分别制定了标准，这些标准相互关联，由大到小一层套一层。因此，用户使用时不能单独使用一个数据标准（报文标准除外）。

本章小结

1. 构成 EDI 报文的数据为层次结构，我们将这种数据称作结构化数据。其数据结构分为下面 5 个层：最上层为报文，中间 3 层从上往下依次为段、复合数据元、数据元，最下层为代码。应用层面的标准化工作从报文、段、复合数据元、数据元以及代码 5 个方面开展，通常称为数据标准化的 5 要素。

2. EDI 的数据结构见图 3－1；批式 EDI 的数据结构见图 3－2；交互式 EDI 的数据结构见图 3－3。

3. 数据元是构成 EDI 报文的最小单位也称为简单数据元，它等效于一个语句中的一个字或一个词。它由唯一的四位数字标记、数据元名称、数据元描述及表示方式来标识。EDIFACT 报文中所使用的全部数据元均收入在 EDIFACT 数据元标准中，并有其相应的维护规程，根据 EDIFACT 报文的需要进行相应的增加、修改和删除。采用 EDIFACT 用户应首先从 EDIFACT 数据元标准中选用数据元来设计所需要的 EDIFACT 报文。由简单数据元组成的复合数据元等效于一个词组。复合数据元由唯一的四位字母数字标记来标识。段目录中的段是 EDIFACT 报文中的中间信息单位，它等效于一个句子。它是由预先定义的、功能上相关的数据元集合即复合数据元组成，这些数据元由其在集合中序列位置来定义。每个段都由三个字母段标记标识。

4. EDI 代码表给出了 EDI 交换中所有的代码，一般情况不使用外部代码表，除非交易双方另有规定。EDI 代码表与 EDI 数据元有相同的分类。

5. EDI 复合数据元目录给出了 EDI 交换中所有的复合数据元。EDI 段目录给出了 EDI 交换中所有的段。

思考题

1. 你在学习本课程之前系统学习过数据结构的课程吗？对于结构化数据你怎么理解？

2. UNTDED 与 UNEDED 不同，你认为将来是否会统一？

3. 在进行 EDI 交换时所有的数据元、代码、复合数据元以及段是不是必须从 UN/EDIFACT 中选取？

4. 数据元、复合数据元以及段的标记方法你记住了吗？

5. 数据元、代码、复合数据元、段以及报文之间的逻辑关系你记住了吗？

第4章 EDI应用级语法规则

本章学习目标

◆了解和掌握 EDI 语法规则；

◆了解和掌握批式 EDI 和交互式 EDI 的交换结构。

EDI 应用级语法规则又称作 UN/EDIFACT 应用级语法规则，它是 EDI 数据传输和 EDI 报文设计必须遵守的基本规则，是所有 EDI 标准中最重要的一项标准。它规定了交换所用的字符集和语法级以及把结构化的数据组成段、报文、交换的规则。1993 年，我国将 UN/EDIFACT 应用级语法规则标准等同采用为国家标准 GB/T 14805《行政、商业和运输业电子数据交换（EDIFACT）应用级语法规则（语法版本号：4，语法发布号：1)》。本标准等同采用 ISO 9735：2002。

本章主要参考 GB/T 14805。GB/T 14805 由下列 10 部分组成。经过修订，目前最新版本为 GB/T 14805. 1 ~ 14805. 9—2007 和 GB/T 14805. 10—2005。

第 1 部分：公用的语法规则；

第 2 部分：批式电子数据交换专用的语法规则；

第 3 部分：交互式电子数据交换专用的语法规则；

第 4 部分：批式电子数据交换语法和服务报告报文（报文类型为 CONTRL)；

第 5 部分：批式电子数据交换安全规则（真实性、完整性和源抗抵赖性)；

第 6 部分：安全鉴别和确认报文（报文类型为 AUTACK)；

第 7 部分：批式电子数据交换安全规则（保密性)；

第 8 部分：电子数据交换中的相关数据；

第 9 部分：安全密钥和证书管理报文（报文类型为 KEYMAN)；

第 10 部分：语法服务目录。

在前述“EDI 标准化的原理与方法”中将 EDI 技术层面的标准与贸易单证的格式和数据元布局相比较，但实际情况要复杂得多。准确地说，GB/T 14805 的第 1、2、3 部分可以看成是格式。由于 EDI 主要用于贸易和商业交易，对于数据的准确性、安全性、可靠性、以及保密性要求非常高，因此 UN/CEFACT 专门制定了批式电子数据交换语法和服务报告报文标准、批式电子数据交换安全规则（真实性、完整性和源抗抵赖性）标准、安全鉴别和确认报文标准、批式电子数据交换安全规则（保密性)、密钥和证书管理报文等标准。这些标准在技术层面上对于 EDI 是一种完善和补充。目前还没有专门的 EDI 语言的教科书，因此读者或用户可以将本章和第 5 章“EDI 报文设计规则”作为计算机语言来学习。本章仅对公用的语法规则、批式电子数据交换专用的语法规则、交互式电子数据交换专用的语法规则进行解析。需要了解 UN/CEFACT 制定的批式电子数据交换语法和服务报告报文标准、批式电子数据交换安全规则（真实性、完整性和源抗抵赖性）标准、安全鉴别和确认报文标准、批式电子数据交换安全规则（保密性）、密钥和证书管理报文等标准，请参考国家标准 GB/T 14805 第 4 部分 ~ 第 10 部分。

4.1 公用的语法规则

4.1.1 服务字符

前面介绍了 EDI 报文根据业务需求分为批式 EDI 报文和交互式 EDI 报文。对于语法规则来说，也分为批式 EDI 专用的语法规则、交互式 EDI 专用的语法规则以及公共的语法规则。公用的语法规则意思就是该规则既适用于批式 EDI 报文，又适用于交互式 EDI 报文。该标准规定了在计算机应用系统之间交换的批式和交互式报文格式的语法规则。

在 EDI 报文中会见到很多服务字符，其中的一部分称作默认服务字符，这些默认服务字符包括：成分数据元分隔符、数据元分隔符、释放字符、重复分隔符和段终止符。成分数据元分隔符、数据元分隔符、重复分隔符和段终止符用于描述各种语法结构。释放字符的目的是允许使用另一个被解释为服务字符的字符。在一个交换中，紧随释放字符的字符应不被解释为服务字符。当使用释放字符时，它不被作为数据元值的长度计算。表 4－1 给出了标准中使用的默认服务字符。

表 4－1 默认服务字符

名 称	图形表示	功 能
冒号	:	成分数据元分隔符
加号	+	数据元分隔符
问号	?	释放字符
星号	*	重复分隔符
撇号	'	段终止符

服务串通知 UNA 是另一种服务字符。条件型的服务串通知（UNA）用于规定在交换中使用的服务字符。当服务字符与默认服务字符不同时，应使用 UNA。如果使用默认字符，其用法是可选的。使用服务串通知 UNA 时，它应紧挨在交换头段之前出现。

4.1.2 字符总表

在 EDI 报文中要使用各种字符，下面是对 EDI 报文所使用的字符表进行的规定。

从交换服务串通知（如果使用）一直到交换头中用作语法标识符的复合数据元 S001（语法标识符）应使用 GB/T 1988—1998《信息技术　信息交换用七位编码字符集》的基本代码表中规定的字符编码。

交换中所用字符的字符总表应使用交换头中 S001“语法标识符”的数据元 0001 的代码值来标识。所标识的字符总表不适用于对象和（或）加密的数据。

特殊字符总表的默认编码技术应是其相关的字符集规范定义的编码技术。

如果不使用默认选项，应使用交换头中的数据元 0133“字符编码，代码型”的代码值。

代码扩充技术（GB/T 2311—2000）只能在交换头中的复合数据元 S001“语法标识符”之后使用。

代码扩充技术和它的目标图形字符应仅用于：

——用字母或字母数字表示的自然语言型（文本型）数据元。

该技术不可用于诸如下列所述的任一部分：

——段标记；

——服务字符；

——用数字表示的数据元。

用于指明代码扩充的字符不应作为数据元长度计算，也不应用作服务字符。

在计算数据元长度时，一个图形字符应计作一个字符，不用考虑对其编码所需的字节或 8 位位组的数目。

4.1.3　语法结构

前面规定了 EDI 所使用的服务字符和字符总表。本节主要规定 EDI 的语法结构，它们由大到小包括交换结构、组结构、报文结构、包结构、段组结构、段结构、段标记结构、复合数据元结构、简单数据元结构。

a）交换结构

一个交换应由一个服务串通知或者一个交换头开始，并且应由一个交换头标识，由一个交换尾终止。交换应至少含有一个组、或一个报文、或一个包。在一个交换中，可以有多个组或报文和（或）包，其中的每一个都由其头标识，由其尾终止。在一个交换或一个组中的报文可以由一种或多种报文类型组成。

一个交换应仅包含下列内容之一：

——报文；

——包；

——报文和包；

——含有报文的组；

——含有包的组；

——含有报文和包的组。

b）组结构

组是位于交换头和交换尾之间的由一个或多个报文和（或）包组成的条件型结构。

组由组头开始并标识，由组尾终止，且至少应含有一个报文或包。

c）报文结构

报文由若干个段的有序集合组成。若干个段可组成段组，每个段的位置、状态和最大出现次数应在报文规范中说明。

报文规范中给出的段应具有必备型或条件型状态中的一种状态。

报文规范应保证在接收时对每一个报文段的无歧义的标识。这种标识可以用段标记（或段标记及 UGH 和 UGT 段中的防冲突段组标识）和段在报文中的位置为基准来实现，不应与段的状态或最大出现次数有关。

报文由报文头开始和标识，由报文尾终止，且至少应包含另外一个段。

d）包结构

包应由对象头开始和标识，由对象尾终止，并应含有一个对象。

e）段组结构

段组由段的有序集合组成：一个触发段和至少一个以上的段或段组。触发段应是段组中的第一个段，其状态是必备型的，最大出现次数为 1 次。报文结构中的每个段组的位置、状态和最大重复次数应在报文规范中说明。

一个段组可含有一个或多个从属段组。当一个段组被包含在另一段组内并直接从属于那个段组时，该从属段组被称为子段组，另一段组被称为父段组。

报文规范中给出的段组应具有必备型或条件型状态中的一种状态。

f）段结构

段由若干个独立数据元和（或）复合数据元的有序集合组成，如果在段规范中做了规定，其中的每一个成分都允许重复。段中每个独立数据元或复合数据元的位置、状态和最大出现次数应在段规范中说明。段由段规范中的段标记开始和标识。除了段标记之外，段内应至少包含一个数据元。

段规范中给出的数据元应具有必备型或条件型状态中的一种状态。

g）段标记结构

段标记是一个简单数据元。

用字母“U”（如：UNB、UIH）开头的段标记应保留给服务段使用。

h）复合数据元结构

复合数据元由两个或多个成分数据元的有序集合组成。复合数据元结构中的每个成分数据元的位置和状态应在复合数据元规范中说明。

复合数据元规范中给出的成分数据元应具有必备型或条件型状态中的一种状态。

i）简单数据元结构

简单数据元含有单个数据元值。

简单数据元可作为独立数据元使用，也可作为成分数据元使用。独立数据元出现在段中的复合数据元之外，成分数据元出现在复合数据元之中。

每个简单数据元的数据元值的表示应在数据元规范中说明。

4.1.4 保留和删除

在制作传送用的报文时，有些情况下一些段组、段、数据元和数据元值中的字符应该出现，而在另外一些情况下，则应予以删除。哪些情况应当保留，而那些情况应当删除呢？为此，UN/CEFACT 制定了下面的规则，用户在制作 EDI 报文时应使用这些规则。

a）应当出现的情况

如果一个简单数据元的值至少含有一个字符，则该简单数据元应出现；

如果一个复合数据元中至少有一个成分数据元出现，则该复合数据元应出现；

如果一个段的段标记出现，则该段应出现；

如果一个段组的触发段出现，则该段组应出现。

b）段组的保留

一个不包含在另一个段组中的必备型的段组应出现；

如果一个必备型的子段组的父段组出现，则该子段组应出现；

必备型的段组出现一次就足以满足必备型的要求。

c）段组的删除

如果删除一个段组，则其所有的段极其所包含的从属段组，无论状态如何，都应被删除。

d）段的保留

段应按报文规范中规定的顺序出现；

段应由段终止符终止；

不在段组中的必备型段应当出现；

如果一个段组出现的话，包含在该段组中的必备型段也应当出现；

必备型的段出现一次就足以满足必备型的要求。

以一个假定的段标记 ABC 为例，如果它被定义为必备型段，而且只包含条件型数据元，并在传送时这些条件型数据元无数据出现，则它应以“ABC”的形式传送。

e）段的删除

只出现段标记的条件型段应作为整体予以删除。

f）数据元的保留

数据元应按段规范中规定的顺序出现。

在同一段中，相邻的非重复数据元应该用数据元分隔符分开。

在一个段中，同一重复数据元连续出现时应该用重复分隔符分开。

在同一复合数据元中，相邻的成分数据元应该用成分数据元分隔符分开。

如果一个段出现，则该段中的必备型独立数据元应当出现。

如果一个段出现，则该段中的必备型复合数据元应当出现。

如果一个复合数据元出现，则该复合数据元中的必备型成分数据元应当出现。

必备型重复数据元出现一次就足以满足必备型的要求。

g）数据元的删除

图 4－1 至图 4－6 所示，“Tag”表示段标记，“DE”表示复合数据元或独立数据元，“CE”表示成分数据元，使用默认的服务字符。

h）复合数据元和独立数据元的删除

在同一段中，如果删除了一个非重复复合数据元或独立数据元，并且其后紧随着另一个复合数据元或独立数据元，则其位置应由通常紧随其后的数据元分隔符的保留来指明。如果所有的重复数据元被删除，这一规则也适用（见图4－1）。

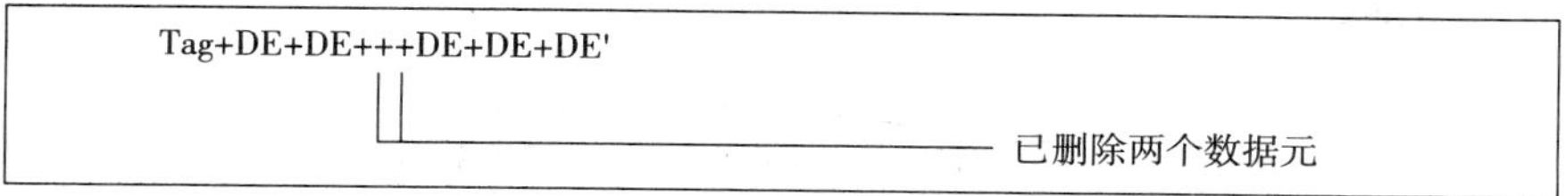

图4－1 段中的非重复数据元的删除

如果删除了在段的末端的一个或多个非重复复合数据元或独立数据元，则也应删除通常紧随其后的数据元分隔符（见图4－2）。

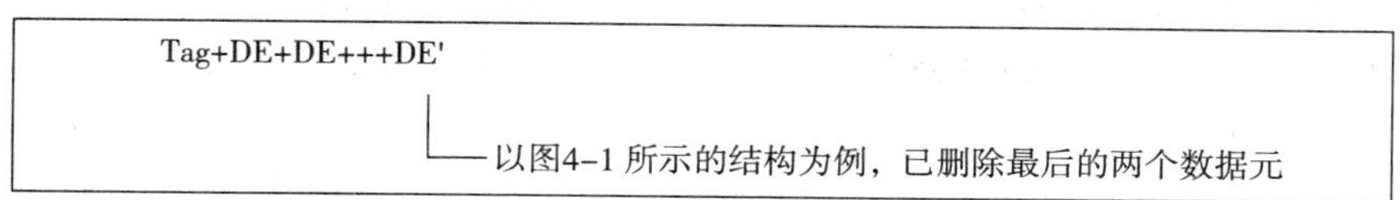

图4－2 段末端的非重复数据元的删除

i）成分数据元的删除

在同一复合数据元中，如果删除了一个成分数据元，且其后紧随着另一个成分数据元，则其位置应由通常紧随其后的成分数据元分隔符的保留来指明（见图4－3）。

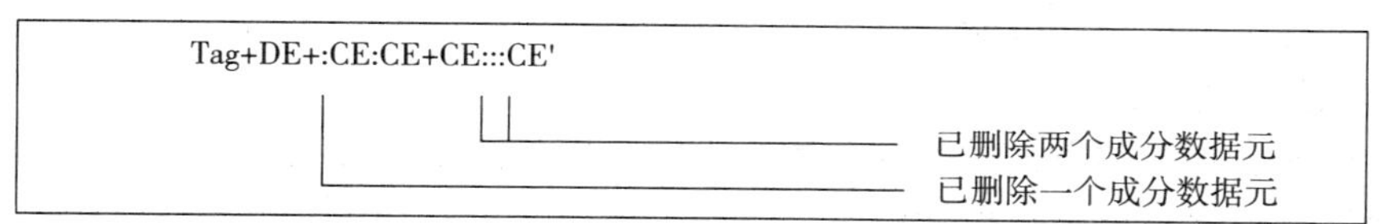

图4－3 复合数据元中的成分数据元的删除

如果删除了在复合数据元的末端的一个或多个成分数据元，则也应删除通常紧随其后的成分数据元分隔符（见图4－4）。

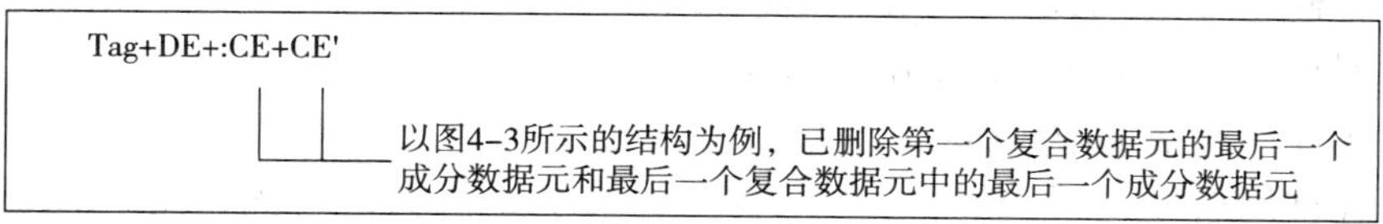

图4－4 复合数据元末端的成分数据元的删除

j）重复数据元的出现的删除

重复数据元的出现的位置可能是很有意义的，例如，为了传送有序数据。在这种情况下，如果重复数据元的一次出现被删除且其后紧随着同一重复数据元的另一次出现，则其位置应由通常紧随其后的重复分隔符的保留来指明（见图4－5）。

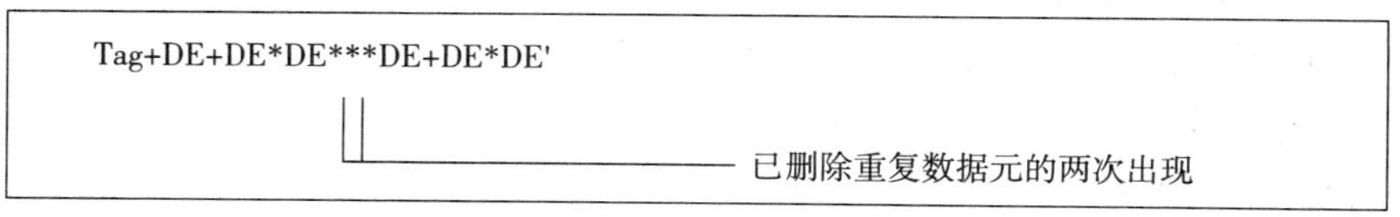

图4－5 重复数据元中的出现的删除

如果在重复数据元的末端删除重复数据元的一次或多次出现，则也应删除通常紧随其后的重复分隔符（见图 4 –6）。

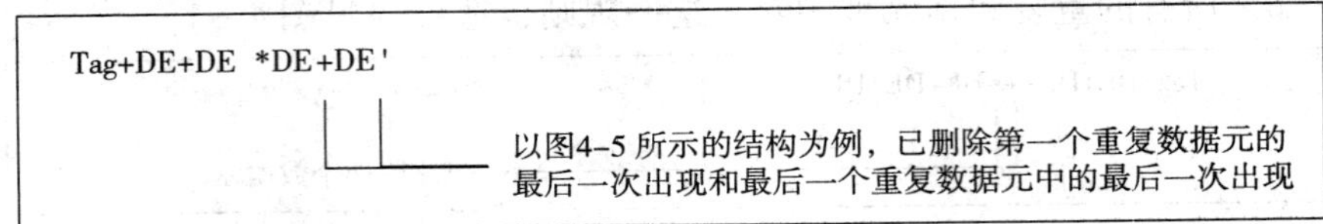

图 4 –6　重复数据元末端的出现的删除

4.1.5　数据元中的字符的压缩

在设计 EDI 报文时，为了节省报文空间，删除冗余的数据或字符，需要对数据元中的字符进行压缩。在可变长的数据元中，应压缩（即从传送中删除）无意义的字符，保留有意义的字符。

a）无意义的字符

在可变长数字数据元中，应压缩前导零。但是，小数点前的单个的零是允许的。在可变长字母数据元和字母数字数据元中，应压缩尾随的空格。

b）有意义的零

不应压缩有意义的零。单个的零可能是有意义的，例如指示温度或税率。小数点后尾随的零对于指示精度可能是有意义的。

c）有意义的空格

不应压缩有意义的空格。前导的和嵌入的空格可能是有意义的。

不允许仅包含空格的数据元值。

d）数字型数据元值的表示

数字型数据元值的表示应是 ISO 6093（不应使用三元组分隔符）规定的任何一种，但下列情况例外：

——不使用 GB/T 1988 中指定的编码；

——对可变长数字字段，采用压缩规则；

——不允许空格字符和加号；

——允许用点号“.”和逗号“,”表示小数点。在我国，优先使用点号“.”表示小数点；

——数字数据元值的长度不包括负号“–”、小数点符号“.”或“,”、或指数符号“E”或“e”及其指数；

——传输小数点符号时，其后至少应有一位数字。

允许用“.”或“,”来表示单个数值的小数点。

小数点的使用示例如下：

允许用（点号）：　2 和 2.00 和 0.5 和 .5

不允许用（点号）：1. 和 0. 和 .

允许用（逗号）：　2 和 2，00 和 0，5 和 ，5

不允许用（逗号）：1，和 0，和 ，

4.1.6　从属性注释

在制作传送用的报文时，有些情况下需要说明报文、段以及复合数据元之间的关系。如何说明这些关系呢？为此，引入了从属性注释的概念，通过它来表述这些关系。

在从属性注释中定义了两个或多个项（项可以是一个段组、一个段、一个复合数据元、一个独立数据元或一个成分数据元）组成的列表。

任何一个项均可以隶属于一个以上的从属性注释。

a）报文规范中的从属性注释

报文规范中的从属性注释用于描述段之间、段组之间或段与段组之间的关系。这些项应位于同一层级并在同一父结构中。

b）段规范中的从属性注释

段规范中的从属性注释用于描述独立数据元之间、独立数据元与复合数据元之间或复合数据元之间的关系。这些项应在同一段中。

从属性注释不应用于描述独立数据元和成分数据元之间或复合数据元与成分数据元之间的关系。

c）复合数据元规范中的从属性注释

复合数据元规范中的从属性注释用于描述成分数据元之间的关系。这些项应出现在同一复合数据元中。

d）从属性注释表记法

从属性注释由一个从属性标识符和置于括号中并用逗号分开的位置标识符清单组成，例如 D3（030，060，090）。位置标识符用项在其父项中的位置号来标识该项，从属性标识符标识清单中各项之间的从属性类型。

清单至少应含有两个位置标识符。清单中位置标识符的顺序可以不同于它们的值所隐含表示的顺序。

从属性标识符说明如下：

• D1　有一项且仅有一项

清单中的各项有一项且仅有一项出现。

• D2　全有或全无

如果清单中的某一项出现，则其他各项都应出现。

• D3　有一项或多项

清单中的各项至少有一项出现。

• D4　有一项或无

清单中的各项最多只有一项出现。

• D5　如第一项有，则所有项全有

如果清单中的第一项出现，则其他各项都应该出现。但其他一项或多项的出现并不要求第一项必须出现。

• D6　如第一项有，则至少有一项有

如果清单中的第一项出现，则至少再有一项出现。但其他一项或多项的出现并不要求第一项必须出现。

• D7　如第一项有，则其他项全无

如果清单中的第一项出现，则其他项都不出现。

4.1.7　段冲突的防止

在传送的报文中，当基于段标记和段位置的方法无法保证报文中的每一个段都能被无歧义地接收时，应在报文规范中使用 UGH/UGT 段组。

在这种情况下，应使用 UGH/UGT 段组封装不能被无歧义标识的段组。

在 UGH/UGT 段组中，UGH 段是第一个段，其状态为必备型且最大重复次数为 1；UGT 段是最后一个段，其状态为必备型且最大重复次数为 1。

数据元 0087 “防冲突段组标识” 的值应是报文规范中规定的 UGH/UGT 段组的段组号。

UGH/UGT 段组的最大重复次数为 1，其状态应与所封装的段组的状态相同。

在条件型 UGH/UGT 服务段组围绕着报文结构中可能引起冲突的条件组的情况中，当围绕条件组的数据出现时，仅传送 UGH/UGT 服务段组。

4.1.8　语法发布标识

为了标识语法版本中将来发布的语法，应使用 UNB 交换头或 UIB 交互式交换头中的语法标识符（复合数据元 S001）。

4.2　批式 EDI 专用的语法规则

前面我们已经描述了公共的语法规，这里介绍批式 EDI 专用的语法规则。

4.2.1　批式 EDI 的交换结构

图 4－7 给出了批式 EDI 的交换结构。服务串通知（如果使用）、头服务段和尾服务段，应按图中给出的顺序出现在批式 EDI 的交换中。

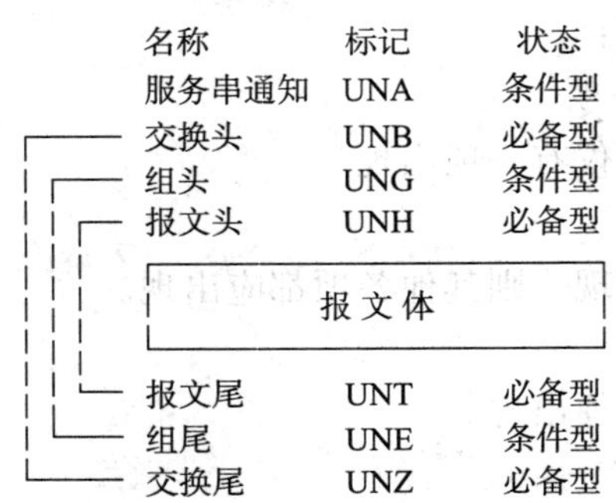

图 4－7　批式 EDI 的交换结构

如图 4－7 所示，左边的线条列出了成对的头段和尾段。为了简化起见，图中列出的交换仅包含一个组和一个报文。

当使用服务串通知 UNA 时，它仅适用于紧随其后的交换。

UN/EDIFACT 报文中使用的段在联合国贸易数据交换目录（UNTDID）中定义。

4.2.2 交换中的批式电子数据交换报文

图 4－8 给出了交换中的批式 EDI 报文的示意图。

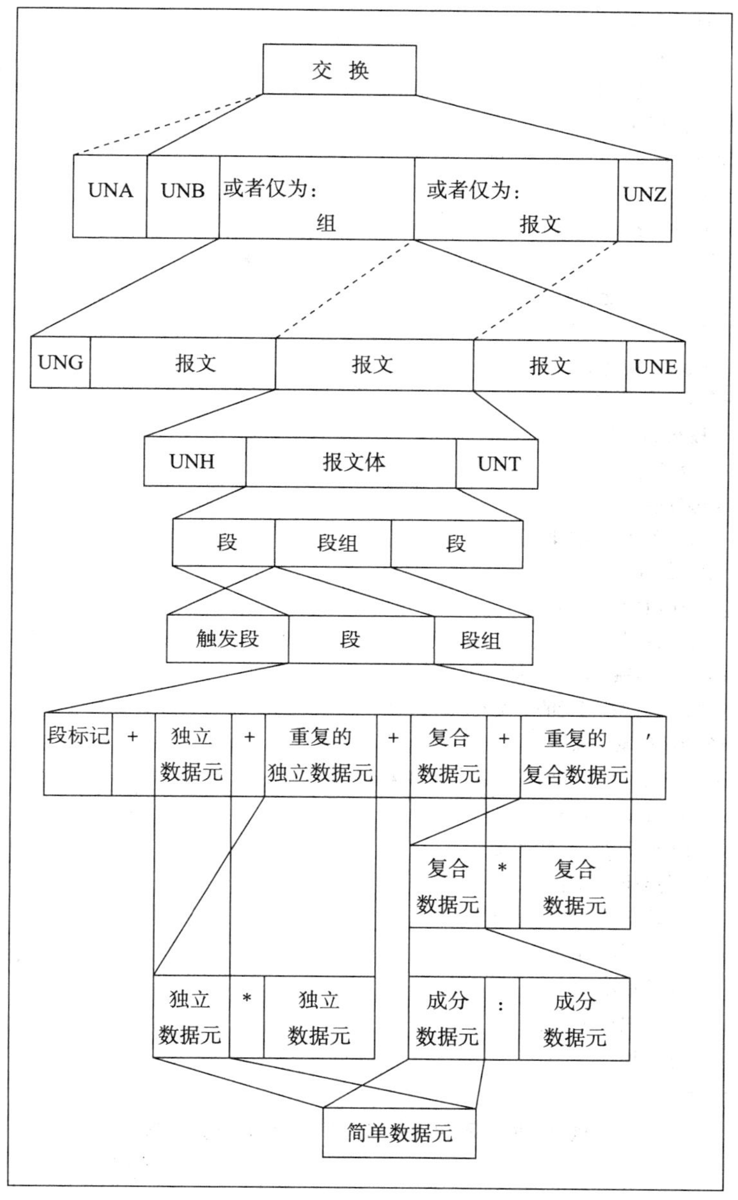

图 4－8　交换中的批式 EDI 报文的示意图

图 4－9 给出了交换中的批式 EDI 报文的说明图。

一个交换包含：
- UNA，服务串通知（如果使用）
- UNB，交换头
- 或只有组或只有报文
- UNZ，交换尾

一个组包含：
- UNG，组头
- 报文
- UNE，组尾

一个报文包含：
- UNH，报文头
- 报文体
- UNT，报文尾

一个报文体包含：
- 段和/或段组

一个段组包括：
- 触发段
- 段和可能出现的段组

一个段包含：
- 一个段标记
- 独立数据元和/或复合数据元和/或重复的独立数据元和/或重复的复合数据元

一个重复的独立数据元是：
- 同一独立数据元的一次或多次出现

一个重复的复合数据元是：
- 同一复合数据元的一次或多次出现

一个复合数据元包含：
- 两个或多个成分数据元

一个成份数据元是：
- 一个简单数据元

一个独立数据元是：
- 一个简单数据元

一个简单数据元包含：
- 单个数据元值

图 4 – 9　交换中的批式 EDI 报文的说明图

4.3　交互式 EDI 专用的语法规则

4.3.1　交互式 EDI 交换结构

图 4 – 10 给出交互式 EDI（I – EDI）的交换结构。图中服务串通知（如果使用）、头服务段和尾服务段，应按图中给出的顺序出现在交互式 EDI 的交换中。

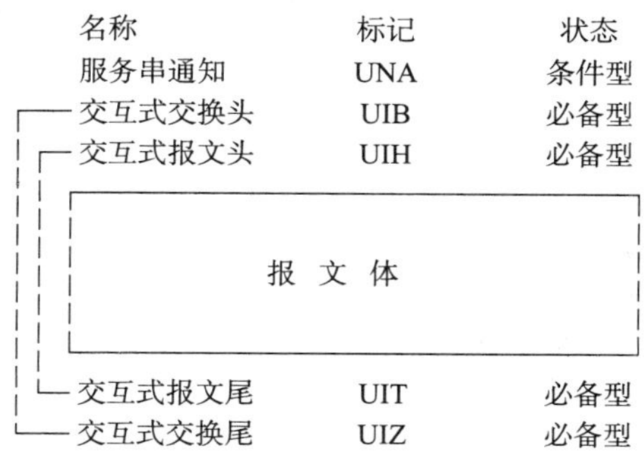

图 4-10 I-EDI 交换结构

在图 4-10 中，左边的各连线指出了成对的头段和尾段。为简单起见，图中列出的交换仅包含一个报文。

通过与图 4-7 比较，不难发现交互式 EDI 交换结构中少了组头 UNG 和组尾 UNE。

4.3.2 交易中的 I-EDI 报文

交易中的 I-EDI 报文见图 4-11。通过与批式 EDI 的报文示意图比较，不难发现批式报文与交互式报文的主要区别在于图的上半部分，下半部分是一样的。

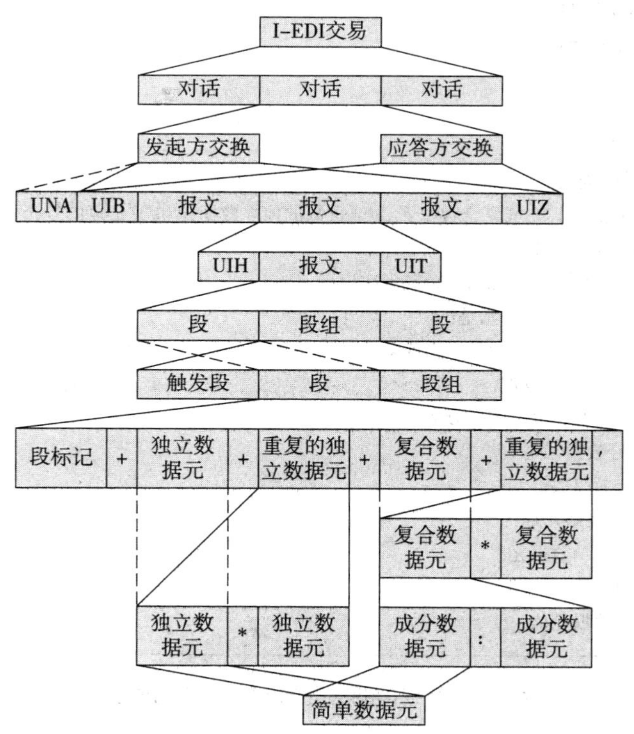

图 4-11 交易中的 I-EDI 报文

图 4-12 给出了交易中的交互式 EDI 报文的说明图。

一个I-EDI交易包含：
- 对话

一个对话包含：
- 一个发起方交换
- 一个对应的应答方交换

一个发起方交换包含：
- UNA，服务串通知（如果使用的话）
- UIB，交互式交换头
- 报文（如果有的话）
- UIZ，交互式交换尾

一个应答方交换包含：
- UIB，交互式交换头
- 报文（如果有的话）
- UIZ，交互式交换尾

一个报文包含：
- UIH，交互式报文头
- 一个报文体
- UIT，交互式报文尾

一个报文体包含：
- 段和/或段组

一个段组包含：
- 一个触发段
- 段和可能出现的段组

一个段包含：
- 一个段标记
- 独立数据元和/或复合数据元和/或重复的独立数据元和/或重复的复合数据元

一个重复的独立数据元是：
- 同一个独立数据元的一个或多次出现

一个重复的复合数据元是：
- 同一个复合数据元的一次或多次出现

一个复合数据元包含：
- 两个或两个以上的成分数据元

一个成分数据元是：
- 一个简单数据元

一个独立数据元是：
- 一个简单数据元

一个简单数据元包含：
- 一个数据元值

图 4－12　交易中的交互式 EDI 报文的说明图

4.3.3　对话管理

I－EDI 交易作为特定剧本的一个实例由一个或多个对话组成，在两个或多个参与方之间同时出现或者按顺序出现。

一个对话由一对交替的 EDIFACT 交换组成，其中一个为发起方交换，另一个为应答方交换。

应发生下列传送：

——发起方通过向应答方发送交换头段来开始一个对话。在交换头段前，可根据需要放置 UNA 段，在交换头段后，可根据需要放置报文。

——应答方用交换头段回复发起方。在交换头段后，可根据需要放置报文（注意：由发起方发送的 UNA 的值也适用于应答方）。

——发起方向应答方发送询问报文。

——应答方用应答报文回复发起方。

——发起方和应答方根据需要交换其他报文。

——发起方通过向应答方发送交换尾段来结束这一对话。在交换尾段前，可根据需要放置报文。

——应答方用交换尾段回复发起方。在交换尾段前，可根据需要放置报文。

可能出现以下几种变化：

对于从发起方到应答方的每个报文，应答方对发起方的应答报文可以是无、一个或多个，反之亦然。

UIR 服务段可以与报文交替出现。

任一参与方都可在任何时候使用 UIR 服务段提前终止对话。

一个或多个报文可与下列之一相组合：

——交换头；

——交换尾；

——交换头和交换尾（形成一个完整对话）。

虽然由发起方控制的数据交换是交互式应用的一种公共的操作模式，但 I - EDI 语法不排除其他的操作模式。

图 4 - 13 给出了构成一个对话的两个交换的流程图。

图 4 - 13 中的箭头指出数据流的方向。注意，UNA 仅由发起方发送。

图 4 - 13 中的状态指出必备型（M）或条件型（C）以及允许重复的次数。

4.4 EDI 语法应用指南

用户在使用 EDI 语法标准之前必须首先注意这些语法标准的版本号。UN/CEFACT 从 1990 年给出第一版语法规则以来至今共发布了 4 个版本的语法。最新版本的语法是 2008 年给出的第 5 版语法。EDI 语法版本比 EDI 数据标准的版本相对稳定。用户在进行电子数据交换之前首先应与参加电子数据交换的各方商定好大家均使用哪个版本的 EDI 语法标准。

接下来用户应当注意的是报文类型，即交换的报文是批式 EDI 报文还是交互式 EDI 报文。EDI 语法有的适用于批式 EDI，有的适用于交互式 EDI，有的既适用于批式 EDI 又适用于交互式 EDI。

用户应当注意的是在 EDI 语法规则中使用了许多功能性的报文来完成一些技术性

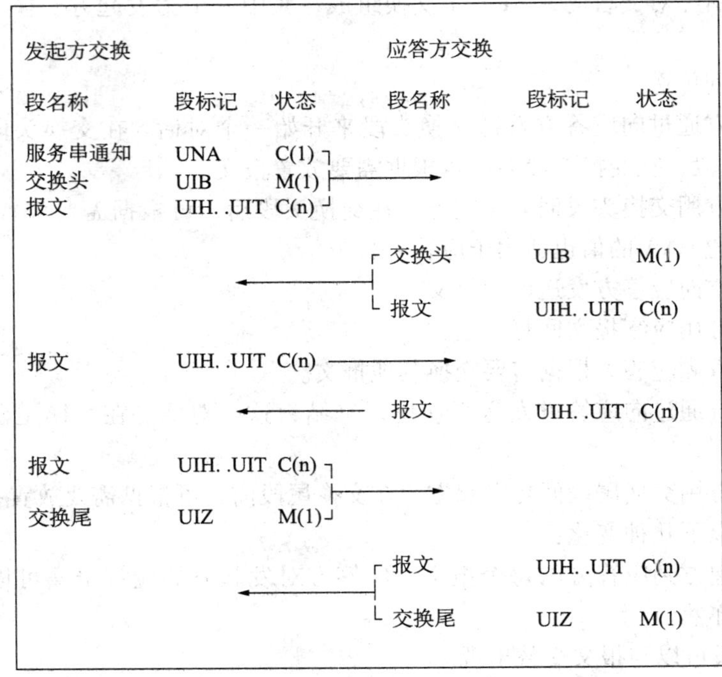

图 4－13　两个 I－EDI 交换的流程图

的任务。这些报文与业务报文不同。

用户还应当注意的是在语法服务目录中的服务段、服务复合数据元以及服务数据元都是功能性的，与 EDI 数据标准中的段、数据元、复合数据元有很大差异。

本章小结

1. 公用的语法规则意思就是该规则既适用于批式 EDI 报文，又适用于交互式报文。该标准规定了在计算机应用系统之间交换的批式和交互式报文格式的语法规则。在公用的语法规则中对于服务字符、字符表、EDI 的语法结构、保留和删除、数据元中的字符的压缩、从属性注释、段冲突的防止以及语法发布标识进行的规定。

2. 批式 EDI 语法规则对交换中的批式 EDI 报文结构进行了规定。

3. 交互式 EDI 语法规则对交换中的交互式 EDI 报文结构进行了规定。

思考题

批式 EDI 报文结构和交互式 EDI 报文结构的区别是什么？

第 5 章 EDI报文设计规则

本章学习目标

◆了解和掌握 EDI 报文设计规则；

◆掌握 EDI 报文设计规则的使用方法。

EDI 报文设计规则又称作 UN/EDIFACT 报文设计规则，它规定了一套在设计和技术评审 EDI 报文和报文成分时所必须遵守的规则，EDI 报文设计者在设计报文时必须遵守它。制定该规则的目的是为设计符合 EDIFACT 应用级语法规则的报文建立一个一致性的和客观的基准。EDI 报文设计规则按照从上到下的顺序给出，即从报文、段、复合数据元、数据元、代码这样一个顺序，并且按批式 EDI 和交互式 EDI 公用的规则分别给出。EDI 报文设计规则属于技术层面的标准。在前面“EDI 标准化原理与方法”一节中我们将 EDI 技术层面的标准与贸易单证的格式和数据元布局相比较。技术层面的标准化工作主要制定电子报文的语法标准和 EDI 报文设计规则标准。EDI 的报文设计规则主要是对报文、段、复合数据元、数据元、代码进行规定和限制，因此，我们可以将报文设计规则与指南看成是贸易单证中数据元的布局标准。

5.1 总则

总则给出了批式 EDI 和交互式 EDI 公用的规则，它对于批式 EDI 和交互式 EDI 都适用。因此，在设计 EDI 报文时应首先遵守它。

规则 1：所设计的报文、段和数据元不应包括 EDIFACT 目录中标有删除标记的项。

规则 2：所设计的段和数据元不应包括语法服务目录中的项。

规则 3：所设计的报文不应包括语法服务目录中的项，但报文头（UNH/UIH）、节控制（UNS）、防冲突段组头（UGH）、防冲突段组尾（UGT）和报文尾（UNT/UIT）服务段除外。

规则 4：从属性注释应使用有效的从属性标识符。

5.2 报文

本节给出了报文的设计规则。本节在描述时与第 4 章的 4.1、4.2、4.3 非常相似，都是先给出批式 EDI 和交互式 EDI 公用的规则，然后是批式 EDI 专用的规则，最后是交互式 EDI 专用的规则。

5.2.1　批式 EDI 和交互式 EDI 公用的规则

规则 5：在报文定义中规定的报文业务功能不应与目标 EDIFACT 目录中的另一个报文的业务功能重复，且不应由目标 EDIFACT 目录中另一个报文的业务功能来表达。

规则 6：报文应使用报文类型代码标识，该代码由 6 位 GB/T 1988 中规定的大写字母字符组成，且在 EDIFACT 批式和交互式目录中是唯一的。

规则 7：报文名称应在目标 EDIFACT 目录中是唯一的。

规则 8：报文名称应与报文定义一致。

规则 9：报文应以报文头（UNT/UIT）服务段开始，以报文尾（UNT/UIT）服务段结束。

规则 10：报文应由结构化的数据组成，且没有段冲突。

规则 11：当构成报文时无法用其他方法来防止段冲突，应在报文规范中使用 UGH/UGT 段组。在这种情况下，应使用 UGH/UGT 段组封装那些不能被无歧义标识的段组。

规则 12：在任何情况下，UGH/UGT 段组的最大出现次数为 1，其状态应规定为条件型或必备型，且与所封装的段组的状态相同。

规则 13：在 UGH/UGT 段组中，UGH 段应是触发段。UGT 段应是该段组中的最后一个段，其状态为必备型，且最大出现次数为 1。

规则 14：报文中的每个段和段组的用途应在数据段说明中规定。

规则 15：数据段说明中的每个段的使用说明应与其在 EDIFACT 段目录中的段定义一致。

规则 16：数据段说明中的每个段和段组的使用说明应与其在段表中定义的状态和最大出现次数一致。

规则 17：段表的结构应与报文定义一致。

规则 18：段表中规定的段或段组应具有必备型或条件型的状态。

规则 19：段表中规定的段或段组应指定最大重复次数。

规则 20：不应针对必备型的段或段组规定从属性注释。

规则 21：为同一段或段组规定的从属性注释不应出现冲突。

规则 22：从属性注释应至少列出两个不同的段组、或一个段组与一个段、或两个不同的段的位置标识符。

规则 23：从属性注释应仅规定在同一层和同一父结构（报文或段组）中的段或段组的位置标识符。

规则 24：当需要时，用法注释应用在报文规范中以便提供在特殊报文规范语境中与段组、段和数据元用法有关的信息。这些注释应被用于：

——指出任何条件型段组、段或数据元的用法从条件型变为必备型；

——指出在报文规范语境中的段组、段和数据元出现的最大次数限制；

——指出在报文规范语境中简单数据元有效长度的减少；

——指出在报文规范语境中代码型简单数据元有效代码值长度的限制。

规则 25：用法注释应仅针对在同一层和同一父结构（报文或段组）中的段组或段。

规则26：在报文规范中针对段组用法注释不应与段定义冲突。

5.2.2 批式EDI专用的规则

规则27：在报文头（UNH）服务段和报文尾（UNT）服务段之间应至少包含一个段，且该段不能是报文开始（BGM）段或节控制（UNS）服务段。

规则28：报文开始（BGM）段应是第一个非服务段。它应是一个独立段，状态为必备型，且最大重复次数为1。

5.2.3 交互式EDI专用的规则

规则29：在报文头（UIH）服务段和报文尾（UIT）服务段之间应至少包含一个段，且该段不能是报文开始（BGM）段或节控制（UNS）服务段。

5.3 分节报文

本节给出了分节报文的设计规则。由于目前关于分节报文的批式EDI专用的规则和交互式EDI专用的规则还没有，因此下面仅给出批式EDI和交互式EDI公用的规则。

5.3.1 批式EDI和交互式EDI公用的规则

规则30：节控制（UNS）服务段仅用于防止报文中某一节中的段与下一节中的段之间的段冲突。它分隔分节报文中的各个节，状态为必备型，最大重复次数为1，且以独立段的形式出现在细目节和/或汇总节的开始。

规则31：分节报文的各个节应在数据段说明和段表中标识。分节报文由下列之一构成：

——头节和细目节；

——头节、细目节和汇总节；

——细目节和汇总节。

5.4 段组

本节给出了段组的设计规则。由于目前关于段组的批式EDI专用的规则和交互式EDI专用的规则还没有，因此下面仅给出批式EDI和交互式EDI公用的规则。

5.4.1 批式EDI和交互式EDI公用的规则

规则32：段组应以触发段开始。

规则33：触发段应具有必备型状态。

规则34：触发段的最大重复次数为1。

规则35：除触发段之外，段组还应至少包括一个其他的段或段组。

5.5 段

本节给出了段的设计规则，先给出批式EDI和交互式EDI公用的规则，然后是批式EDI专用的规则，最后是交互式EDI专用的规则。

5.5.1 批式EDI和交互式EDI公用的规则

规则36：段应使用段标记标识。段标记由3位GB/T 1988中规定的大写字母字符组成。用户段的段标记不应以字母“U”开头。

规则 37：段标记应在 EDIFACT 批式和交互式段目录中是唯一的。

规则 38：段定义应：

——描述该段的用途；

——与其中的数据元定义一致；

——不包含其中的数据元定义；

——在目标 EDIFACT 段目录中是唯一的；

——在首字母缩写词第一次出现时给出全称；

——不包含简写词；

——不包含性别偏向；

——不包括短语“无须解释”“待定义”“待提供”或其同义词，除非该短语是段定义固有的部分。

规则 39：段名称应在目标 EDIFACT 段目录中是唯一的。

规则 40：段名称应与段定义一致。

规则 41：段的用途不应与目标 EDIFACT 段目录中的同一抽象层上的另一个段的用途重复，且不应由目标 EDIFACT 段目录中的同一抽象层上的另一个段的用途来表达。

规则 42：段中的数据元应直接与段的用途相关。

规则 43：段中的数据元应具有必备型或条件型状态。

规则 44：对于段中跟在限定符数据元之后的所有数据元，应首先列出必备型数据元，然后再列出条件型数据元。

规则 45：在现行段中增加数据元时，应使该数据元具有条件型状态，且置于段的末尾。

规则 46：当同时满足下列条件时，段结构中的一个独立数据元才能用一个复合数据元替代：

——该复合数据元的第一个成分数据元为该独立数据元，且具有与该独立数据元相同的状态或条件型状态；

——该复合数据元的状态与其第一个成分数据元的状态相同；

——其他成分数据元均具有条件型状态。

规则 47：在现行段中删除数据元时，应在目标 EDIFACT 段目录中给该段标上删除标记。

规则 48：当现行段中数据元的状态从条件型改为必备型时，应在目标 EDIFACT 段目录中给该段标上删除标记。

规则 49：段中的数据元应具有最大重复次数。

规则 50：必备型的数据元不应涉及从属性注释。

规则 51：为同一数据元规定的从属性注释不应发生冲突。

规则 52：从属性注释应至少列出两个不同数据元的位置标识符。

规则 53：从属性注释应仅列出该从属性注释针对的段所包含的位置标识符。

规则 54：从属性注释应仅用来表达一个段中的以下数据元之间的关系：

——独立数据元与独立数据元；

——复合数据元与复合数据元；

——独立数据元与复合数据元。

规则55：在现有段中具有把数据元状态从条件型变为必备性功能的从属性注释的增加应导致在UN/EDIFACT段目录中的该段标出删除标记。

规则56：用法注释不应仅适用于相同段中的数据元。

规则57：适用于数据元的用法注释不应与数据元定义冲突。

规则58：当重复数据元在段中是显性的或关联性的数据元时，应有一个适用的用法注释。

5.5.2 批式EDI专用的规则

规则59：一个段不应包括另一个段的全部内容。

规则60：一个段应规定限定符数据元作为该段中紧跟在段标记之后的第一个数据元。

规则61：除了限定该段的限定符数据元之外，一个段至少还应再包含一个数据元。

规则62：同一数据元不应在一个段的多个位置上出现。

规则63：只有限定型复合数据元或包含数据元1131（代码表限定符）/（代码表负责机构，代码型）的复合数据元才能是重复数据元。

规则64：一个限定型复合数据元的最大重复次数应小于或等于该复合数据元中的限定符数据元所规定的代码值的个数。

5.5.3 交互式EDI专用的规则

规则65：一个段不应仅包括交互式段目录中的另一个段的全部内容。

规则66：一个段应至少包含一个非限定符数据元的数据元。

规则67：当一个段不是限定型段时，应首先列出必备型数据元，然后再列出条件型数据元。

规则68：在需要限定的段中，应将限定符数据元作为该段的第一个数据元。

规则69：段限定符不应是一个重复数据元。

5.6 复合数据元

本节给出了复合数据元的设计规则，先给出批式EDI和交互式EDI公用的规则，然后是批式EDI专用的规则，最后是交互式EDI专用的规则。

5.6.1 批式EDI和交互式EDI公用的规则

规则70：复合数据元定义应：

——描述该复合数据元的含义；

——要说明该复合数据元是什么，不能只说明它不是什么；

——与其中的数据元定义一致；

——不包含其中的数据元定义；

——在目标EDIFACT复合数据元目录中是唯一的；

——以单数形式说明；

——在首字母缩写词第一次出现时给出全称；

——不包含简写词；

——不包含性别偏向；

——不包括短语“无须解释”“待定义”“待提供”或其同义词，除非该短语是复合数据元定义固有的部分。

规则 71：复合数据元名称应在目标 EDIFACT 复合数据元目录中是唯一的。

规则 72：复合数据元名称应与复合数据元定义一致。

规则 73：简单数据元对中的数据元名称应具有相同的客体类别词和性质词。代码型简单数据元应具有表示词“代码”或表示词“标识符”。非代码型简单数据元应具有表示词“描述”或表示词“名称”。

规则 74：简单数据元对中的数据元定义除主词外均应相同。代码型简单数据元的定义应为“……的代码”。对于非代码型简单数据元，如果其表示词为“描述”的话，其定义应为“……的自由格式描述”，如果表示词为“名称”的话，其定义应为“……的名称”。

规则 75：成分数据元应具有必备型或条件型状态。

规则 76：成分数据元不应是重复数据元。

规则 77：在现行复合数据元中，成分数据元的状态从条件型变成必备型时，应在目标 EDIFACT 复合数据元目录中给该复合数据元标上删除标记。

规则 78：如果复合数据元的结构仅由一个代码型简单数据元及紧跟其后的简单数据元 1131 和 3055 构成，则该代码型简单数据元的状态应是必备型的。

规则 79：在仅有一个限定符数据元和非代码型简单数据元组成的复合数据元结构中非代码型简单数据元的状态应是必备型的。

规则 80：在现行复合数据元中增加简单数据元时，应使其具有条件型状态，且置于复合数据元的末尾。

规则 81：在现行复合数据元中删除一个成分数据元时，应在目标 EDIFACT 复合数据元目录中给该复合数据元标上删除标记。

规则 82：从属性注释应仅涉及具有条件型状态的成分数据元。

规则 83：为同一成分数据元规定的从属性注释不应发生冲突。

规则 84：从属性注释应至少列出两个不同的成分数据元的位置标识符。

规则 85：从属性注释应仅列出该从属性注释针对的复合数据元中所包含的位置标识符。

规则 86：在现有段中具有把数据元状态从条件型变为必备性功能的从属性注释的增加应导致在 UN/EDIFACT 复合数据元目录中的该复合数据元标出删除标记。

规则 87：从属性注释应仅适用于相同复合数据元中的成分数据元。

规则 88：仅适用于成分数据元的从属性注释应不与数据元定义冲突。

5.6.2　批式 EDI 专用的规则

规则 89：当有以下需求之一时，应规定一个复合数据元：

——引用外部代码表（使用简单数据元1131 和3055）；
——把简单数据元组成简单数据元对；
——进一步限定简单数据元（限定段的限定符数据元无法满足这种限定需求）；
——限定简单数据元对。

规则90：复合数据元名称应具有与该复合数据元结构中所规定的代码型和/或非代码型简单数据元（简单数据元1131 和3055 除外）名称相同的对象类词和性质词。

规则91：复合数据元中的限定符数据元应具有必备型状态。

规则92：复合数据元应具有下列结构之一：

结构1：

代码型数据元 见注释1
非代码型数据元 见注释1

结构2：

代码型数据元
代码表限定符 （1131）
代码表负责机构，代码型 （3055）

结构3：

代码型数据元 见注释1
代码表限定符 （1131）
代码表负责机构，代码型 （3055）
非代码型数据元 见注释1

结构4：

限定符数据元
代码型数据元

结构5：

限定符数据元
非代码型数据元

结构6：

限定符数据元
代码型数据元 见注释1
非代码型数据元 见注释1

结构7：

限定符数据元
代码型数据元
代码表限定符 （1131）
代码表负责机构，代码型 （3055）

结构8：

限定符数据元
代码型数据元 见注释1

代码表限定符　　　　　　　（1131）
代码表负责机构，代码型　　（3055）
非代码型数据元　　　　　　见注释 1

注释 1：该数据元构成简单数据元对。

规则 93：对于规范性从属性标识符应限制在复合数据元结构的从属性标识符使用：

结构 1 －　　D1
结构 2 －　　D2，和/或 D3，和/或 D4，和/或 D5，和/或 D6，和/或 D7
结构 3 －　　D1，和/或 D2，和/或 D3，和/或 D4，和/或 D5，和/或 D6，和/或 D7
结构 6 －　　D1，和/或 D4，和/或 D7
结构 7 －　　D2，和/或 D3，和/或 D4，和/或 D5，和/或 D6，和/或 D7
结构 8 －　　D1，和/或 D2，和/或 D3，和/或 D4，和/或 D5，和/或 D6，和/或 D7

5.6.3　交互式 EDI 专用的规则

规则 94：当有以下需求之一时，应规定一个复合数据元：

——引用外部代码表（使用简单数据元 1131 和 3055）；
——把简单数据元组成简单数据元对；
——进一步限定简单数据元（限定段的限定符数据元无法满足限定需求）；
——限定简单数据元对；
——成组表示单一业务目的数据。

规则 95：复合数据元名称应与复合数据元定义一致。

规则 96：一个复合数据元不应仅包括交互式复合数据元目录中的另一个复合数据元的全部内容。

规则 97：在需要限定的复合数据元中，应将限定符数据元作为复合数据元中的第一个成分数据元。

规则 98：在限定型复合数据元中，必备型简单数据元应紧跟在该复合数据元的限定符数据元之后。在非限定型复合数据元中，必备型简单数据元应置于前。

规则 99：成分数据元的限定符应紧跟在其所限定的成分数据元之后。

规则 100：对于规范性的从属性标识符应限制在复合数据元结构的从属性标识符使用：

结构 1 －　　D1
结构 2 －　　D2，和/或 D3，和/或 D4，和/或 D5，和/或 D6，和/或 D7
结构 3 －　　D1，和/或 D2，和/或 D3，和/或 D4，和/或 D5，和/或 D6，和/或 D7
结构 6 －　　D1，和/或 D4，和/或 D7
结构 7 －　　D2，和/或 D3，和/或 D4，和/或 D5，和/或 D6，和/或 D7
结构 8 －　　D1，和/或 D2，和/或 D3，和/或 D4，和/或 D5，和/或 D6，和/或 D7

5.7　简单数据元

本节给出了简单数据元的设计规则，先给出批式 EDI 和交互式 EDI 公用的规则，然后是批式 EDI 专用的规则，最后是交互式 EDI 专用的规则。

5.7.1 批式 EDI 和交互式 EDI 公用的规则

规则 101：简单数据元定义应：

——描述该简单数据元的含义；

——要说明该简单数据元是什么，不能只说明它不是什么；

——在目标 EDIFACT 数据元目录中是唯一的；

——以单数形式说明；

——在首字母缩写词第一次出现时给出全称；

——不包含简写词；

——不包含性别偏向；

——不包括短语“无须解释”“待定义”“待提供”或其同义词，除非该短语是数据元定义固有的部分。

规则 102：简单数据元名称在目标 EDIFACT 数据元目录中应是唯一的。

规则 103：简单数据元名称应与简单数据元定义一致。

规则 104：未定义为限定符数据元的代码型简单数据元的名称应以表示词“代码”或表示词“标识符”结尾。

规则 105：简单数据元应规定其数据值表示。

规则 106：在 EDIFACT 代码表中列有代码的代码型简单数据元的数据值表示应至少为 an..3。

5.8 外部代码表

5.8.1 批式 EDI 和交互式 EDI 公用的规则

（无）

5.8.2 批式 EDI 专用的规则

规则 107：外部代码表的标识应通过在复合数据元中使用简单数据元 1131 和 3055 来获得。

规则 108：一个代码型独立数据元或其后不直接跟随成分数据元 1131 和 3055 的代码型成分数据元应在 EDIFACT 代码表中至少给该数据元规定一个代码值，但是 UN/ECE 已批准的建议书或已标识的 ISO 代码表除外。

5.8.3 交互式 EDI 专用的规则

规则 109：外部代码表的标识应通过在复合数据元中使用简单数据元 1131 和 3055 来获得。

规则 110：一个代码型独立数据元或其后不直接跟随成分数据元 1131 和 3055 的代码型成分数据元应在 EDIFACT 代码表中至少给该数据元规定一个代码值，但是 UN/ECE 已批准的建议书或已标识的 ISO 代码表除外。

5.9　代码值

5.9.1　批式 EDI 和交互式 EDI 公用的规则

规则 111：代码值名称和代码值定义不应超出其所属的简单数据元名称和简单数据元定义的范围。

规则 112：代码值定义应：

——在其所属的简单数据元的代码表中是唯一的；

——以单数形式说明；

——说明代码值代表什么；

——在首字母缩写词第一次出现时给出全称；

——不包含简写词；

——不包括短语“无须解释”“待定义”“待提供”或其同义词，除非该短语是代码值定义固有的部分。

规则 113：代码值名称应与代码值定义一致。

规则 114：限定符数据元的代码值应仅在 EDIFACT 代码表中规定。

5.10　EDI 报文设计规则应用指南

用户在使用 EDI 报文设计规则之前必须首先注意 EDI 报文设计规则的版本号。到目前为止 UN/CEFACT 共发布了两版 EDI 报文设计规则。目前都使用第五版的 EDI 报文设计规则。

用户首先应当清楚 EDI 报文设计规则标准是技术层面的标准。规则是报文、段、复合数据元、数据元、代码这样一个由大到小的顺序给出，逻辑上非常清晰。

用户应当注意哪些规则既适用于批式 EDI 又适用于交互式 EDI，哪些规则仅适用于批式 EDI，哪些规则仅适用于交互式 EDI。

本章小结

EDI 报文设计规则按照从上到下的顺序给出，即从报文、段、复合数据元、数据元、代码这样一个顺序，并且按批式 EDI 和交互式 EDI 公用的规则分别给出。EDI 报文设计规则属于技术层面的标准。EDI 的报文设计规则主要是对报文、段、复合数据元、数据元、代码进行规定和限制，因此，可以将报文设计规则与指南看成是贸易单证中数据元的布局标准。

思考题

EDI 报文设计规则与 EDI 语法规则有什么不同?

第6章 UNCID与国际贸易用EDI协议

本章学习目标

◆了解和掌握 EDI 行为守则;

◆了解和掌握 EDI 协议的内容。

6.1 UNCID

6.1.1 概述

远程传输贸易数据交换的统一行为守则（UNCID）旨在为 EDIFACT（行政、商业和运输业电子数据交换）的用户、电子贸易数据交换的其他系统，以及今后使用的便捷 EDI 的用户提供一个行为准则打下基础。

用户将会详细了解到国际贸易交易所涉及的繁琐程序以及电子数据交换所具有的绝对优势。为说明起见，请参见图6－1，它给出了数据流和报文功能。

人们普遍认为，计算机化的影响将和工业革命的影响一样重大。计算机提供了高速度、低成本的各种服务。然而，国际贸易数据通信似乎是一个缺少的环节。而对这种通信的需求却很大。纸面单证及其过程表示所需的花费不仅多达货物价值的10%，而且交易速度慢、安全性差、繁琐且成本高。EDI 不仅可使主要的贸易参与方成本降低约为50%，而且还使有关的每一个参与方都能受益。

为此，在过去几十年间，联合国欧洲经济委员会（ECE）国际贸易程序简化工作组一直把其主要精力集中在建立使国际贸易数据的电子交换能够安全、有效、廉价地运营的工具方面。

EDI 是在计算机之间以电子方式进行的结构化业务数据的直接传送，也就是业务“单证”的无纸传送。

在进行这些技术开发的同时，还开展了 EDI“法律”方面的工作。

传统的纸面单证由于其物理特性很容易被作为证据接受。纸面单证具有耐久性，并且对其所作的变更或增加通常都清晰可见。电子报文则完全不同，它采用磁介质形式，其上的数据内容任何时间都可以变更，而且所作的这种变更或增加又是看不见的。

纸张和数据通信链路都只是携带信息的媒体。事实上，建立使电子数据交换不仅在携带信息方面、而且在证据功能方面具有等同或优于纸张特性的技术是可能的。

首先，EDI 自身可预先建立使这种通信形式更安全的程序。除了标识以外，这一技术还能够提供错误检查与更改。还可以建立用于数据内容正确性的鉴别功能，以及用若干种方法建成安全系统以保护个人隐私。最后，通过所授权的个人发布报文对其进行鉴别来保证其安全。

UN/ECE、联合国国际贸易法律委员会（UNCITRAL）和海关合作理事会（CCC）建议各国政府和组织负责确定单证需求，即他们担负起修订和检查允许用于 EDI 的需求的原因。但是，这需要时间，同时还取决于数据交换高层安全性的普遍采用。

这就是为什么人们对制定一套国际接受的规则感到满意的原因。UNCID 草案基于建立一个通信协议标准的设想。然而，由于不同的用户需求不同，这一想法是不现实的。而另一方面，曾建议搞一个统一守则这方面协议，如处理代码。

国际商会（ICC）同意与其他有兴趣的组织及用户组一起成立“联合特别委员会”以评估和制定这套规则。UNCITRAL、ECE、CCC、UNCTAD 贸易简化特别项目组（FALPRO）、经济合作与发展组织（OECD）、国际标准化组织（ISO）、欧共体委员会、欧洲保险委员会和欧洲远程数据交换组织（ODETTE）都参加了该委员会，ICC 的各委员会也参加了该委员会。

在规则的开发中，委员会的工作以一些极为重要的概念为基础，规则尤其应以下面的概念为基础：

a）通过制定电子数据交换的各参与方之间商定的处理代码来简化 EDI 的用法。

b）仅适用于数据交换，而不适用于所传输的贸易数据报文的实际内容。

c）为避免混乱，只使用 ISO 和其他在国际范围内采用的标准。

d）解决安全、验证、确认、通信参与方的鉴别和数据登录和存储问题。

e）建立一个增加该代码符合国际理解和使用的解释的集中点。

确认和认可说明了在开发有用规则时发现的某些问题。在某些系统中，确认是必备型需求。在其他一些系统中，确认被作为好的处理方式。而在另外一些系统中，发送方必须要求对方给予确认。UNCID 选择了这种最终解决方案。在某些情况下，发送方还想知道是否传送的内容已按正常次序接受到并被理解。这时发送方可以要求确认。当然这涉及实质内容而不是次要内容。不应把它与法律上的接收这一概念相混淆，因为法律上的接收是 UNCID 守则以外的另一个（第三个）层次上的问题。

预计，这些规则能够成为“贸易数据交换应用协议”（TDI－AP）或其他具体的通信协定的一部分。

对特殊通信协议的需求如下。

用户组可能以多种方式组成。尽管由于上述用户组的不同以及在其“用户手册”或“应用级协议”中所包含的内容不同而使其需求不同，但它们都需要某种形式的通信协定，并主要侧重在技术方面。

显然，各组织之间只要使用 EDI，就对通信协定有强烈的需求。在直接开放式通信中，这种需求显得尤为重要。

若干个用户组强调指出，UNCID 为其通信协议的建立打下了良好的基础。UNCID 作为商定的导则给出了一个以上的起点，它定义了已接受的专业行为等级，也确保了通用方法的安全。

通信协议的内容和形式因用户组的规模和类型的不同而不同。协议或构成独立的文件中还包括本协议，并可包含附加规则，如与所交换的主要数据元有关、与基本协定和专业方法有关。因此，将其做成一个标准的模式是不现实的。

然而，当制定协定时，除了 UNCID 以外，预见某些应予考虑的要素也许会更重要。

1）某些东西出错总是一种风险——谁应承担这一风险？是否每一参与方都各自承担自己的风险或有可能将风险与保险或网络运营者联系起来？

2）如果参与方因不遵守规则而造成损失，其结果会是什么呢？这在一定程度上是一个责任限度问题，同时也与第三方的情况有关。

3）保险方面的规则是否应包括风险和责任方面的规则？

4）是否应有时限方面的规则，如接收方应处理数据的时限等？

5）是否应有保密方面的规则或与所交换的数据内容有关的其他规则？

6）是否应有专业特性方面的规则，如 SWIFT 中包括的银行业务规则？

7）是否应有加密方面的规则或其他安全措施？

8）是否应有“签名”方面的规则？

建立一些有关适用法律和争议解决方案方面的规则也是很重要的。图 6－1 给出了数据流与报文功能。图 6－2 给出了 EDI 系统的示意图。

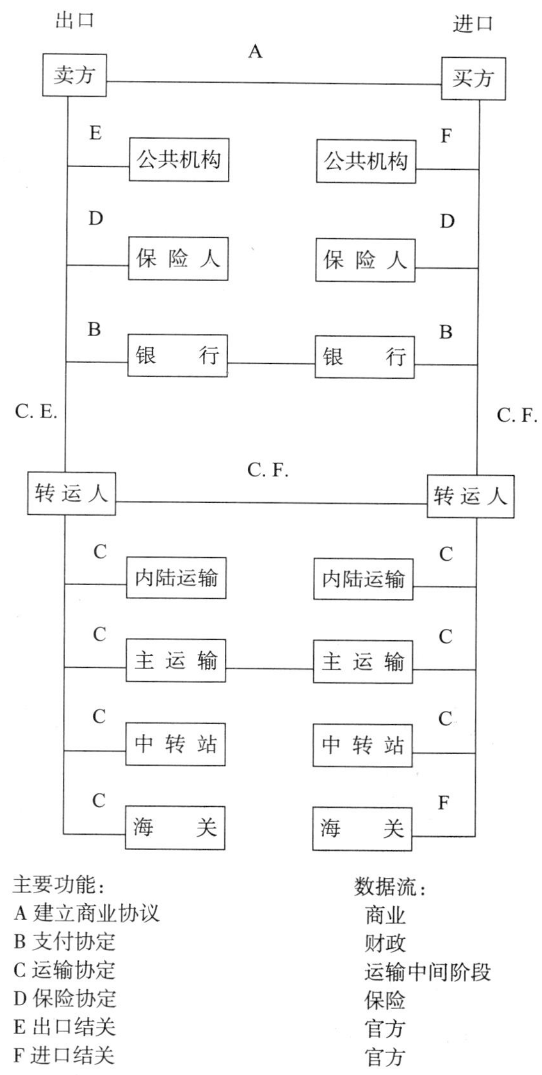

图 6－1 数据流与报文功能

6.1.2 UNCID 文本

第一条 目的

本守则的目的是通过建立参与方间商定的行为守则，达到简化远程传输的贸易数据交换的目的。除非在这些规则中另外规定，否则它们不适用于贸易数据内容的传送。

第二条 定义

本守则规定的术语及其含义如下：

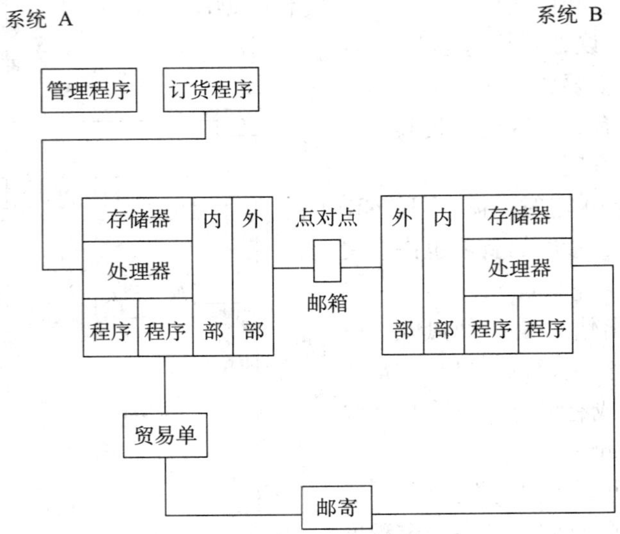

图 6－2　EDI 系统传输示意图

a）贸易交易：一份涉及参与方间货物定购与销售或提供服务或提供其他服务的具体合同，该合同已标识成有关贸易数据报文的交易。

b）涉及贸易交易的结论或完成情况参与方间交换的贸易数据。

c）贸易数据传送（下称“传送”）：作为一个发送单位放在一起发送的一个或多个贸易数据报文，该发送单位包括开始或终止数据。

d）贸易数据交换应用协议（TDI－AP）：一种公认的交换贸易数据报文的方法，它基于远程通信传输的贸易数据传送的表示和结构化的国际标准。

e）贸易数据日志：贸易数据传送的记载，它提供完整的贸易数据交换的历史记录。

第三条　应用

本守则打算用于使用 TDI－AP 的参与方间的贸易数据交换。当使用其他远程传输电信交换贸易数据的方法时，同样可以使用本守则。

第四条　交换标准

应在有关的 TDI－AP 中规定交换中使用的贸易数据元、报文结构和类似规则以及通信标准。

第五条　注意

a）采用 TDI－AP 的参与方应保证其传送的正确性、格式的完整性以及安全可靠，符合 TDI－AP；同时还应注意保证其具有接收此种传送的能力。

b）应指明传送的中介，以确保在需要再传输时，传送不被非法篡改，并且这样的传送的数据内容不对未被授权的人泄露。

第六条　报文和传送

a）一个贸易数据报文可以涉及一个或多个贸易交易，并应包含与每笔交易相关的标识符和根据有关的 TDI – AP 验证报文完整性和正确性的方法。

b）传送应标识发送方和接收方，它还应包括验证方法，该方法通过传送本身使用的技术或通过有关 TDI – AP 中提供的其他方法验证传送的完整性和真实性。

第七条　传送的确认

a）传送的发送方可以要求接收方对所收到的传送予以确认。确认可以用所使用的远程传输技术或在有关 TDI – AP 提供的其他方法来完成。直到按照发送方的请求进行确认之后，接收方才按传送的报文运作。

b）如果发送方在适当的或约定的时限内未收到所请求的确认，则应采取行动获得确认。如果采取了行动且在下一个适当的时限内仍未收到确认，发送方应使用与第一次传送相同的方式、或在必要时采用其他方式通知接收方。只要发送方这样做了，就可认定最初的传送未被接收方收到。

c）如果接收到的传送处于顺序不对、格式不正确和不完整，接收方应尽快通知发送方。

d）如果传送的接收方知道该传送不是发给它的，则应尽快采取适当的行动通知发送方，并应从其系统中删除该传送中的信息（不包括贸易数据日志）。

第八条　内容的确认

a）为使传送内容所规定的任一后续意图和行动不受损害，传送的发送方可以请求接收方通知他该传送中的一个或多个标识的报文的内容是否正确。直到按照发送方的请求进行确认之后，接收方才按传送的报文运作。

b）如果在适当的时间内发送方未收到所请求的通知，则应采取行动获得它。如果采取了行动，并在下一个适当的时间内仍未收到确认，发送方应通知接收方。只要发送方这样做了，就可认定该传送未被正确地接收到。

第九条　贸易数据的保护

a）参与方同意使用加密或其他方法对他们间交换的某些或全部数据进行保护。

b）采用这种保护进行传送的接收方应该保证其后的任一传输至少使用了相同的保护级。

第十条　数据存储

a）每个参与方都应保证维护他们所传送和接收的贸易数据日志的完整性，并不做任何修改。

b）如果需要的话，这样的贸易数据日志可以用计算机介质维护，只要这些数据可以以可读形式检索和表示。

c）本条 a）款中所指的贸易数据日志应按原样存储，存储时限符合维护贸易数据日志的参与方所在国的法律要求，或由参与方间商定、或在无国家法律要求或无参与方间的协议的情况下，应保存 3 年。

d）必要时每个参与方应负责准备本条（b）款中所指的数据，就像根据本条 a）款由参与方发送和接收正确的传送记录那样。

e）每个参与方必须保证在必要时由负责有关参与方数据处理系统的人员或各参与

方商定的第三方或法律要求的第三方对贸易数据记录以及其复制的正确性进行检验。

第十一条　说明

本守则由国际商会负责解释。

包含 UNCID 文本的国际商会正式手册可以从国际商会秘书处获得。

6.2　国际贸易用 EDI 协议样本

为了满足电子数据交换（EDI）参与方对于电子数据交换方面的法律需求，使他们传输的电子数据受法律保护，并具有法律效力，以减少交易中的争议和纠纷，联合国欧经会贸易简化与电子业务委员会（UN/CEFACT）组织制定了《国际贸易用电子数据交换协议》标准，并被采纳为 UN/CEFACT 第 26 号建议。

国际贸易程序简化工作组向各国政府、国际组织以及从事国际货物运输和单证处理的各方做如下推荐：

电子数据交换（EDI）的国际用户，包括在国际贸易中决定使用 EDI 的参与方，使用《国际贸易用电子数据交换协议》，以便增加他们贸易关系上的法律安全性。

参与方经协商达成一致时，可根据本协议样本签署电子数据交换的国际商用交换协议。《国际贸易用电子数据交换协议》构成联合国贸易数据交换目录（UN/TDID）的第 3 部分，并成为联合国“行政、商业和运输业电子数据交换（UN/EDIFACT）”推荐标准的一部分。

本样本等同采用联合国欧洲经济委员会（UN/ECE）国际贸易便利化工作组第 26 号推荐标准《电子数据交换的国际商用交换协议样本》。本样本仅适用于电子数据交换，而不适用于参与方间的商业合同。

本交换协议（以下简称本协议）于______年__月__日在______（这里给出参与方的名称和地址）（以下简称参与方）之间签订。有意接受法律约束的各参与方在本协议中商定如下条款。

6.2.1　适用范围

6.2.1.1　范围

本协议管理参与方之间所有报文的电子传输。除非明确规定，否则本协议不管理在报文通信环境中的其他契约或非契约的关系。报文指的是符合 UN/EDIFACT 标准的结构化的数据。

6.2.1.2　技术附件

本协议所附技术附件阐述了由各参与方商定的说明，以满足一定的技术和程序需求。当本协议的条款与技术附件的条款发生冲突时，以本协议的条款为准。

6.2.2　通信和操作

参与方应依照以下规定传送报文：

6.2.2.1　标准

UN/EDIFACT 标准（与相关推荐标准一起）是为电子数据交换建立的标准，并在联合国贸易数据交换目录（UN/TDID）中批准和发布。参与方应使用在技术附录中标识的那些版本的UN/EDIFACT标准。

6.2.2.2 系统操作

为了有效可靠地传输和接收报文，参与方应测试和维护各自的设备、软件以及必要的服务。

6.2.2.3 系统变更

在没有对有意变更预先提供通知的情况下，参与方不应对系统操作进行任何变更，正像本协议所考虑的那样，这种变更将损害参与方相互间的通信能力。

6.2.2.4 通信

参与方应在技术附录中规定通信方式，包括电信需求或使用提供服务的第三方。

6.2.2.5 安全措施和服务

参与方应实施和维护包括技术附录中规定的安全措施和服务，以保护报文及其记录免遭意外事件或错误使用的侵害，其中包括不适当的存取、变更或丢失。

6.2.2.6 记录的存储

参与方应按技术附录中的规定存储和保留记录以及根据本协议传递的报文。

6.2.3 报文的处理

6.2.3.1 接收

当接收方可按技术附录指定的方式访问报文时，任何符合本协议所传输的报文都应认为被接收到。直到报文被接收之前，传输的报文不应具有任何法律效力，除非有关法律规定传输中的报文也具有法律效力，而不论是否接收到。

6.2.3.2 确认

6.2.3.2.1 除非技术附录中另有规定，否则一个报文的接收不必由接收方确认。技术附录中对确认的要求应包括确认的方法和类型（包括任何报文或过程），如果需要的话，还应包括确认被接收的期限。

6.2.3.2.2 一个确认应是相关报文被接收的真实证明。直到确认发送后，接收要求确认报文的参与方才按该报文运作。如果接收方不能发送确认，那么在收到来自报文发送方的进一步指令前它不应按该报文运作。除了从报文中无法鉴别源发方之外，一个接收方对报文进行确认的失败将不会使报文失去其法律效力。

6.2.3.2.3 在源发方没有收到所要求的确认并且没有提供进一步指示的情况下，对于一个正确传送的报文，源发方可通过通知接收方声明报文无效。

6.2.3.3 技术错误

一个接收方必须向源发方发出技术错误情况的通知，这些错误阻碍了对一个报文的进一步处理。

6.2.4 有效性和强制性

6.2.4.1 有效性

参与方商定由符合本协议的报文通信生成有效的和强制的义务。一旦参与方通过使用电子数据交换进行通信，这就意味着参与方明确放弃反对交易有效性的权利。

6.2.4.2 证据

不考虑书面记录和书面签名是否存在的情况，在法律允许的范围内，参与方保存的报文记录应被承认并可用作相应的证据。

6.2.4.3 合同的订立

当根据 6.2.3.1 接收到一个接受发盘的报文时，应认为按本协议通过电子数据交换订立的合同已经成立。

6.2.5 数据内容要求

6.2.5.1 保密状况

除非法律规定或在技术附录或报文中指定，否则按本协议传送的报文所包含的信息不考虑保密。

6.2.5.2 法律的一致性

6.2.5.2.1 每个参与方应确保按法律对他们的要求来传送、接收和存储报文的内容。

6.2.5.2.2 在报文的任一成分的接收或存储违背现行的法律时，接收方应毫不迟疑地给出不一致的通知。

6.2.5.2.3 在接收方不知道报文与法律不一致之前，根据本协议它的权利和义务不会受到影响。

6.2.5.2.4 在向发送方给出不一致的通知后，接收方应没有义务对任何后续不一致的报文作出响应。在收到通知后发送方应不再传送后续不一致的报文。

6.2.6 责任

6.2.6.1 不可抗力

参与方在履行本协议规定的义务时不对以下无法控制的情况所造成的延迟或失败负责：a）签订协议后出现的无法预料的情况；b）无法避免或克服的情况所造成的后果。

6.2.6.2 不考虑的损失

参与方不应对由于任何违背本协议而导致的任何特别的、随之出现的、间接的或惩罚性的损失负责。

6.2.6.3 第三方的责任

6.2.6.3.1 在报文的传输或处理中，使用了第三方所提供服务的参与方应根据本协议对该第三方有违于条款中所述的服务的任何行为、失败或疏漏负责。

6.2.6.3.2 指示其他参与方使用特定的提供服务的第三方的参与方应对第三方的任何行为、失败或疏漏负责。

6.2.7 一般性条款

6.2.7.1 适用法律

本协议应由____ 国家的____ 法律约束。当管理交易的法律和管理本协议的法律发生冲突时，应以管理本协议的法律为准。

6.2.7.2 可分割性

由于某种原因当本协议的某一条款无效或无法实施时，协议的其他所有条款应保持完整的约束力和效力。

6.2.7.3 终止

任何参与方可在给出书面终止通知至少（30）天后方可终止本协议。终止应不影响终止以前的通信或有关交易的执行。第6.2.2.5，6.2.2.6，6.2.4，6.2.5.1，6.2.6，6.2.7.1和6.2.7.5节的条款应明确不受任何终止的影响并保持对参与方的约束力。

6.2.7.4 完整的协议

本协议包括技术附录在内从内容上构成了参与方间完整的协议，并在参与方签署后生效。技术附录可由参与方或参与方授权的代表来修订。参与方应向对方提供书面的和签名的所有商定后的修订记录。书面的和签名的记录一经交换，每项修订就应生效。随后生效的技术附录和每项的修订应构成参与方之间的协议。

6.2.7.5 标题和子标题

本协议的标题和子标题应作为条款或子条款的组成部分。

6.2.7.6 通知

除了第5.2.3中的确认和通知外，对于参与方给出的通知或能产生记录的电子等同物，如果以书面或一个授权人签名的形式提供给另一参与方，那么每次根据协议或技术附录发出的通知应认为是有效的。每一次通知应从其被以上提到的其他参与方的地址接收到的第二天起生效。

6.2.7.7 争议的解决

选项1：仲裁条款

任何由本协议引起或与本协议有关的争议，包括有关协议存在、有效性或终止的问题，应委托并由参与方商定的一个（或三个）仲裁人来最终解决，若协议失效，由______根据并按照______规则进行处理。

选项2：司法条款

任何由本协议引起或与本协议有关的争议应交由具有唯一裁决权的______法院处理。参与方签署本协议，并自签署之日起生效。

参与方名称：　授权代表：　签名：　参与方名称：　授权代表：　签名：

6.2.8 技术附录核查表

本核查表作为交换协议样本的一部分，用来指明一些条款，这些条款被推荐用于参与方对一个交换协议制定时进行详细说明。

本表并不打算成为在技术附录中所有可能述及的所有方面的完整的列表。它所包括的这些条款直接参考交换协议样本从而形成技术附录；这些条款可按贸易伙伴认为必要的详细程度来完成。

应鼓励用户考虑和陈述他们认为与保证贸易伙伴之间对实施EDI的技术和方法要求的完整理解有关的其他条款。正如交换协议样本6.2.1.2中所提到的：

“本协议所附技术附录阐述了由各参与方商定的说明，以满足一定的技术和程序需求。”

为便于使用，核查表给出了交换协议样本的相关章节的内容。

6.2.2　通信和操作

6.2.2.1　标准

“参与方应使用在技术附录中标识的那些版本的UN/EDIFACT标准。”

参与方应商定将使用的已发布版本的UN/EDIFACT标准。参与方还希望规定使用新版本的UN/EDIFACT标准的方法。

参与方还应详细指定有关技术规范和细节。应考虑的条款包括标识目录、代码表、报文实施指南以及与规定的标准和相关版本有直接联系的其他条款。

6.2.2.2　系统操作

“为了有效可靠地传输和接收报文，参与方应测试和维护各自的设备、软件以及必要的服务。”

参与方应描述测试其系统操作的方法和过程、报文交换过程的有效性和可靠性、进行测试的时间和需要获得的预期结果。参与方应采取一种方法来明确指出其传输和接收报文的EDI系统的可用性。

6.2.2.4　通信

“参与方应在技术附录中规定通信方式，包括电信需求或提供服务的第三方。”

有关通信方法的细节和规定应描述以下几项：

所选的通信方法；

除了UN/EDIFACT标准外，参与方还可能使用的通信协议（如X.25、X.400等）。

当需要时，给出有关提供服务的第三方的详细信息，包括相应的地址和联络信息以及其他有关细节。

参与方还应考虑规定一些恢复措施，以便在丢失或失败时能够找回报文，或在选定的通信方法失败时提供可以替代的途径和方法。

6.2.2.5　安全措施和服务

“参与方应实施和维护包括技术附录中规定的安全措施和服务，以保护报文和记录免遭意外事件或错误使用的侵害，其中包括不适当的存取、变更或丢失。”

参与方可详细规定应用EDI时需要实施的安全措施和服务。提高业务伙伴之间EDI的可靠性有不同的方法；一般的目的是尽可能多并有效正确地传输和处理报文，而费用仍保持在一个合理的水平上。

安全措施的选择和使用主要是根据对潜在威胁的评估而定，而不仅仅是因为法律有所规定，这也许导致实施不同的安全措施，这些措施与UN/EDIFACT报文结构无关，尽管如此仍有助于根据记录加强对法律的信任。

使用UN/EDIFACT标准的贸易伙伴可选择不同的安全措施和服务，有些措施和服务只在UN/EDIFACT中使用，而其他则为通用。

UN/EDIFACT中的安全服务。为满足法律需求或防范已标识出的威胁，贸易伙伴可选择如下所述的只在UN/EDIFACT中可用的某些安全服务。这些安全服务都需要使用加密技术。因此，由一台计算机传到另一台计算机的任何报文（只是一串数字）可通过在传输前后对报文进行数学函数计算（众所周知的加密技术）得到保护。这就提供了工具来检测不仅在传输期间，而且在两端存储期间发生的无意变更，因此获得了预期的安全服务。

在本技术附录核查表中标识的UN/EDIFACT文件包括解释安全服务的特定资料以及在后面将详细述及的密钥管理技术，并可供查找信息的用户来查阅。

报文的内容完整性防止对任何类型报文的数据进行篡改。这种情况可进一步扩展到报文的序列完整性，这种序列完整性建立了报文出现的顺序。只有通过某些密钥来产生所谓的报文鉴别码（MAC），才能实现报文的完整性。这就是用密钥生成报文的加密指纹。通常，拥有秘密密钥的任何人都可生成MAC值，除非使用了受特别保护的硬件。

如果要进一步区分报文的发送方和接收方（例如出于法律目的），可应用的正确的安全服务是源抗抵赖性。源抗抵赖首先需要附加时戳，其次需要计算基于公开密钥算法的数字签名。

因此源抗抵赖性隐含了报文真实性，而报文真实性又隐含了报文的完整性。

与源抗抵赖性相对应，接收方可将经过数字签名处理的报文返回，该数字签名提供了接收抗抵赖性。因此这些防止通过网络传输的报文泄露的安全服务保密措施具有了不同的特征。

UN/EDIFACT安全仅涉及对EDIFACT报文的保护，而与生成报文或处理报文的端用户应用的内部安全无关。总之，UN/EDIFACT中的安全应用需要使用加密技术，而加密技术需要使用密钥。因此，EDI/FACT中的安全应用隐含了密钥的管理。

为安全起见，必须小心处理密钥（实际上是许多数字）。算法是众所周知的，只有使用密钥才能获得所需的安全服务。用户可共同拥有一把用于加密的秘密密钥，也可每人拥有一对耦合密钥（一把是私人密钥，一把是公开密钥）。通常来说，所有系统是通过安全手段来分发密钥。这可以由双方处理，也可通过第三方处理。受委托的第三方负责处理有关密钥的登记、认证和分配。这些第三方通常称为委托第三方（T TPs）。在所有情况下，有关参与方之间必须商定密钥管理的规则和措施。

附加的安全措施和服务。为了完全对电子数据交换中出现的各种风险作出响应，参与方可能希望实施与EDIFACT结构无关的下列措施和服务：

使用附加标识码、唯一顺序码或类似的非加密的查询和标注方案；

使用增值提供服务的第三方所作的报文交易记录或类似地对交易活动进行归档和确认；

在公司内部计算机网络的工作站上采用受保护的自动存储功能；

检测通信设备的可用性和完整性。

6.2.2.6 记录的存储

“参与方应按技术附录中的规定存储和保留记录以及根据本协议传递的报文”。

与记录和报文的存储和保留有关的细节和规定包括：

所保留记录的范围；

存储的格式；

保留记录的期限；

存储和保留所用的介质；

对提供的记录进行访问的权力；

维护存储的方法（包括测试、环境条件等）；

对记录的完整性和不可逆性的需求；

与记录可用性有关的规则；

应鼓励参与方进一步探讨与本条款相对应的有关内容，详细规定见6.2.2.5“安全措施和服务”。

6.2.3 报文的处理

6.2.3.1 接收

“当接收方可按照技术附录中指定的方式访问报文时，任何符合本协议所传输的报文都应认为被接收到。”

指定的可访问方法包括：

以接收方的身份通过服务提供者进行访问；

接收方对服务提供者存储的报文（例如以电子邮箱形式）进行访问；

通过接收方的内部计算机系统进行访问。

6.2.3.2 确认

“除非在技术附录中另外规定，否则一个报文的接收不必由接收方确认。技术附录中对确认的要求应包括确认的方法和类型（包括任何报文或过程），如果需要的话，还应包括确认被接收的期限。”

参与方可以通过多种方式来指定何时需要进行确认，可通过报文类型（例如通过使用UN/EDIFACT报文名）来指定，或通过传输报文需要确认的环境来指定。当对已传输的报文中发出确认请求时，参与方可能希望对所要求的确认进行规定。

当需要确认时，参与方应规定如何提供确认的细节，包括：

确认的方法（重新发送接收的报文；发送另一个报文，如控制报文；其他媒介的使用，如传真）；

确认被接收的期限；

应使用的有关安全措施和服务（如AUTACK报文）。

6.2.5 数据内容要求

6.2.5.1 保密状况

“除非法律规定或在技术附录或报文中指定，否则按本协议传输的报文所包含的信息不考虑保密。”

参与方可能希望在技术附录中规定特殊类型的报文（如用于传送旅客清单的PAX-LST）或报文中包含的特定信息（如价格清单或个人数据）应视为保密。

另外，参与方还可能希望规定详细的方法，以使发送方可在任何报文中利用这些方法来发出将整个报文和报文中的某一特定信息视为保密内容的请求。在需要保密时，参与方应确保技术附录或有关商业协议中规定了如何维护保密性的各自的义务。

6.2.7 一般性条款

6.2.7.6 通知

"除了第3章中的确认和通知外，对于参与方给出的通知或能产生记录的电子等同物，如果以书面或一个授权人签名的形式提供给另一参与方，那么每次根据协议或技术附录发出的通知应认为是有效的。每一次通知应从其被以上提到的其他参与方的地址接收到的第2天起生效。"

除了技术附录前面章节规定的通知外，参与方还可希望规定其他与EDI应用有关的应给出通知的环境。例如，6.2.2.3要求系统操作的变更通知；参与方可能希望在技术附录中规定该通知的特殊需求。

6.3 UNCID与国际贸易用EDI协议样本应用指南

远程传输贸易数据交换的统一行为守则（UNCID）与国际贸易用电子数据交换协议样本从法律上对EDI的参与方进行约束，从而保证了交易各方的安全和利益。远程传输贸易数据交换的统一行为守则是基本行为守则，所有EDI的参与方都必须遵守。一旦你使用EDI方式进行国际贸易数据交换，你就应当自觉遵守该行为守则。一旦违反了行为守则，就可能被起诉，而不论你是否签署了国际贸易用电子数据交换协议。而国际贸易用电子数据交换协议是需要交易双方共同签署的法律文件。只有在双方签字后才生效。

用户在准备使用电子数据交换来进行国际贸易之前首先应当仔细阅读远程传输贸易数据交换的统一行为守则（UNCID）文本。一旦决定用EDI进行交易，就必须遵守该守则。

用户在准备使用电子数据交换来进行国际贸易之前应与交易的另一方进行协商并签订国际贸易用电子数据交换协议。该协议可以参照"国际贸易用电子数据交换协议样本"，也可以根据实际情况做一些其他规定。协议中必须明确使用哪个版本的数据标准和语法标准。

可以概括地说，远程传输贸易数据交换的统一行为守则（UNCID）与国际贸易用电子数据交换协议样本一个是基本条款，一个是具体条款。一旦出现纠纷或争议，将会根据它们进行裁决。

本章小结

1. 远程传输贸易数据交换的统一行为守则（UNCID）给出了EDI的参与方应当遵守的基本守则。

2. 国际贸易用电子数据交换协议样本从法律上对EDI的参与方进行了具体规定。

思考题

1. 在学习本章之前，是否考虑过如何在法律上为 EDI 的用户提供安全保障的问题？

2. 国际贸易用电子数据交换协议样本与你以前接触过的法律文本有什么相同和不同之处？

第7章 基于XML电子商务标准化基础知识

本章学习目标

◆了解基于 XML 电子商务的起源与发展，以及标准的组成；
◆了解基于 XML 电子商务术语；
◆了解和掌握基于 XML 电子商务标准体系以及标准间的逻辑关系；
◆了解和掌握基于 XML 电子商务标准化的原理与方法；
◆知道如何选择和查找基于 XML 电子商务标准。

7.1 概述

在前面我们已经介绍了电子商务是信息技术、网络技术以及计算机技术的集成。UN/CEFACT 又将电子商务标准分成两大类，第一大类是电子数据交换（EDI）标准，第二大类是基于可扩展置标语言（XML）的电子商务标准，并且重点解析了电子数据交换（EDI）标准。本章重点解析基于 XML 的电子商务标准。

由于基于 XML 的电子商务是在互联网上进行，为此，必须为它的运行建立一套规则，即：标准。这些标准包括基于 XML 的电子商务的网络标准、处理标准、数据标准和语义语法标准等。构成电子商务应用系统有三个基本要素，即：互联网、计算机应用系统、基于 XML 的电子商务标准。本章仅讨论基于 XML 的电子商务标准，而不讨论互联网和计算机应用系统。

为什么 UN/CEFACT 把 XML 定为互联网上电子商务的专用语言呢？XML 是由互联网联合组织（W3C）于 1998 年 2 月发布的一种标准，它同超文本置标语言（HTML）一样，是标准通用置标语言（SGML）的一个简化子集。由于它将 SGML 的丰富功能与 HTML 的易用性结合到了 Web 的应用中，因此自它推出以来，迅速得到软件开发商的支持和程序开发人员的喜爱，显示出强大的生命力。由于 XML 较好地解决了 HTML 无法表达数据内容等问题，使它在政府、金融、证券、邮电、保险、税务、司法、出版以及国际贸易等方面得到了广泛的应用。XML 有以下主要特征：

- **良好的可扩展性**

XML 允许各个不同的行业根据自己独特的需要制定自己的一套标记，同时，它并不要求所有浏览器都能处理这成千上万个标记，同样也不要求一个置标语言能够适合各个行业各个领域的应用，这种具体问题具体分析的方法更有助于置标语言的发展。

- **内容与形式的分离**

正如前面所说，XML 中信息的显示方式已经从信息本身中抽取出来，放在了“样式单”中。这样做便于信息表现方式的修改，便于数据的搜索，也使得 XML 具有良好的自描述性，能够描述信息本身的含义甚至它们之间的关系。

- **遵循严格的语法要求**

XML 不但要求标记配对、嵌套，而且还要求严格遵守 DTD（数据类型定义）的规定。这样就增加了网页文档的可读性和可维护性，也大大减轻了浏览器开发人员的负担，提高了浏览器的时间空间效率。

- **便于不同系统之间信息的传输**

不同企业、不同部门中往往存在着许多不同的系统，XML 可以用作各种不同系统之间的交流媒介，是一种非常理想的网际语言。

- **具有较好的保值性**

XML 的保值性来自它的先驱之一——SGML 语言，可以为文档提供 50 年以上的寿命。正是基于这些优点，国际标准化组织（ISO）和万维网联盟（W3C）推荐 XML 作为第二代网页发布语言。

正是由于 XML 具有上述优秀特点，使得 UN/CEFACT 把 XML 定为互联网上电子商务的专用语言，同时将标准化的重点全部放在了它上面。

为适应互联网技术、尤其是 XML 对基于 EDI 的电子商务的挑战，UN/CEFACT 于 1998 年开始旨在建立 XML 的国际贸易电子商务标准技术体系和应用体系。从 20 世纪 90 年代末至今，UN/CEFACT 分别为国际贸易电子商务标准化推出了 2 项建议书、4 套标准和 5 套技术规范。它们是：

1）建议书 31 号：“电子商务协议”；

2）建议书 32 号：“电子商务自律办法”；

3）标准：“UN/CEFACT 业务需求规范”；

4）标准：“UN/CEFACT 需求规范映射”；

5）标准：“UN/CEFACT 核心构件库”；

6）标准：“UN/CEFACT XML Schema”；

7）技术规范：“UN/CEFACT 建模方法技术规范”；

8）技术规范：“UN/CEFACT 核心构件技术规范”；

9）技术规范：“UN/CEFACT XML 命名和设计规则技术规范”；

10）技术规范：“UN/CEFACT 核心构件的 UML 轮廓技术规范”；

11）技术规范：“UN/CEFACT 核心构件数据类型目录技术规范”。

上述专门针对基于 XML 电子商务的 2 项建议书、4 套标准以及 5 套技术规范的知识产权属于 UN/CEFACT，并由 UN/CEFACT 负责进行维护与更新。就像在 EDI 中的 UN/EDIFACT 标准，知识产权属于 UN/CEFACT，并由 UN/CEFACT 负责进行维护与更新。因此，在标准和技术规范之前均加上了 UN/CEFACT。

国际电子商务主要始于 20 世纪 90 年代。从 90 年代起，许多国家尤其是发达国家和地区纷纷提出了电子商务框架，制定了相关的政策、法规和发展战略，并强调了标准的重要性。经济合作和发展组织（OECD）、亚太经合组织（APEC）、世界知识产权组织（WIPO）、联合国相关组织等都先后成立了专门的工作组，提出了一些报告，制定了相关的政策法规，旨在从政策、技术、标准等多角度推动电子商务的应用和发展。国际标准化组织/国际电工委员会（ISO/IEC）、国际电信联盟（ITU）、联合国贸易便利与电子业务中心（UN/CEFACT）、国际 WEB 联盟（W3C）、Internet 工程任务组（IETF）等，也纷纷从不同的角度开展电子商务标准化工作，其中 ISO/IEC、ITU、UN/CEFACT 还共同签署了电子商务谅解备忘录（MoU），确立包括业务交易数据、业务交易剧本、电子票据格式、支撑技术为主要内容的电子商务标准化范围，明确各自主管的标准化领域、工作分工与协作流程，以强化协调、避免重复，确保电子商务标准在跨行业应用中的一致性。为适应互联网技术、尤其是 XML 对基于 EDI 的电子商务的挑战，一方面，UN/CEFACT 于 1998 年与国际结构化数据标准组织（OASIS）一道共同发起了旨在建立基于 XML 的电子商务标准技术体制的 ebXML 活动，产出了一系列电子商务技术规范，得到了 ISO、IEC、W3C 等组织和 IT 巨头的广泛支持；另一方面，为增大电子商务标准化成果的可重用性，使之不受各种潜在的诸如 XML 等新技术的影响，UN/CEFACT 正积极考虑新型的标准化方法，以使诸如 UN/EDIFACT 的成果由依赖于语法向独立于语法的中性标准过渡。ISO/TC154 还提出了基于 EDIFACT 的报文标准向基于 XML 的报文标准迁移与融合的标准化方法。一些国际性标准论坛和联盟，如 OBI 论坛、OTP 论坛、Rosettanet，都先后分别提出了 OBI、OTP、xCBL、Rosettanet 等一系列电子商务基础性或行业性标准。

从 2005 年开始，UN/CEFACT 以自己的专业技术人员为主开发了一整套以 UN/CEFACT 命名的具有独立知识产权的标准和技术规范。上述的 2 项建议书、4 套标准、5 套技术规范都是以 UN/CEFACT 命名。本章将以 UN/CEFACT 的这套理论为主线。

综观国际电子商务标准化现状和发展趋势，可以概括地说：从技术体制上看，电子商务标准分为基于 EDI 和基于 XML 两种形式；从当前工作重点上看，基于 XML 电子商务标准主要解决数据共享、业务协同、安全保密三大问题，即着重于以互联网为主要通信设施，以 XML 为信息描述语言，以业务交易数据语义、电子文档格式、业务过程、消息服务等为核心内容，并面向特定电子商务模式的综合性标准化解决方案的研制方面。

7.2 基于 XML 的电子商务术语

在基于 XML 的电子商务标准中要遇到非常多的专业名词术语。为了便于读者和用户的学习，在这里先来熟悉一下这些专业名词术语。下面给出的术语和定义均是来自 UN/CEFACT 研制和发布的基于 XML 电子商务标准。

聚合业务信息实体 Aggregate Business Information Entity（ABIE）

由相互关联的若干条业务信息组成的集合，它表达了特定语境中清晰的业务含义。当采用建模语言来表述时，它表达了特定业务语境中的一个对象类。

聚合业务信息实体特性 Aggregate Business Information Entity Property

一种允许值用复杂结构表达的业务信息实体特性，该复杂结构可以用一个聚合业务信息实体描述。

聚合核心构件　Aggregate Core Component（ACC）

由相互关联的若干条业务信息组成的集合，它表达了清晰的业务含义，独立于任何特定业务语境。当用建模术语来表达时，它表示一个独立于任何特定业务语境的对象类。

聚合核心构件特性　Aggregate Core Component Property

必须与聚合核心构件概念相关联的聚合核心构件的唯一特性。该特性或是一个关联核心构件，或是一个基本核心构件。

聚合　Aggregation

关联关系的一种特殊形式，该关联规定了整体与构件之间的整体与局部关系。

人工信息　Artefact

在过程中产生、修改和使用的一条信息，它可以是一个模型、一个模型元素、或一个文档。该文档可能包含其他文档。核心构件技术规范的人工信息包含所有注册类以及注册类的所有从属的已命名结构。

已关联的聚合业务信息实体　Associated Aggregate Business Information Entity

一个聚合业务信息实体，该实体与关联聚合业务信息实体之间具有的 UML 聚合类型要么是共享关系，要么是复合关系。已关联的聚合业务信息实体在聚合业务信息实体之间的父子关系中是子。

已关联的聚合核心构件　Associated Aggregate Core Component

一个聚合核心构件，该构件与关联聚合核心构件之间具有的 UML 聚合类型为共享关系。已关联的聚合核心构件在聚合核心构件之间的父子关系中是子。

关联聚合业务信息实体　Associating Aggregate Business Information Entity

一个聚合业务信息实体，该实体与已关联的聚合业务信息实体之间所具有的 UML 聚合类型要么是共享关系，要么是复合关系。关联聚合业务信息实体在聚合业务信息实体之间的父子关系中是父。

关联聚合核心构件　Associating Aggregate Core Component

一个聚合核心构件，该构件与已关联的聚合核心构件具有的 UML 聚合类型为共享关系。关联聚合核心构件在聚合核心构件之间的父子关系中是父。

关联业务信息实体　Association Business Information Entity（ASBIE）

一个业务信息实体，该实体定义了一个特定的、与另一个聚合业务信息实体（被称为关联聚合业务信息实体）相关联的聚合业务信息实体（被称为已关联的聚合业务信息实体）的角色。关联业务信息实体在功能上作为一个关联聚合业务信息实体的聚合业务信息实体特性。

关联业务信息实体特性　Association Business Information Entity Property

一个业务信息实体特性，其允许值可由一个聚合业务信息实体表示为一个复杂结构。

关联核心构件　Association Core Component（ASCC）

一个核心构件，该构件定义了一个特定的、与另一个聚合核心构件（被称为关联聚合核心构件）相关联的聚合核心构件（被称为已关联的聚合核心构件）的角色。关联核心构件在功能上作为一个关联聚合核心构件的聚合核心构件特性。

关联核心构件特性　Association Core Component Property

一个核心构件特性，其允许值可由一个聚合核心构件表示为一个复杂结构。

属性　Attribute

某个实体的部分或所有实例具备的已命名的值或关系，并与实例有直接的关联。

基于　Based On

根据一个特定业务语境的需求对人工信息的使用进行限制。

基本业务信息实体　Basic Business Information Entity（BBIE）

一个业务信息实体，表示给定的业务语境中特定聚合业务信息实体的单一业务特性。基本业务信息实体基于基本核心构件，具有基本业务信息实体特性，该特性基于定义其值域的业务数据类型。

基本业务信息实体特性　Basic Business Information Entity Property

一个业务信息实体特性，其允许值可由简单值来表达，该值可由一个数据类型表示。

基本核心构件　Basic Core Component（BCC）

一个核心构件，构成特定聚合核心构件的单个业务特性，并具有唯一的业务语义定义。基本核心构件表示基本核心构件的特性，因而具有定义其值域的核心数据类型，在功能上作为聚合核心构件特性。

基本核心构件特性　Basic Core Component（CC）Property

一个核心构件特性，其允许值可由简单值来表达，该值可由一个数据类型表示。

基础　Basis

核心构件人工信息或核心数据类型。业务信息实体人工信息或业务数据类型人工信息可由此衍生。

业务语境　Business Context

用一组语境类别的值来标识的特定业务环境的形式化描述，允许对不同业务环境进行唯一区分。

业务数据类型　Business Data Type

包含且仅包含一个业务数据类型内容构件，该内容构件携带实际内容以及零或多个业务数据类型附加构件，该附加构件对业务数据类型内容构件给出了必要的附加定义。业务数据类型具有业务语义。

业务数据类型内容构件　Business Data Type Content Component

定义了用于表达核心数据类型内容的原始类型。

业务数据类型内容构件限制　Business Data Type Content Component Restriction

一种格式限制，适用于核心数据类型内容构件的可能值。

业务数据类型附加构件　Business Data Type Supplementary Component

为业务数据类型内容构件给定附加意义。

业务数据类型附加构件限制　Business Data Type Supplementary Component Re-

strictions

定义了一个格式限制，适用于业务数据类型附加构件的可能值。

业务领域　Business Domain

一组独特的盈利企业，如化工领域，石油和天然气领域，汽车领域。

业务信息实体　Business Information Entity（BIE）

核心构件在特定语境下的具体实现，构成具有唯一业务语境定义的一条或一组业务数据。

业务信息实体特性　Business Information Entity（BIE）Property

特定业务语境中的对象类所具有的业务特性，该对象类由一个聚合业务信息实体描述。

业务库　Business Libraries

特指某一行业（如运输、保险）经核准的过程模型的集合。

业务过程　Business Process

UN/CEFACT 通用业务过程目录中描述的业务过程。

业务过程语境　Business Process Context

UN/CEFACT 通用业务过程目录中描述的业务过程的名称，用户可对通用业务过程进行扩展。

业务过程角色语境　Business Process Role Context

开展特定业务过程的角色，已在 UN/CEFACT 通用业务过程目录中标识。

业务语义　Business Semantic（s）

从业务视角所看到的词的精确含义。

业务术语　Business Term

在业务中常见或常用的人工信息的字典条目名称的同义词。一个核心构件技术规范人工信息可以有若干个业务术语。

基数　Cardinality

指明某个特性最少及最多出现次数：不适用（0..0），可选型（0..1），可选型重复（0..*），必备型（1..1），必备型重复（1..*），固定（n..n），这里，n 是一个非零正整数。

业务信息实体目录　Catalogue of Business Information Entities

在核心构件挖掘过程中挑选出的、且经核准的业务信息实体的集合。

分类方案　Classification Scheme

用来描述一个给定语境类别的正式支持方案。

组合　Composition

一种强聚合关联形式，要求组成部分仅属于单个父对象，并且仅当该父对象存在时才存在。

语境　Context

定义可能使用业务过程的环境，通过一组名为业务语境的语境类别来规定。

语境类别　Context Category

用于表达业务环境特性的一个或多个相关值构成的集合。

受控词 Controlled Vocabulary

用来唯一定义容易引起歧义的词或业务术语的附加词。它可以保证任何核心构件名称和定义中包含的每一个词均被一致、无歧义和准确地使用。

核心构件 Core Component (CC)

用来创建清晰、有意义的数据模型、词汇和信息交换包的语义构件，作为创建业务信息实体的基础。

核心构件库 Core Component Library

注册系统或储存库的一部分，核心构件应以注册类的方式存储其中。核心构件库应包括所有的注册类。

核心构件特性 Core Component Property

对象类的业务特性，该对象类用基本核心构件或关联核心构件特性表示。

核心数据类型 Core Data Type (CDT)

包含且仅包含一个核心数据类型内容构件，该内容构件携带实际内容以及零或多个核心数据类型附加构件，该附加构件对核心数据类型内容构件给出了必要的附加定义。核心数据类型不具有业务语义。

核心数据类型内容构件 Core Data Type Content Component

定义用于表达核心数据类型内容的原始类型。

核心数据类型附加构件 Core Data Type Supplementary Component

对核心数据类型内容构件给出附加含义。

数据类型术语 Data Type Term

表示值域的数据类型字典条目名称的构件名称，从一个通用列表中选取。该通用列表也用于确定所允许的表示词。在这里，表示词就像它们表示数据类型那样不作限定。数据类型术语可以被限定用于反映对值域的限制。

定义 Definition

核心构件、业务信息实体、业务语境或数据类型的唯一语义含义。

字典 Dictionary

核心构件技术规范构件的字典条目名称。

字典条目名称 Dictionary Entry Name

核心构件技术规范构件的正式名称。

限制 Facet

表示业务数据类型内容构件或业务数据类型附加构件的限制，以此来定义其允许值空间。

正式限制语言 Formal Constraint Language

公认的限制语言规范的规范性表达，如统一建模语言对象限制语言。

地理政治语境 Geopolitical Context

影响业务语义的地理因素，如地址的结构。

行业分类语境 Industry Classification Context

与行业或贸易伙伴行业相关的语义影响因素，如不同行业使用的产品标识方案。

不变量　Invariant

限定其值必须在执行过程中始终保持为真。

库　Library

核心构件技术规范构件的集合，针对一个明确目标、一个或多个组织。

消息组合　Message Assembly

为了交换业务信息，业务信息实体被组合成可用的、基于语法的消息的过程。

命名约定　Naming Convention

如何构成核心构件技术规范人工信息字典条目名称的一套规则。

对象类　Object Class

在逻辑数据模型中，一个数据元所属的逻辑数据组。它是表示活动或对象的核心构件或业务信息实体字典条目名称的一部分，由对象类术语表示。对象类具有明确边界和意义，其特性和行为遵守相同的规则。

对象类词　Object Class Term

核心构件或业务信息实体名称的组成部分，并表示了它所属的对象类。

官方限制语境　Official Constraints Context

关于语义的法律和政府影响因素，如运输货物时法律要求的危险品信息。

包　Package

在给定的语境下，语义唯一的业务信息实体集合。

前置条件　Pre – Condition

过程执行前必须满足的条件。

后置条件　Post – Condition

过程执行后必须满足的条件。

基本类型　Primitive Type

也称为基础类型或内置类型，是用于表达更复杂数据类型的值的基本构件。

产品分类语境　Product Classification Context

影响表述物品或服务进行交换、处理或支付等语义的因素，如购买咨询服务不同于购买物资。

特性词　Property Term

表示对象类特性的一种有语义含义的名称，自然地出现在其所属的人工信息的定义中。

已限定的业务数据类型　Qualified Business Data Type

包含对业务数据类型内容构件或业务数据类型附加构件的限制。

限定词　Qualifier Term

一个或一组词，有助于定义一个项（如：业务信息实体或业务数据类型），并将其与相关项（如：核心构件、核心数据类型、另一个业务信息实体或业务数据类型）区分开来。

注册系统　Registry

管理和参考存储在一个存储库中的人工信息的信息系统。该术语隐含注册系统或存储库的组合。

注册类 Registry Class

所有通用信息的正式定义。通用信息必须由注册系统人工信息（核心构件，业务信息实体或数据类型）记录在注册系统中。

存储库 Repository

储存人工信息的信息系统。

表示词 Representation Term

基本核心构件或基本业务信息实体有效值类型的语义表示。

限制 Restriction

根据下列规则，从现有数据结构衍生出新的数据结构的过程：

——从现有数据结构的任一字段减小基数范围；

——用一个简单数据类型（如：字符串，数字）来限制任一字段允许值的范围；

——增加一个语义限制来缩小任一字段的业务范围。

新的、已限制的数据结构的所有有效实例必须也是现有数据结构的有效实例。新的数据结构可从现有的数据结构衍生出来。

支撑角色语境 Supporting Role Context

与非贸易伙伴角色相关的语义影响因素，如：从卖方到买方的订单回复中，第三方托运人所要求的数据。

系统能力语境 System Capabilities Context

捕捉系统限制的语境，如：现有后勤部门仅支持特定格式的地址。

UMM信息实体 UMM Information Entity

联合国贸易便利化与电子业务中心建模方法信息实体，该实体实现了结构化业务信息，并通过伙伴角色在业务交易中的活动进行交换。信息实体通过关联包含或参考其他信息实体。

唯一标识符 Unique Identifier

以唯一、明确的方式引用一个人工信息实例的标识符。

使用规则 Usage Rules

描述了一个限制，该限制描述了适用于模型中构件的特定条件。

用户群 User Community

一组具有公开联系地址、可以定义与其业务领域相关的语境梗概的实践人员。用户群内的用户不能创建、定义或管理其自身的语境需求，而应遵循用户群的标准。为了避免工作交叉，这样的用户群应与其他用户群和标准制定组织保持紧密联系。用户群的规模可以小到只有两个协定组织。

值域 Value Domain

一组允许值的集合。

版本 Version

核心构件、数据类型、业务语境或业务信息实体的实例随时间不断演进的一种标记。

XML模式 XML Schema

用于标识基于XML文档结构有效语言（包括更正式的W3C XML模式定义语言，

ISO 8601 文档类型定义或 Schematron）的语法族的通用术语。

7.3　基于 XML 电子商务标准体系以及标准之间的逻辑关系

UN/CEFACT 为了保证基于 XML 电子商务系统的安全、便利、可靠和高效为其研制了 266 项标准。由于标准众多，涉及面广，不免为用户的学习和使用带来困难。一种研究基于 XML 电子商务标准化的重要方法就是从研究标准体系入手。研究基于 XML 电子商务标准体系，分析标准体系的结构以及标准之间的关系，制定出基于 XML 电子商务标准体系框架，是一种有效的标准化工作的方法。

什么是基于 XML 电子商务标准体系呢？通过实际应用将它定义为："在一定范围内为了满足基于 XML 电子商务特定业务需求，实现特定目标而将相关标准有机地结合起来组成科学的整体"。

基于 XML 电子商务标准体系有以下特征：

1）结构性

基于 XML 电子商务标准体系内的标准按其内在联系分类排列，就形成了标准体系的结构形式。基于 XML 电子商务标准体系的基本结构形式有层次结构和过程结构。

2）相关性

基于 XML 电子商务标准化对象的内在联系决定了标准体系内各项标准的相关性。

3）整体性

基于 XML 电子商务标准化对象的内在联系形成了标准的整体性。每个标准都不是孤立的，都是整个体系中的一个部分。

4）目的性

基于 XML 电子商务标准体系都是根据明确的需求来达到明确的目的。

前面提到 UN/CEFACT 为基于 XML 电子商务标准化推出了 2 项建议书、4 套标准和 5 套技术规范。它们由 266 项具体的标准组成。在建立标准体系之前首先应当对它们进行科学分类。基于 XML 电子商务标准按领域划分为 3 个层面。第 1 个层面为应用层面，第 2 个层面为技术层面，第 3 个层面为法律层面。每个层面又由具体的小类标准组成。应用层面的标准主要为用户提供应用数据。技术层面的标准主要是为应用层面的标准提供理论和技术支持。法律层面的建议书主要是为用户提供行为守则和法律保证的协议。图 7－1 给出了基于 XML 电子商务标准体系框架。

研究基于 XML 电子商务标准体系的目的首先是了解体系中有哪些标准；其次是分清哪些标准是业务层面标准，哪些是技术层面标准，哪些是法律层面标准；最后是了解和掌握标准之间的逻辑关系。

1）业务标准有：

a. UN/CEFACT XML SCHEMA 标准。它由 154 个 XML SCHEMA 代码和标识符（通用信息类）标准、79 个 XML SCHEMA 数据标准组成。

b. UN/CEFACT 核心构件库标准。它由 6 个不同的子库组成，它们分别是 UN/CEFACT 核心构件库（CC）、UN/CEFACT 业务信息实体库（Message－BIE）、UN/CEFACT 限定数据类型库（Message－qDT）、UN/CEFACT 参考业务信息实体库（Refer-

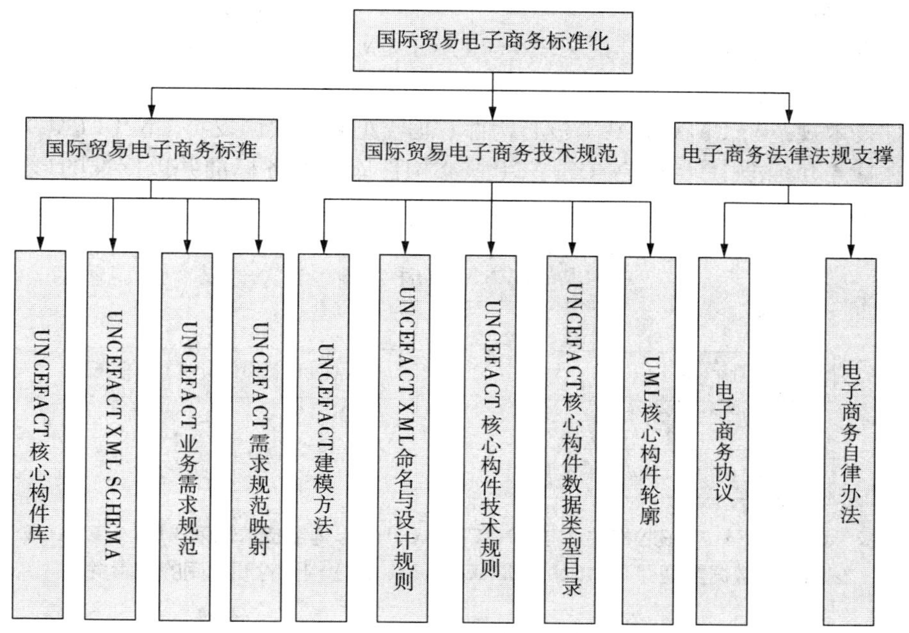

图7－1　基于XML电子商务标准体系框架

ence－BIE)、UN/CEFACT参考限定数据类型库(Reference－qDT)、UN/CEFACT唯一数据类型库(uDT)。

c. UN/CEFACT业务需求规范标准。它由27个具体的业务需求规范标准组成。

d. UN/CEFACT需求规范映射标准。它由5个具体的需求规范映射标准组成。

2）技术规范标准有:

a. UN/CEFACT核心构件技术规范;

b. UN/CEFACT XML命名和设计规则;

c. UN/CEFACT核心构件数据类型规范;

d. UN/CEFACT UML建模方法;

e. UN/CEFACT UML核心构件轮廓。

它们都以技术规范的形式出现。

3）法律标准有:

a. UN/CEFACT电子商务协议;

b. UN/CEFACT电子商务自律办法。

它们都以建议书的形式出现。

在学习基于XML电子商务标准体系时很重要的一点就是搞清楚标准与标准之间,标准与规范之间,以及规范与规范之间的逻辑关系。下面的几个图是我们经过研究后得出的它们之间的逻辑关系。

图7－2、图7－3、图7－4、图7－5给出了业务层面的标准与技术层面标准以及技术层面标准之间的逻辑关系。在后面几章的描述将完全按照下面的逻辑图展开。

图 7－2 给出了 UN/CEFACT 核心构件库与 UN/CEFACT 核心构件技术规范、UN/CEFACT 核心构件数据类型目录、UN/CEFACT UML 核心构件轮廓之间的逻辑关系。UN/CEFACT UML 核心构件轮廓支持 UN/CEFACT 核心构件技术规范，而 UN/CEFACT 核心构件技术规范与 UN/CEFACT 核心构件数据类型目录共同支持 UN/CEFACT 核心构件库。在这 4 套标准中只有 UN/CEFACT 核心构件库是业务标准并以标准的形式出现，其他 3 套都是技术层面的标准并以技术规范的形式出现。

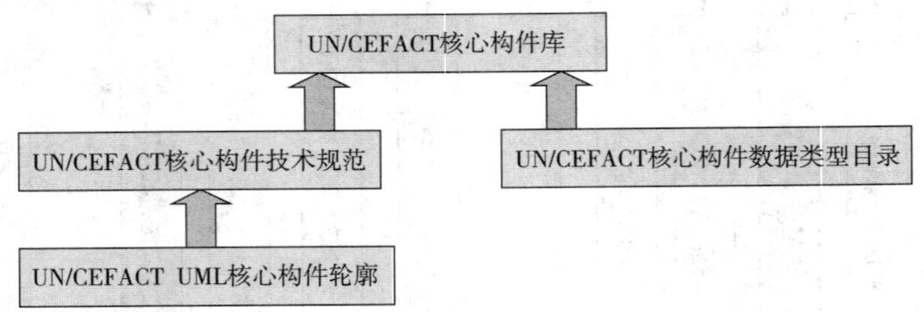

图 7－2　UN/CEFACT 核心构件库与 UN/CEFACT 核心构件技术规范、UN/CEFACT 核心构件数据类型目录、UN/CEFACT UML 核心构件轮廓之间的逻辑关系

图 7－3 给出了 UN/CEFACT XML SCHEMA 与 UN/CEFACT XML 命名与设计规则之间的逻辑关系。UN/CEFACT XML 命名与设计规则支持 UN/CEFACT XML SCHEMA。在这 2 套标准中 UN/CEFACT XML SCHEMA 是业务标准并以标准的形式出现，UN/CEFACT XML 命名与设计规则是技术层面的标准并以技术规范的形式出现。

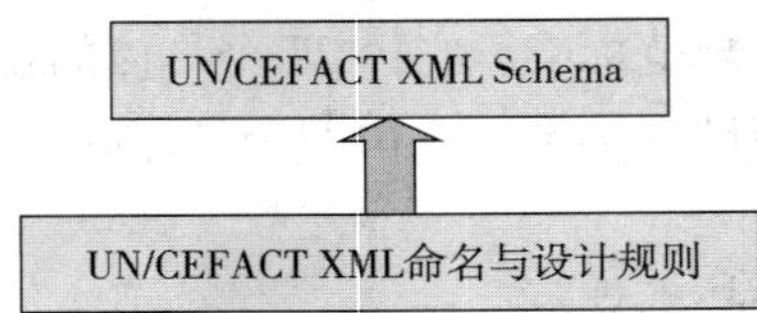

图 7－3　UN/CEFACT XML Schema 与 UN/CEFACT XML 命名与设计规则之间的逻辑关系

图 7－4 给出了 UN/CEFACT 业务需求规范、UN/CEFACT 需求规范映射与 UN/CEFACT UML 建模方法之间的逻辑关系。UN/CEFACT UML 建模方法支持 UN/CEFACT 业务需求规范和 UN/CEFACT 需求规范映射。在这 3 套标准中 UN/CEFACT 业务需求规范和 UN/CEFACT 需求规范映射是业务标准并以标准的形式出现，UN/CEFACT UML 建模方法是技术层面的标准并以技术规范的形式出现。

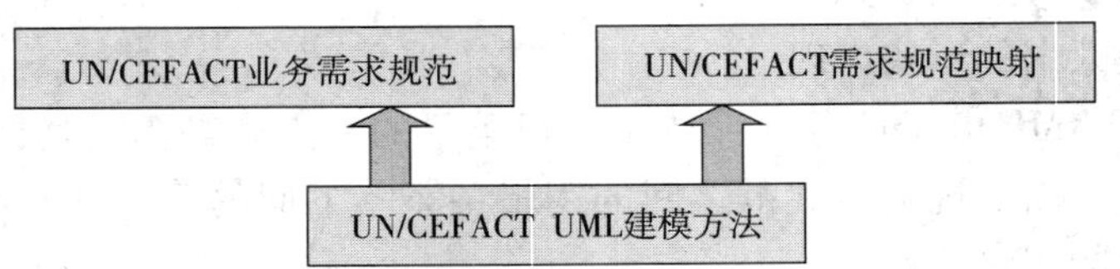

图 7－4　UN/CEFACT 业务需求规范、UN/CEFACT 需求规范映射与 UN/CEFACT UML 建模方法之间的逻辑关系

图7－5给出了UN/CEFACT核心构件技术规范与UN/CEFACT XML命名和设计规则以及UN/CEFACT UML建模方法之间的逻辑关系。UN/CEFACT核心构件技术规范与UN/CEFACT XML命名和设计规则以及UN/CEFACT UML建模方法之间相互支持。

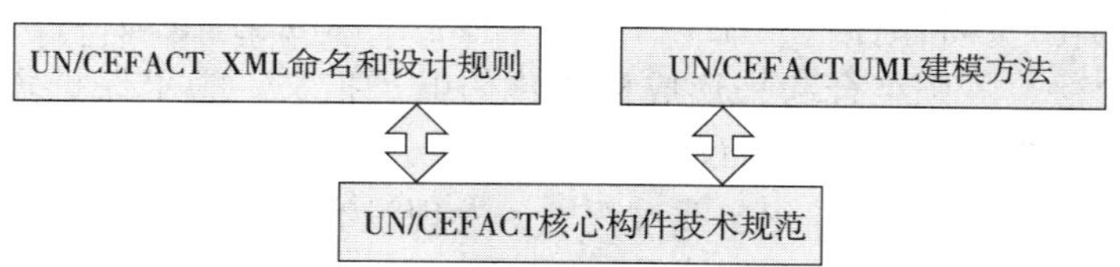

图7－5　UN/CEFACT核心构件技术规范与UN/CEFACT XML命名和设计规则以及UN/CEFACT UML建模方法之间的逻辑关系

从上面4个逻辑关系图不难看出UN/CEFACT核心构件技术规范在整个电子商务标准体系中起着理论基础的作用。它相当于ISO 11179标准为贸易数据元标准和UN/EDIFACT中的数据元标准奠定了基础一样。

7.4　基于XML电子商务标准化的原理与方法

在研究基于XML电子商务标准化的原理与方法之前，让我们先看一下国际贸易单证标准化的原理与方法。UN/CEFACT在国际贸易单证标准化就是采用了建立国际单位制类似的原理和方法。首先是通过UN/CEFACT来规定一个单证的标准模版，所有国际贸易单证的格式和布局均以该标准模版为基准。这个基准模版就是联合国贸易单证样式（UNLK）。UNLK规定了纸面单证的纸张规格、单证格式和设计原则、数据项的表示以及数据项的布局，还确定了单证标准化的三大要素：数据标准化、格式标准化、布局标准化。标准化方法是将数据、格式、布局分别进行标准化，然后再将经过标准化处理后的数据、格式、布局结合起来形成标准化的单证。UNLK不仅奠定了单证标准化的基础，同时也奠定了国际贸易电子报文标准化的基础。

在研究基于XML电子商务标准化时，可以将基于XML电子商务报文看成是贸易单证。基于XML电子商务标准按照业务领域划分为3个层面，即：应用层面、技术层面、法律层面。应用层面的标准主要是数据标准。可以将电子报文的数据标准化与单证的数据标准化对照。电子报文由结构化的数据组成，其数据结构分为下面4层：最底层为代码，然后是基本核心构件与关联核心构件，接着是聚合核心构件，最上层为报文。应用层面的标准化工作从代码、基本核心构件与关联核心构件、聚合核心构件、报文4个方面开展，通常称之为数据标准化的4要素。与单证数据结构比较，单证的数据结构只有单证、数据元、代码3层，因此基于XML电子商务数据标准化相对来说要复杂得多。

将基于XML电子商务技术层面的标准与贸易单证的格式和数据元布局相比较。技术层面的标准化工作主要制定电子报文的语法标准和规则标准。可以把语法看成单证格式标准，将设计规则与指南看成是单证中数据元的布局标准。

为了确保电子数据交换的安全性和可靠性，必须制定法律法规。法律层面的标准主要是电子商务协议和电子商务自律办法。

不难发现基于 XML 电子商务标准化的原理与方法是单证标准化原理与方法的延伸。

基于 XML 电子商务报文所采用的标准化的方法是在应用层面、技术层面、法律层面分别进行标准化，即将数据、语法、规则分别进行标准化，然后再将经过标准化处理后的数据、语法、规则结合起来形成标准化的电子报文。为了保护贸易参与方业务的安全可靠，还应签署电子商务协议，遵守电子商务用户的行为守则。

在基于 XML 电子商务标准化实践过程中，发现没有哪一个标准能够独立完成一项完整的标准化工作，每项标准只能完成一项有限的工作。更多的情况是由多项标准来共同完成一项标准化工作。

本章小结

1. 基于 XML 电子商务标准是科学技术发展的产物。它是信息技术、网络技术、计算机技术、国际贸易理论以及标准化理论的结晶。

2. 正是由于 XML 具有良好的可扩展性、内容与形式的分离、遵循严格的语法要求、便于不同系统之间信息的传输，以及具有较好的保值性等优秀特点，使得 UN/CEFACT 把 XML 定为互联网上电子商务的专用语言，同时将标准化的重点全部放在了它上面。

3. 在建立标准体系之前首先应当对它们进行科学分类。基于 XML 电子商务标准按领域划分为 3 个层面。第 1 个层面为应用层面，第 2 个层面为技术层面，第 3 个层面为法律层面。每个层面又由具体的小类标准组成。

4. 应用层面标准有：XML 代码和标识符（通用信息类）标准、核心构件标准、XML 报文标准、业务需求规范、需求规范映射，它们都以标准的形式出现。技术层面标准有：核心构件技术规范、XML 命名和设计规则、核心构件数据类型规范、UML 建模方法、UML 核心构件轮廓，它们都以技术规范的形式出现。法律层面标准有：电子商务协议、电子商务自律办法，它们都以建议书的形式出现。

5. 在学习基于 XML 电子商务标准体系时很重要的一点就是搞清楚标准与标准之间，标准与规范之间，以及规范与规范之间的逻辑关系。图 7－2～图 7－5 给出了业务层面的标准与技术层面标准的逻辑关系。这 4 张图非常重要，理解了它们就为后续的学习打下了基础。在后面几章的描述将完全按照这 4 张逻辑图展开。

6. 在基于 XML 电子商务标准化实践过程中，我们发现没有哪一个标准能够独立完成一项完整的标准化工作，每项标准只能完成一项有限的工作。更多的情况是由多项标准来共同完成一项标准化工作。

7. 在研究基于 XML 电子商务标准化时，我们可以将 XML 电子商务报文看成是贸易单证，我们可以将报文的数据标准化与单证的数据标准化对照。电子报文由结构化的数据组成，其数据结构分为下面 4 层：最底层为代码，然后是基本核心构件与关联核心构件，接着是聚合核心构件，最上层为报文。基于 XML 电子商务标准化的原理与方法是单证标准化原理与方法的延伸。

8. 基于 XML 电子商务报文所采用的标准化的方法是在应用层面、技术层面及法律层面分别进行标准化，即将数据、语法及规则分别进行标准化，然后再将经过标准化处理后的数据、语法及规则结合起来形成标准化的电子报文。为了保护贸易参与方业务的安全可靠，还应签署电子商务协议，遵守电子商务用户的行为守则。

9. 基于XML报文所使用的数据放弃了数据元理论，而是使用了信息技术中新创立的核心构件理论。这套理论与数据元理论既有联系又有区别，它们在使用上比数据元更为灵活，且避免了烦琐的限制，减少了数据的冗余，因此，目前基于XML的电子商务广泛采用了这套理论。UN/CEFACT根据核心构件理论建立了一套数据标准，即所谓的核心构件库（CCL）。它是由UN/CEFACT贸易数据元目录演变而来。的作用相当于EDIFACT数据元目录、复合数据元目录、段目录的集成。UN/CEFACT核心构件库（CCL）与EDIFACT数据元目录均源自UN/CEFACT贸易数据元目录。

10. UN/CEFACT专门为XML报文研制的154个XML Schema形式的代码和标识符标准主要采用了欧洲EDI协会（EDIFICASEU）和联合国欧经会（UNECE）的代码和标识符标准。这154个XML Schema形式的代码和标识符有的与用于贸易单证的建议书一致，有的与EDIFACT代码表中的代码一致。

11. 对于国际贸易电子商务标准的用户，在国际贸易便利化和标准化应用中，应当与其贸易伙伴协商好使用哪个版本的UN/CEFACT标准或技术规范。由于UN/CEFACT对于基于XML电子商务标准和技术规范采用动态维护。尤其对于UN/CEFACT给出的UN/CEFACT核心构件库标准，以及228项UN/CEFACT XML SCHEMA标准，UN/CEFACT每年都对它们进行修订和更新，并且每年都给出上半年版本A版和下半年版本B版的标准。而我国虽然研制了部分我国的基于XML电子商务标准，但是，由于标准不全，版本不新，无法满足实际应用的需要。因此，建议用户UN/CEFACT标准或技术规范，而将电子商务国家标准作为参考。

思考题

1. 为什么说基于XML电子商务标准是信息技术、网络技术、计算机技术、国际贸易理论及标准化理论的结晶？

2. 为什么说基于XML电子商务标准化的原理与方法是单证标准化原理与方法的延伸？

3. 基于XML电子商务标准分类的好处是什么？

4. 你开始理解业务层面的标准与技术层面标准的逻辑关系图了吗？

5. 你是否已经意识到UN/CEFACT为基于XML电子商务发布的各种数据标准是学习掌握本课程的关键？

6. 你是否已经掌握了UN/CEFACT核心构件库（CCL）如何由UN/CEFACT贸易数据元目录演化而来？

第8章 以UN/CEFACT核心构件技术规范为核心建立起来的标准

本章学习目标

◆了解和掌握基本核心构件、聚合核心构件、关联核心构件、基本业务信息实体、聚合业务信息实体、以及关联业务信息实体的基本概念；

◆了解和掌握基于 XML 报文的数据结构；

◆了解和掌握核心构件数据类型目录技术规范中规定的 22 种数据类型；

◆了解和掌握如何使用核心构件库（CCL）标准。

8.1 核心构件和业务信息实体的基本概念

本章我们学习 UN/CEFACT 核心构件技术规范、核心构件数据类型目录技术规范、以及核心构件库（CCL）标准。为什么要将这三部分内容放在一起呢？因为，这三部分内容在逻辑上紧密相联。其中，核心构件数据类型目录技术规范和核心构件库（CCL）标准是以 UN/CEFACT 核心构件技术规范理论建立起来的。因此，我们先从学习核心构件基础理论开始。

在 7.3“基于 XML 电子商务标准体系以及标准之间的逻辑关系”中我们分析了业务层面的标准与技术层面标准以及技术层面标准之间的逻辑关系。通过分析我们得出如下结论：“UN/CEFACT 核心构件技术规范在整个电子商务标准体系中起着理论基础的作用。它相当于 ISO 11179 标准为贸易数据元标准和 UN/EDIFACT 中的数据元标准奠定理论基础一样。”整个基于 XML 电子商务数据标准化理论都围绕它展开。因此，学好本章内容将为后续的学习打下坚实的基础。

基于 XML 报文所使用的数据放弃了数据元理论，而是使用了信息技术中新创立的核心构件（有的称做核心组件）理论。这套理论与数据元理论既有联系又有区别，它们在使用上比数据元更为灵活，且避免了繁琐的限制，减少了数据的冗余，因此，目前基于互联网的电子商务广泛采用了这套理论。

8.1.1 核心构件（CC）的基本概念以及各类之间的关系

核心构件（CC）是一种语义构筑块，也是构建所有电子业务报文的基础。UN/CEFACT 把它定义为：“用来创建清晰、有意义的数据模型、词汇和信息交换包的语义构件，作为创建业务信息实体的基础。”在 UN/CEFACT 核心构件技术规范中的 CC 包括4种不同类型，它们分别是：基本核心构件（BCC）、聚合核心构件（ACC）、关联核心构件（ASCC）、以及核心构件类型（CCT）。由于每一种类型的构件英文缩写都包含CC，如：BCC、ACC等，因此，CC只是一个通用术语，它是BCC、ASCC、ACC、以及CCT的统称。这也是为什么整套理论以CC来命名。上述4种类型的构件是如何定义的，它们之间存在什么样的关系呢？这正是本节的重点，也是本章的重点。搞清楚了它们的定义和它们之间的逻辑关系，就为下一步学习打下了基础。

1. 基本核心构件（BCC）。UN/CEFACT把它定义为："一个核心构件，构成特定聚合核心构件的单个业务特性，并具有唯一的业务语义定义。基本核心构件表示基本核心构件的特性，因而具有定义其值域的核心数据类型，在功能上作为聚合核心构件特性。"学习过EDI的读者对于数据元理论都不陌生，在实际中BCC的作用与数据元的作用相似，可以将其看作数据元理论中的数据元，但在功能具有聚合核心构件特性，这一点不同于数据元。

2. 聚合核心构件（ACC）。UN/CEFACT把它定义为："由相互关联的若干条业务信息组成的集合，它表达了清晰的业务含义，独立于任何特定业务语境。当用建模术语来表达时，它表示一个独立于任何特定业务语境的对象类。"下面举一个例子来帮助理解上述定义。学习过EDI的读者对于EDI数据标准中复合数据元目录和段目录都不陌生，由于ACC具有复合特性，又具有独立的业务语义，因此，可以既将其看作EDI中的复合数据元，又可将其看作EDI中的段。下面来看一个ACC为：财务账户．细目的示例：

构成该ACC为：财务账户．细目的BCC为：

——财务账户．标识符；

——财务账户．名称；

——财务账户．国家．标识符；

——财务账户．产品类型．标识符；

——财务账户．别名．名称。

3. 关联核心构件（ASCC）。UN/CEFACT把它定义为："一个核心构件，该构件定义了一个特定的、与另一个聚合核心构件（被称为关联聚合核心构件）相关联的聚合核心构件（被称为已关联的聚合核心构件）的角色。关联核心构件在功能上作为一个关联聚合核心构件的聚合核心构件特性。"下面举一个例子来帮助理解上述定义。图8－1给出了一个ASCC的示例。

图8－1给出了两个ACC，一个是"人员．细目"，另一个是"地址．细目"。每个ACC有许多特性（即：业务特性）。"人员．细目"ACC有4个特性，分别为"姓名"、"出生日期"、"居住地址"和"办公地址"。"地址．细目"ACC也有4个特性，分别为"街道"、"邮政编码"、"城镇"和"国家"。这些特性大多数是表示了单一的业务特性的BCC，它们的值用数据类型（DT）来定义。"姓名"、"街道"、"邮政编码"和"城镇"是"文本"数据类型，"出生日期"是"日期"数据类型，"国家"是"标识符或代码"数据类型。

除了上述特性外，ACC中的其他特性是ASCC。它们表示了复合业务特性，因此其结构由其他ACC来定义。"居住地址"和"办公地址"都是ASCC，其结构用"地址．

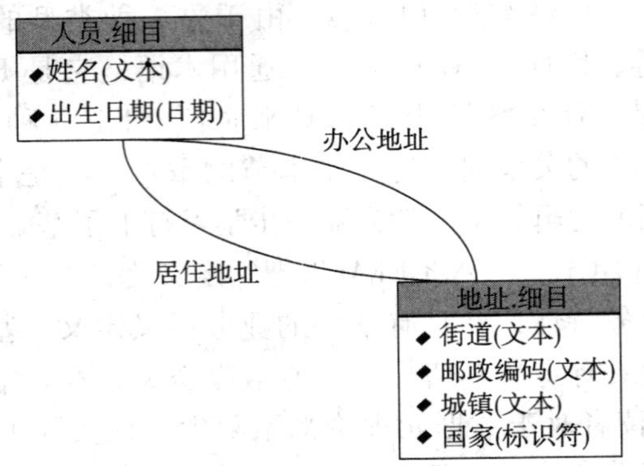

图 8－1　一个 ASCC 的示例

细目”来定义。因此，通过本示例导出下列 CC：

——人员．细目（ACC）；

——人员．姓名．文本（BCC）；

——人员．出生日期（BCC）；

——人员．居住地址（ASCC）；

——人员．办公地址（ASCC）；

——地址．细目（ACC）；

——地址．街道．文本（BCC）；

——地址．邮政编码．文本（BCC）；

——地址．城镇．文本（BCC）；

——地址．国家．标识符（BCC）。

通过上述例子看出 ASCC 本身也是一个 ACC，只是当它被另一个 ACC 关联时，功能上变成了一个 BCC。相当于 EDI 复合数据元理论中的一个成分数据元。

4. 核心构件类型（CCT）。UN/CEFACT 把它定义为：“由一个内容构件（有且仅有一个）和一个或多个辅助构件组成的一种核心构件，其中内容构件给出了实际内容，辅助构件对内容构件给出了实质性的补充定义。核心构件类型没有业务语义。”例如：对“金额．类型”这样的 CCT，比如其内容构件的值为“12”，“12”本身没有语义含义。但“12 欧元”就有含义了，此处，“欧元”是对内容构件进行附加定义的补充构件。

了解了上述 4 种 CC 之后，下面来看一下它们之间的逻辑关系。图 8－2 给出了 BCC、ACC、ASCC 以及 CCT 之间的逻辑关系。图的上半部分是没有业务语义的各种 CC，图的下半部分是有业务语义的各种 CC。

通过上面 4 种 CC 的定义和它们之间逻辑关系的描述，已经建立起了核心构件的概念和基本理论。由此也可以建立起由核心构件理论做支撑的基于 XML 进行数据交换的报文的数据结构。图 8－3 给出了基于 XML 电子商务的数据结构。

从图 8－3 中看出构成基于 XML 报文数据为结构化的数据，它分为 4 层，最底层为代码，然后是基本核心构件与关联核心构件，接着是聚合核心构件，最上层为报文。

也就是说基于XML报文由若干个ACC组成，ACC由BCC和ASCC组成，而对于代码型的BCC和ASCC可由代码表示。

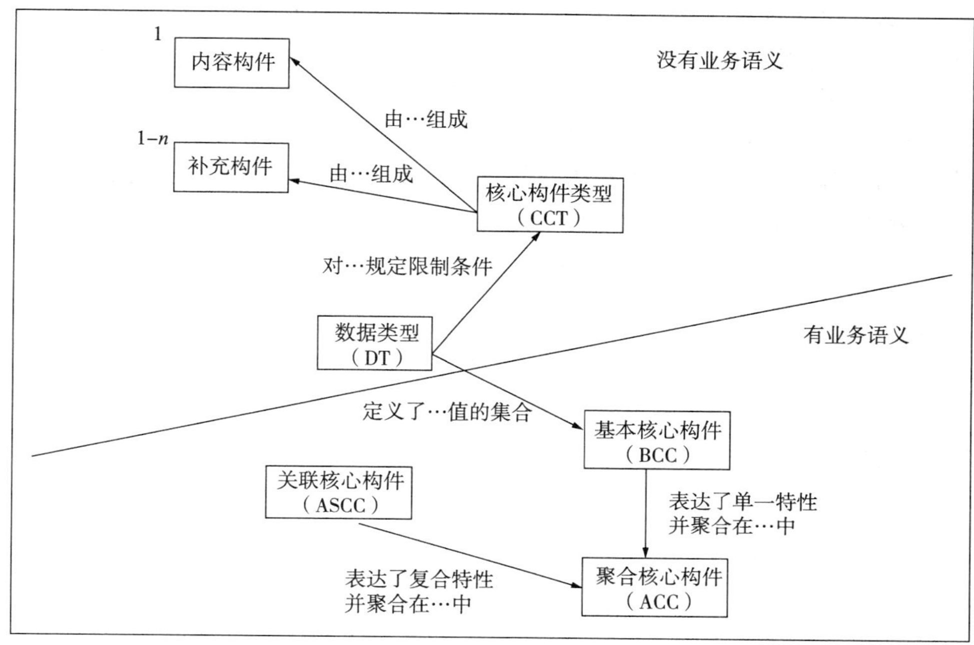

图8－2　BCC、ACC、ASCC以及CCT之间的关系

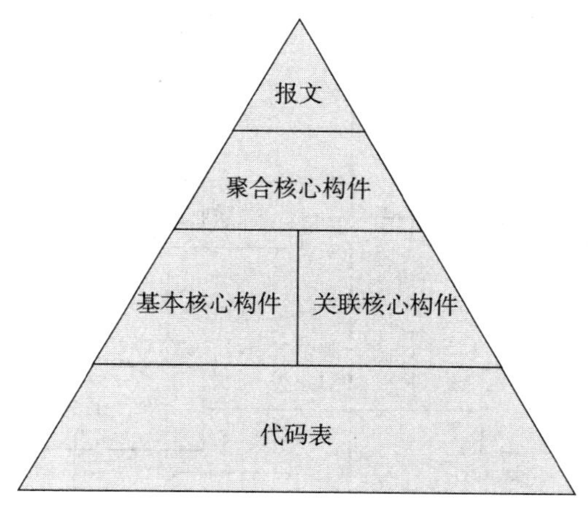

图8－3　基于XML电子商务的数据结构

8.1.2　业务信息实体（BIE）的基本概念

UN/CEFACT把业务信息实体（BIE）定义为：“核心构件在特定语境下的具体实现，构成具有唯一业务语境定义的一条或一组业务数据。”也就是说当在实际的业务环境中使用CC时，它就成为了BIE，BIE是CC用在特定业务语境中的结果。通过8.1.1的学习知道CC是一个通用术语，包括BCC、ASCC、ACC和CCT。同样，BIE也是一

个通用术语，它包括基本业务信息实体（BBIE）、聚合业务信息实体（ABIE）和关联业务信息实体（ASBIE）。

CC 与 BIE 之间的主要差异在于有无业务语境。业务语境是 CC 在特定的业务环境下使用时对其进行限定的机制。一旦标识出业务语境，就可以区分出 CC，从而考虑支持 CC 用在给定业务语境中时任何所需的限定条件和精练机制。“业务过程”语境从高层面上描述了报文及其内容的用法。CC 和 BIE 之间存在特定的关系，CC 和 BIE 在许多方面是互补的。CC 是创建可互操作的业务过程模型的关键所在，也是创建使用受控词表的业务文档的关键所在。图 8－4 给出了 CC 与 BIE 之间的关系。

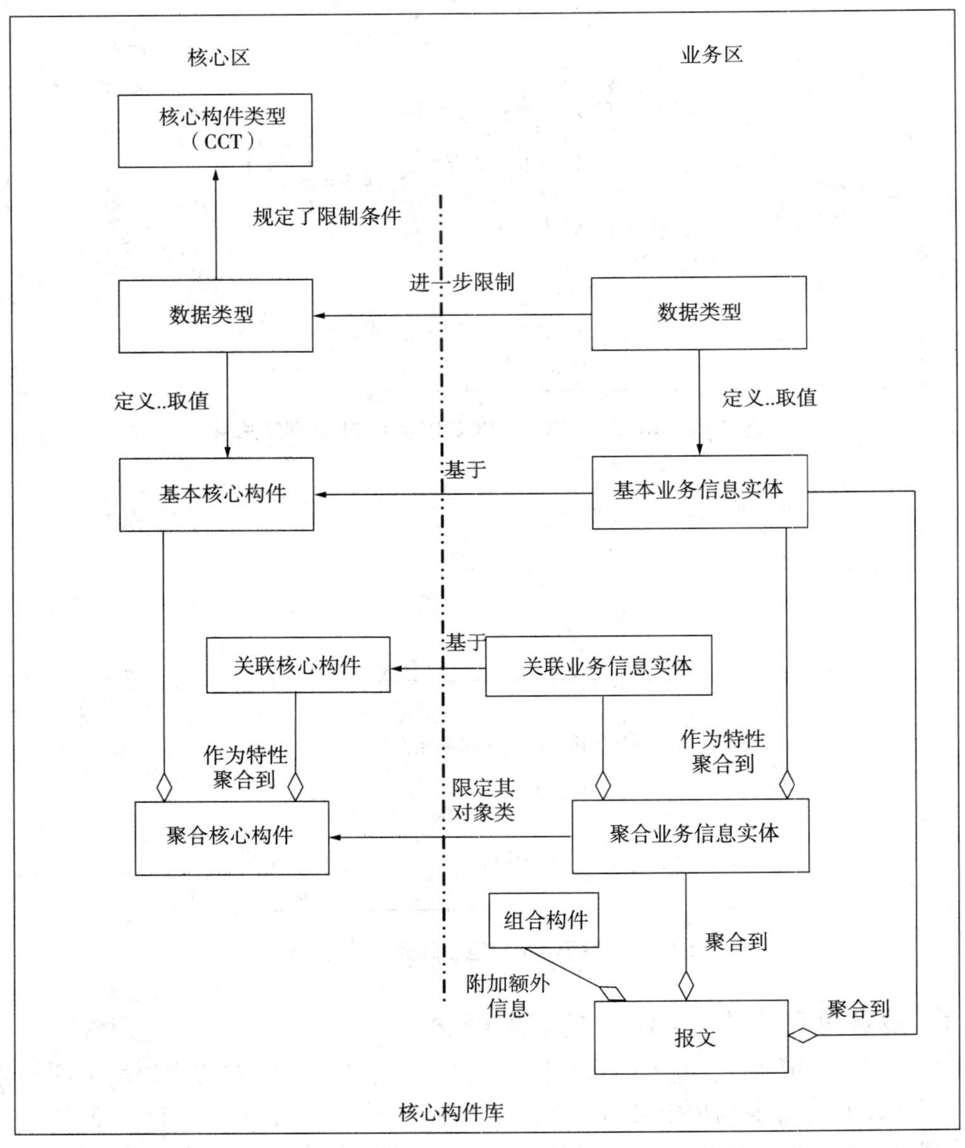

图 8－4　CC 与 BIE 之间的关系

BIE 分为三种不同类型，它们分别是基本业务信息实体（BBIE）、聚合业务信息实体（ABIE）和关联业务信息实体（ASBIE）。

1. 基本业务信息实体（BBIE）。UN/CEFACT 把它定义为：“一个业务信息实体，表示给定的业务语境中特定聚合业务信息实体的单一业务特性。基本业务信息实体基于基本核心构件，具有基本业务信息实体特性，该特性基于定义其值域的业务数据类型。”BBIE 是用在特定业务语境中的 BCC。

2. 聚合基本业务信息实体（ABIE）。UN/CEFACT 把它定义为：“由相互关联的若干条业务信息组成的集合，它表达了特定语境中清晰的业务含义。当采用建模语言来表述时，它表达了特定业务语境中的一个对象类。”ABIE 是用在特定业务语境中的 ACC。

3. 关联基本业务信息实体（ASBIE）。UN/CEFACT 把它定义为：“一个业务信息实体，该实体定义了一个特定的、与另一个聚合业务信息实体（被称为关联聚合业务信息实体）相关联的聚合业务信息实体（被称为已关联的聚合业务信息实体）的角色。关联业务信息实体在功能上作为一个关联聚合业务信息实体的聚合业务信息实体特性。”ASBIE 是用在特定业务语境中的 ASCC。图 8－5 给出了 ASBIE 的示例。

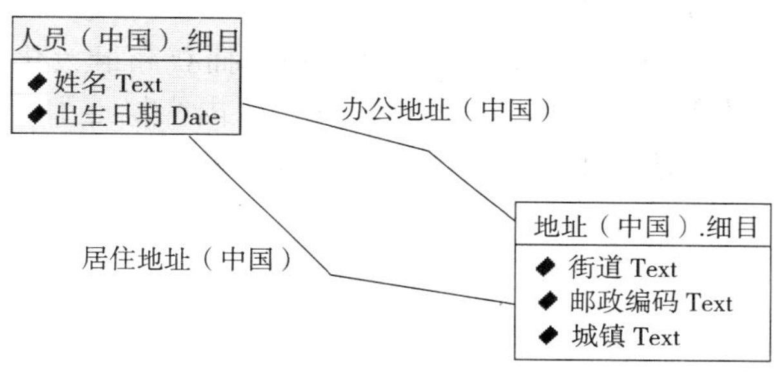

图 8－5 ASBIE 的示例

图 8－5 中给出 2 个 ABIE，它们是：“人员（中国）．细目”和“地址（中国）．细目”，每个 ABIE 都有一些特性（即：业务特征）。

“人员（中国）．细目”有 4 个特性，分别为“姓名”、“出生日期”、“居住地址（中国）”和“办公地址（中国）”。聚合业务信息实体“地址（中国）．细目”有 3 个特性，即：“街道”、“邮政编码”和“城镇”。

这些特性大多数是表示了单一的业务特性的 BBIE，它们的值用数据类型（DT）来定义。“姓名”、“街道”、“邮政编码”和“城镇”是“文本”数据类型，“出生日期”是“日期”数据类型。

除了上述特性外，ABIE 中的其他特性是 ASBIE。它们表示了复合业务特性，因此其结构由其他 ABIE 来定义。“居住地址（中国）”和“办公地址（中国）”都是 ASBIE，其结构用“地址（中国）．细目”来定义。

因此，通过本示例导出下列 BIE：

——人员（中国）．细目（ABIE）；

——人员（中国）．姓名．文本（BBIE）；

——人员（中国）．出生日期（BBIE）；

——人员（中国）．居住地址（中国）（ASBIE）；
——人员（中国）．办公地址（中国）（ASBIE）；
——地址（中国）．细目（ABIE）；
——地址（中国）．街道．文本（BBIE）；
——地址（中国）．邮政编码．文本（BBIE）；
——地址（中国）．城镇．文本（BBIE）。

只要 ABIE 的一个特性是复合特性，并且该特性具有另一个 ABIE 的结构时，就可以用 ASBIE 来表示该特性。ASBIE 以 ASCC 为基础，但存在于一个特定业务语境中。

通过上面 BIE 基本概念的学习，不难理解 BIE 的概念是建立在 CC 理论之上的，只要掌握了 CC 理论，掌握 BIE 就非常容易。

8.2　核心构件技术规范

传统上，业务数据交换的标准主要集中在静态信息的定义上，而这些静态信息的定义无法达到令人满意的互操作性和业务交易的灵活性。因此，需要一种更加灵活的、可互操作的业务语义标准化方法。

UN/CEFACT 核心构件技术规范给出一种标识、捕获和最大化重用业务信息的方法，支持和促进跨多业务情形的信息互操作。其主要内容规定了既满足人类可读又便于机器处理的信息表示方法。规范所述的核心构件方法使用语法中性的方式进行语义标准化，因此比该领域现有标准更灵活方便。

8.2.1　核心构件、数据类型和业务信息实体

本节定义了以下内容：

a）核心构件规则，它用大写字母 C 开始；
b）数据类型规则，它用大写字母 D 开始；
c）业务信息实体规则，它用大写字母 B 开始；
d）命名规则；
e）核心构件类型；
f）内容构件和补充构件；
g）表示词。

本节也规定了 CC、DT 和 BIE 之间的关系，并包括构建核心构件目录以及更大的核心构件库所需的详细技术内容。

8.2.1.1　核心构件规则

CC 有 4 种类型：BCC、ASCC、CCT 和 ACC，这四种类型的 CC 及其相互关系如图 8－6 所示。

UN/CEFACT 核心构件规则用方括号中加大写字母 C 表示。在发现和描述 4 种核心构件时，必须遵循以下通用规则：

【C1】在 CC 库中，每个 CCT、BCC、ASCC 或 ACC 必须有唯一的语义定义。应首先开发 CC 的定义，然后从定义中提取出 CC 的字典条目名称。为了进一步说明该定义，可以使用注释，或在注释中给出实例和/或引用一个公认的标准。

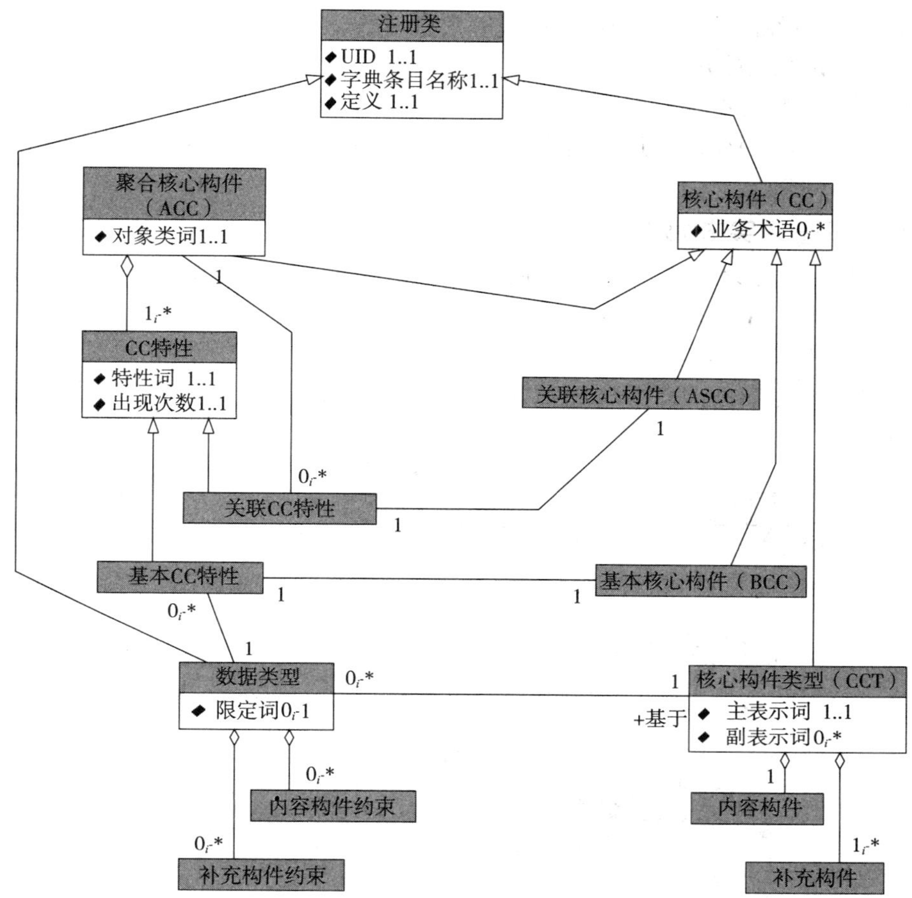

图 8－6 核心构件和数据类型元模型

【C2】所有包含在 ACC 中的核心构件特性应与聚合概念有关。

【C3】包含在同一个 ACC 中的所有核心构件特性不应出现语义重叠。

【C4】对于一个核心构件类型为“代码．类型”的 CC，其信息的表示应使用由公认的标准机构发布的标准。如果不使用这些标准，则应给出业务方面的正当理由。

【C5】ACC 应至少包括一个核心构件特性。核心构件特性可以是基本核心构件特性，也可以是关联核心构件特性。

【C6】ACC 不应间接或在任何嵌套层上包括任何一个引用其自身的必备型 ASCC 特性。

【C7】CCT 应是已批准的 CCT。

【C8】内容构件应是已批准的、CCT 的内容构件。

【C9】补充构件应是已批准的、CCT 的补充构件。

8.2.1.2 数据类型规则

数据类型（DT）规定了用于特定 BCC 特性或 BBIE 特性的有效值的集合，DT 通过对 CCT 规定约束条件来定义。

DT 表示了可用来表达特定 CC 特性的全部值的范围，DT 必须以 CCT 为基础，但还可以包括 CCT 内容构件和/或补充构件值的集合的约束条件。UN/CEFACT 数据类型规则用方括号中加大写字母 D 表示。

【D1】DT 应以已批准的 CCT 为基础。

【D2】必要时，DT 应通过对内容构件和/或补充构件强加约束条件，来限定 CCT 所允许的有效值集合。

8.2.1.3　业务信息实体规则

BIE 是特定业务语境中带有唯一业务语义定义的一条业务数据或一组业务数据。BIE 可以是 BBIE、ASBIE 或 ABIE。其中，BBIE 以 BCC 为基础，ASBIE 以 ASCC 为基础，ABIE 是 ACC 在特定业务语境中的重用。

BIE 的基本定义模型见图 8－7。UN/CEFACT 业务信息实体规则用方括号中加大写字母 B 表示。

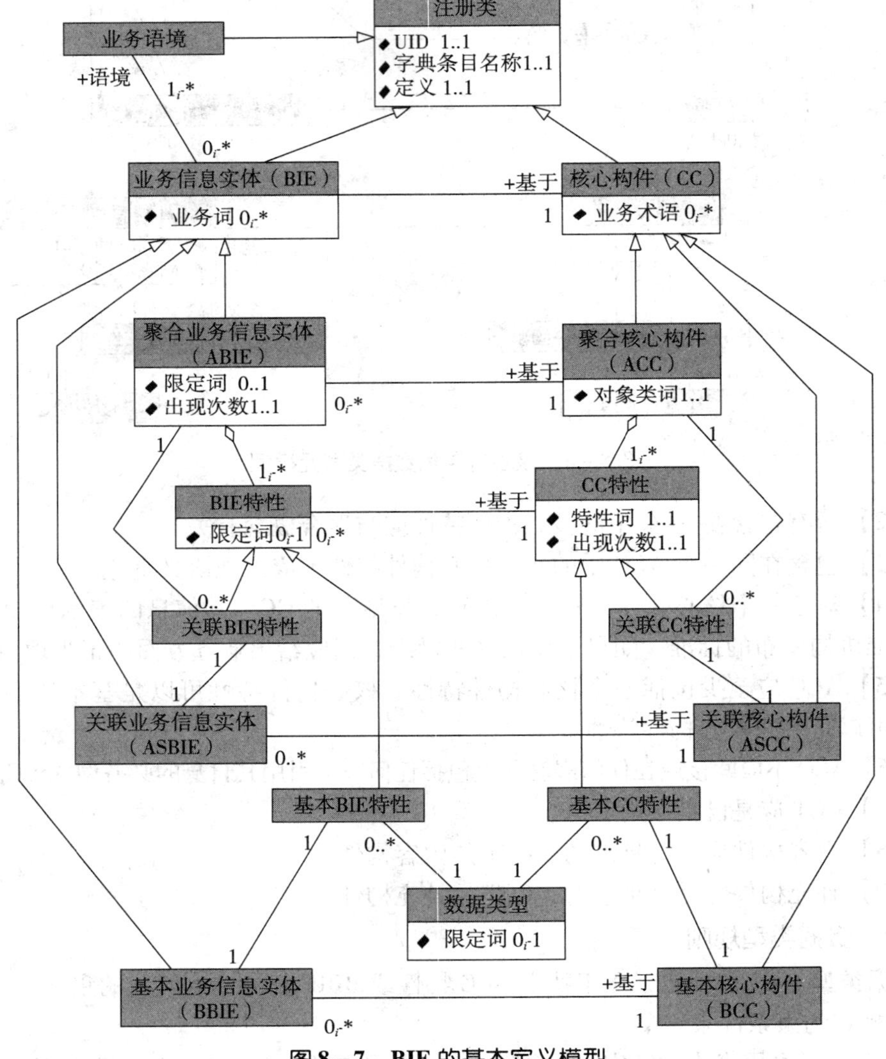

图 8－7　BIE 的基本定义模型

【B1】BIE 应是 BBIE、ASBIE 或 ABIE。

【B2】BIE 应由一个或多个业务语境来定义。

【B3】BBIE 应以 BCC 为基础。

【B4】ASBIE 应以 ASCC 为基础。

【B5】ABIE 应以 ACC 为基础。

【B6】ABIE 应至少包括一个 BIE 特性。BIE 特性可以是 BBIE 特性，也可以是 ASBIE 特性。

【B7】ABIE 的 BIE 特性应以对应的 ACC 的 CC 特性为基础。

【B8】BBIE 特性的 DT 应与相应的 BCC 特性的 DT 是相似的（即：BBIE 特性的 DT 应是与 BCC 特性相同的 DT，或是进一步进行了限定的 DT）。

【B9】ABIE（ASBIE 特性以该 ABIE 为基础）应以相应的 ACC（与 ASBIE 相应的 ASCC 特性以该 ACC 为基础）为基础。

【B10】ABIEA 不应直接或在任何嵌套层上包括任何一个引用其自身的必备型 ASBIE 特性。

8.2.1.4 命名规则

为了获得在命名和定义 CC、DT 以及 BIE 时的一致性，有必要形成一种命名规则。命名和定义的一致性有利于在发现和分析过程中进行对照并排除歧义（例如：具有不同名称的多种 CC 却有相同的语义含义）。

命名规则根据 GB/T 18391.5 所描述的准则和原则而得出。在某些情况下，这些准则已经应用到 CC 中。特别地，该准则已经扩展到 CCT、DT 和 BIE 的命名和定义中。

应开发补充的受控词表对任何可能存在歧义的词给予明确定义。一旦多个词可以表达相同的定义时，该受控词表也可用来确定优选词。受控词表应出自权威字典，这将确保名称和定义中的每个词都以一致的和明确的方式使用。这种合成的语义完整性也意味着翻译为其他语言时还能保持其原有的准确含义。

8.2.1.4.1 CC 命名规则

1. CC 字典信息

a）每个 CC 均包括下列字典信息：

1）字典条目名称（必备型）：CC 在字典中唯一的正式名称。

2）定义（必备型）：CC 的唯一业务语义。

3）业务术语（可选型）：通常在业务中使用的 CC 的同义词。一个 CC 可以有几个业务术语或同义词。

b）CC 字典信息示例如下：

1）字典条目名称：个人．税．标识符

2）定义：个人在国家注册的纳税标识。

3）业务术语：公民身份号码、所得税号、国家注册号、个人税注册号、社会保障号、国家保险号。

c）CC 字典条目名称的命名：

CC 字典条目名称的命名规则以 GB/T18391 中定义的下列概念为基础。

1）对象类：表达特性所属的逻辑数据组或聚合体（在逻辑数据模型中）。对象类由对象类词来表示。因此，对象类是 CC 字典条目名称的一个组成部分，表达了特定语境中的活动或对象。对象类有清晰的边界和含义，并且其特性和行为遵循同样的规则。

2）特性词：表达对象类的显著特征，并在定义中自然体现。

3）表示词：CC 名称的一个元素，描述了 CC 的表达形式。

2. CC 通用规则

【C10】除业务术语外，字典内容都应使用现行的权威字典，以确保书写正确。

3. CC 定义的规则

【C11】定义应与 GB/T 18391. 4—2009 第 4 章中的规定保持一致，并具有可理解的含义。

【C12】定义应使用尽可能简洁的语句和规范的词语。如果出现同义词，定义应使用受控词表中的优选词条。

【C13】BCC 定义所使用的结构应以对象类词、特性词和相应 BCC 特性的 DT 为基础。

【C14】ASCC 定义所使用的结构应以对象类词、特性词和相应 ASCC 特性所基于的 ACC 对象类词为基础。

4. CC 字典条目名称的规则

【C16】字典条目名称应是唯一的。

【C17】字典条目名称应从 CC 定义中得出。

【C18】字典条目名称应是简洁的，不应包含冗余词。

【C20】除非是语言规则的需要，否则字典条目名称不应使用非文字字符。不应使用数字表示顺序。

【C21】字典条目名称应只包括动词、名词和形容词（即：没有像“和”、“的”等的词）。本规则适用于汉语，适当时也可用于其他语言。

【C22】字典条目名称中的缩略语和简称应在定义中展开或进行解释。

【C23】BCC 的字典条目名称应由下列部分按顺序组成：

——BCC 特性所属的 ACC 的对象类词；

——相应的 BCC 特性的特性词；

——相应的 BCC 特性所基于的 DT 的表示词。

【C24】ASCC 的字典条目名称应由下列部分按顺序组成：

——ASCC 特性所属的 ACC 的对象类词；

——相应的 ASCC 特性的特性词；

——相应的 ASCC 特性所基于的 ACC 的对象类词。

【C25】字典条目名称的各组成部分应用点“.”分隔开。

【C26】对象类的名称在整个字典中应有相同的语义含义，并可以由多个词组成。

【C27】特性词的名称应自然出现在定义中并可由多个词组成。一个特性词的名称在同一个对象类中应是唯一的，但可以在不同的对象类中重用。

【C28】对 BCC 和 ASCC，如果特性词与字典条目名称的表示词相同，应从字典条目名称中删除特性词中的冗余词。

【C30】CCT 的字典条目名称应由一个表示词，后接“.”和“类型”组成。

【C31】在 CCT 的字典条目名称中，表示词的名称应从中所列出的主表示词中选择。

【C32】ACC 的字典条目名称应由一个有含义的对象类词，后接“.”和“细目”组成。对象类词可由多个词组成。

5. CC 业务术语的规则

CC 业务术语是在特定领域日常信息交换中的常用词。因此，没有特定的命名规则适用于业务术语。业务术语的互操作性应通过将它们对应到 CC 字典条目上来实现。

8.2.1.4.2 BIE 命名规则

1. BIE 字典信息

a）每个 BIE 均包括下列字典信息：

1）字典条目名称（必备型）：BIE 在字典中唯一的正式名称。

2）定义（必备型）：BIE 的唯一业务语义。

3）业务术语（可选型）：通常在特定语境业务中使用的 BIE 的同义词。一个 BIE 可以有几个业务术语或同义词。

b）BIE 字典条目名称的命名：

BIE 字典条目名称的命名规则以 GB/T 18391 中定义的下列概念为基础。

1）对象类：表达特性所属的逻辑数据组或聚合体（在逻辑数据模型中）。对象类由对象类词来表示。因此，对象类是 BIE 字典条目名称的一个组成部分，表达了特定语境中的活动或对象。对象类有清晰的边界和含义，并且其特性和行为遵循同样的规则。

2）特性词：表达对象类的显著特征，并在定义中自然体现。

3）表示词：BIE 名称的一个元素，描述了 BIE 的表达形式。

4）限定词：有助于将 BIE 和与其相关的 CC 以及其他 BIE 区分开来的一个或多个词。

2. BIE 通用规则

【B11】除业务术语外，字典内容都应使用现行的权威字典，以确保书写正确。

3. BIE 定义的规则

【B12】定义应与 GB/T 18391.4—2009 第 4 章中的规定保持一致，并具有可理解的含义。

【B13】定义应使用尽可能简洁的语句和规范的词语。如果出现同义词，定义应使用受控词表中的优选词条。

【B14】BBIE 定义所使用的结构应以对象类词、特性词和表示词为基础，并由限定词来限定。

【B15】ASBIE 定义所使用的结构应以对象类词、特性词和相应 ASBIE 特性所基于的 ABIE 对象类词为基础，并由限定词来限定。

4. BIE 字典条目名称的规则

【B17】字典条目名称应是唯一的。

【B18】字典条目名称应从 BIE 定义中得出。

【B19】字典条目名称应是简洁的，不应包含冗余词。

【B21】除非是语言规则的需要，否则字典条目名称不应使用非文字字符。不应使用数字表示顺序。

【B22】字典条目名称应只包括动词、名词和形容词（即：没有像“和”、“的”等的词）。本规则适用于汉语，适当时也可用于其他语言。

【B23】字典条目名称中的缩略语和简称应在定义中展开或进行解释。

【B24】BBIE 的字典条目名称应由下列部分按顺序组成：

——相应的 BCC 的对象类词，允许有一个或多个限定词；

——相应的 BCC 的特性词，允许有一个或多个限定词；

——相应的 BBIE 特性所基于的 DT 的表示词。

【B25】ASBIE 的字典条目名称应由下列部分按顺序组成：

——相应的 ASCC 的对象类词，允许有一个或多个限定词；

——相应的 ASCC 的特性词，允许有一个或多个限定词；

——相应的 ASBIE 特性所基于的 ASBIE 的对象类词。

【B26】字典条目名称的各组成部分应用点“.”分隔开。

【B27】限定词置于所限定的对象类词或特性词之前。当有多个限定词时，不能因为限定词的排列顺序不同而产生不同的字典条目名称。

【B28】被限定的对象类名称是指一种语境中的活动或对象。它在整个字典中应是唯一的，并可以由多个词组成。

【B29】对 BBIE 和 ASBIE，如果特性词与字典条目名称的表示词相同，并且该特性词没有被限定，则应从字典条目名称中删除该特性词。

【B30】ABIE 的字典条目名称应由与其对应的 ACC 的对象类词组成，允许有一个或多个限定词表达它的特定业务语境，后接“.”和“细目”。

5. BIE 业务术语规则

BIE 业务术语是在特定领域日常信息交换中的常用词。因此，没有特定的命名规则适用于业务术语。业务术语的互操作性应通过将它们对应到相应的 BIE 字典条目名称来实现。

8.2.1.4.3　数据类型规则

1. DT 字典信息

a）每个 DT 均包括下列字典信息：

1）字典条目名称（必备型）：DT 在字典中唯一的正式名称；

2）定义（必备型）：DT 的唯一业务语义。

b）DT 的命名规则以 GB/T 18391 中定义的下列概念为基础：

1）表示词：定义了信息实体有效值的类型；

2）限定词：有助于将 DT 和与其相关的 CCT 以及其他 DT 区分开来的一个或多

个词。

2. DT 通用规则

【D3】字典内容应使用现行的权威字典，以确保书写正确。

3. DT 定义的规则

【D4】定义应与 GB/T 18391.4—2009 第 4 章中的规定保持一致，并具有可理解的含义。

【D5】定义应使用尽可能简洁的语句和规范的词语。如果出现同义词，定义应使用受控词表中的优选词条。

【D6】DT 定义所使用的结构应以对应的 CCT 的主表示词和副表示词为基础，并由限定词来限定。

4. DT 字典条目名称的规则

【D8】字典条目名称应是唯一的。

【D9】字典条目名称应从 DT 定义中得出。

【D10】字典条目名称应是简洁的，不应包含冗余词。

【D11】除非是语言规则的需要，否则字典条目名称不应使用非文字字符。不应使用数字表示顺序。

【D12】字典条目名称应只包括动词、名词和形容词（即：没有像“和”、“的”等的词）。本规则适用于汉语，适当时也可用于其他语言。

【D13】字典条目名称中的缩略语和简称应在定义中展开或进行解释。

【D14】DT 的字典条目名称应由一个表示词（必要时在前面加限定词），后接“.”和“类型”组成。

【D15】在 DT 的字典条目名称中，表示词应是本部分列出的允许使用的主表示词或副表示词。

5. 许可的表示词表

表示词是 CC 名称的组成部分，它描述了业务信息（表示为数据项形式）的有效值的形式。

例如，所有表示货币金额的 BCC 都应命名为［名称］.［限定词］金额。此处，［名称］表示通用的“金额”类，［限定词］规定了可能值的限制条件，“金额”是表示词。表 8－1 列出了允许使用的表示词。

【C33】当表示词包含多个词，但具体使用该表示词仅需一个词时，表示词中的其他词可以省略。

8.2.1.5 CC 目录

所有的 CC 都应记录在符合 XML 的注册系统中，并存储在相关的存储库中。然而，中小企业可能很难访问这种注册系统，因此，以一种可自由获取的目录形式将所有 CC 发布出来是非常重要的，该目录必须表达出每个 CC 的完整信息，这些 CC 与作为 UML 对象存储在注册系统/存储库中的 CC 应保持一致。

表 8－1 给出了目录的规范格式。

该目录是 CC 库的一部分，CC 库应由以下部分组成：

——CCT 和 DT；

——CC 目录，包括 BCC、ASCC 和 ACC；

——BIE 目录。

表 8－1　CC 目录规范格式示例

标识符	字典条目名称	CC 的类型（BCC、ASCC、ACC）	定义	注释	对象类词	特性词	类型（DT 或对象类词）	业务术语	CC 特性
000024	地址．类型．代码	BCC	地址的类型	如：办公地址或家庭地址。不是地址的功能	地址	类型	代码		
000147	基准费用价格．量	BCC	费用/价格单位金额的基准量	例如：$5/天，10 天的费用，费用基准量为 1 天	基准费用价格	量	量		
000139	基准．货币．标识符	BCC	兑换汇率的“一个单位”的那一方的货币	基准货币金额除以汇率得出第二种货币金额	基准	货币	标识符		
000012	出生．日期	BCC	个人出生的日期	仅适用于参与方是自然人的情况	出生	日期	日期时间		

8.2.2　语境

本节完整地描述了在 CC 发现、分析中使用语境的一些规则，并且包括了语境类目和语境值以及约束语言。

特定的贸易伙伴之间无论何时开展业务合作，总会以业务报文的形式交换数据，此时，数据总是存在于特定的业务语境中，这就是 XML 中语境思想的来源。业务合作发生的语境可以通过一套目录和目录值来规定。

CC 由于没有具体的应用环境，所以没有语境。语境机制为在业务过程中使用的 CC 提供了完整的语义限定。图 8－8 说明了约束语言如何将业务语境类目和特定的业务语境用于 CC 来开发 BIE。限定就等同于 UML 中所定义的“特化”。限定将语义的概念限制到更具体的范围。被限定的 BIE 结构可能是它们所基于的 BIE（未限定）或 CC 的结构的子集（但永远不是超集）。这意味着值的范围有可能被限制，构件可能被删除或它们的重复次数减少，状态从“可选”变为“必备”。由此过程所产生的 BIE 可以表示为模型，然后，以该模型为基础并与根据相应的语法来设计业务报文（EDI 报文实施指南，XML schema 等）。

以下各条进一步描述了语境类目和约束语言。图 8 -8 给出了语境机制的实施。

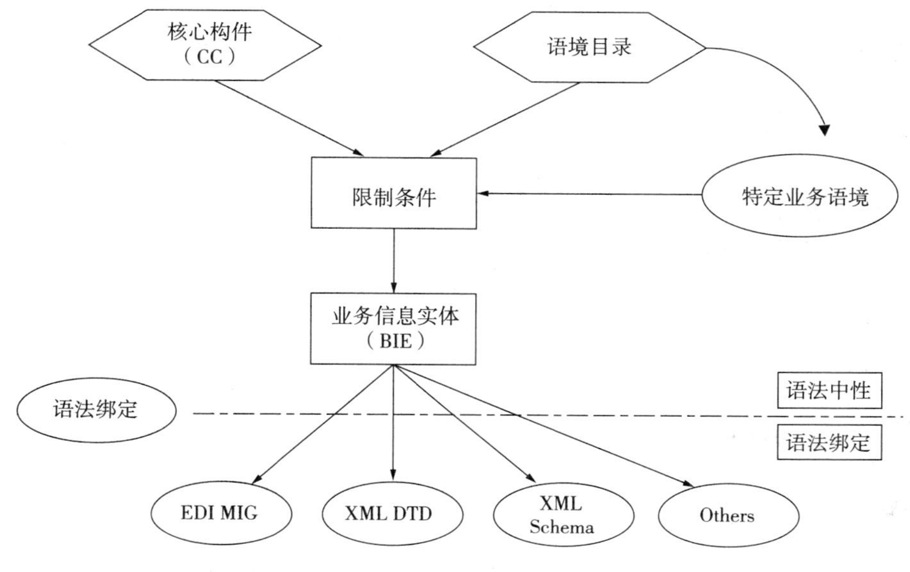

图 8 -8　语境机制的实施

8.2.2.1　语境类目

语境类目允许用户唯一标识和区分不同的业务语境。表 8 -2 规定了 8 个语境类目。除非另有说明，否则每个目录都使用标准分类法给出目录值，因此约束规则和 BIE 就同一系列标识和区分语境的具体的标准分类法联系在一起。

约束语言用来表达特定业务语境之间的关系，以及如何将语义应用到 CC 而产生 BIE。该语言包括两个功能：

——大聚合体（文档）的组合。约束语言描述了如何进行组合，而不描述业务文档组合的设计或设计原则。设计原则见报文组合补充文件。

——对组合的适当限制。限制既是具体业务过程语义的补充，也是语义模型的限制。

这种功能的划分有利于实施（它可以简化处理工具的开发），也有助于标准报文的开发（这些标准可以由特定的用户进行限定，类似于 EDI 标准和报文实施指南的关系）。

例如，约束语言可以使用简单命令来指出如何使用 CC，如何在特定的应用中命名它们，以及必要时如何限制它们的状态。此外，它还可以表达出条件型关系。特定的语境值或语境值的集合可以作用于 CC，以产生 BIE。

“约束语言”可以表达——如果“地理政治语境”是“亚洲”，则使用核心构件“名称地址”及其规则，来规定其正确的名称、状态和字段排列。如果在中国开展业务过程，则该过程的特定语境值会触发该规则，来生成一套适当的业务语义（BIE）。

8.2.2.2　语法绑定

以标准形式表示的 BIE 是一个模型，该模型与任何特定的语法都没有具体关系。通过绑定，一个给定的 BIE 可以用任何一种语法形式表示。这个过程叫做语法绑定过程，并独立于（没有关系）一种特定的语法。语法绑定过程没有改变 BIE 的语义，但仅仅是将 BIE 用在特定语法的文档中。语法绑定可以用一套算法（规则）来表达。

【B31】语法绑定不应改变 BIE 的语义。

表 8－2 包括 8 个批准的语境类目。

【C34】当描述一个特定的业务语境时，为了用一种明确的、形式化的方式描述业务情形，就应给每个被批准的语境赋予一个值或值的集合。

表 8－2　批准的语境类目

语境类目	描述
业务过程	业务过程的名称，可使用 UN/CEFACT《通用业务过程目录》中的业务过程，也可以由用户扩展
产品分类	被交换、被处理或被支付的货物或服务，也是影响语义的因素。（例如：与购买材料相对应的购买咨询服务）
行业分类	与贸易伙伴的行业有关的语义影响。（如：用在不同行业的产品标识方案）
地理政治	影响业务语义的地理因素。（如：地址的结构）
官方限制	法律上和政府层面对语义的影响。（如：当运送货物时，法律要求标识出危险品信息）
业务过程角色	操作某一特定业务过程的行为者，见 UN/CEFACT《通用业务过程目录》
支撑角色	非伙伴角色方面的语义影响。（如：在从卖方到买方的订单响应中第三方托运人所需的数据）
系统能力	反映系统的一些限制。（如：一个现有的后台系统只能支持某种形式的地址）

8.2.2.3　业务过程语境

在描述一个业务情形时，一般最重要的方面是哪个业务活动正在进行。业务过程语境提供了一种清晰标识业务活动的方法。为了确保与业务过程活动的一致性，使用通用的参照系非常重要。国际标准确定的参照系是 UN/CEFACT 的《通用业务过程目录》。

【C35】业务过程语境的值应来自标准的、具有层次结构的分类法，比如 UN/CEFACT《通用业务过程目录》。

【C36】可以将业务过程语境值表达为一个单一的业务过程，或一个业务过程的集合。

【C37】业务过程语境值可以从 UN/CEFACT“通用业务过程目录”中所描述的业务过程的扩展中提取。

【C38】当使用业务过程扩展时，应包括每个值的全部信息，每个值都足够清晰地标识出哪个扩展是所使用的值。

8.2.2.4 产品分类语境

产品分类语境描述的是业务情形中与所交换、所处理、所关心的产品或服务有关的方面。目前已经有公认的代码表可以为产品分类语境提供权威的分类。

【C39】产品分类语境可以使用单一值或值的集合。

【C40】如果产品分类语境使用一个有层次的分类体系，则可以使用层次体系中的任意层。

【C41】如果使用多个分类体系，则应通过一个附加的值来说明是哪个分类方案提供了产品分类值。

【C42】产品分类语境代码值应使用公认的代码表。这些代码表包括：

联合国标准产品和服务代码（UNSPSC）

——管理者：电子商务代码管理协会（ECCMA）

国际贸易标准分类（SITC 第 3 次修订版）

——管理者：联合国统计署（UNSD）

商品名称及编码协调制度（HS）

——管理者：世界海关组织（WCO）

服务于家庭经济的非盈利性机构的目的分类（COPI）

——管理者：UNSD（在前 3 个之间提供了一种映射）

8.2.2.5 行业分类语境

行业分类语境对业务过程发生的行业或子行业进行了描述。

【C43】一个行业分类语境可包含层次体系中任何层上的一个单一值或一组值。

【C44】行业分类语境值的层次必须被标识出来。

【C45】行业分类语境代码值应使用公认的代码表，包括：

国际标准行业分类（ISIC）

——管理者：UNSD

联合国标准产品和服务代码（UNSPSC）中的“段”（即第 1 位和第 2 位）可用来标识行业

——管理者：ECCMA

8.2.2.6 地理政治语境

地理政治语境用来描述业务语境中与区域、国家或地理上的文化因素有关的方面。

【C46】地理政治语境应由合适的洲、经济区域、国家和地区标识符组成。

【C47】在一个业务报文或构件中，地理政治语境可包括一个或多个值。

【C48】地理政治语境应使用以下层次结构：

全球

　　[洲]

　　　[经济区域]

　　　　　[国家] – GB/T 2659

　　　　　　[地区] – GB/T 2659

【C49】地理政治语境值可以是层次体系中任何层上的一个单一值，一个有名称的聚合体，或跨边界值。

【C50】地理政治语境层次值应按以下规则结构化：

——单一值：根据其在层次结构中的位置，分别表示一个洲、经济地区、国家或地区。

——有名称的聚合体：有关联的一组值（其中的值可以是单一值、有名称的聚合体或一对跨边界值），这些值相互关联并被指定了一个名称。一个有名称的聚合体至少包括 2 个值。

——跨边界值：标出“从…、到…或双向”的一对或多对值，显示出跨边界的方向。该值可以被指定为有名称的聚合体，也可以被指定为单一值。

【C51】地理政治语境层次体系中的任何点应通过节点值、或全局或局部路径来规定。

【C52】当使用复杂结构时，应使用地理政治语境层次体系中的全局路径来理解该层次体系。

【C53】除非另有说明，地理政治语境层次体系中的某个层应被理解为继承了其特定层次路径中的所有特性。

【C54】地理政治语境值应使用 GB/T 2659 中规定的值。

8.2.2.7　官方限制语境

官方限制语境类描述了业务情形中根据法律或法规要求所产生的方面和相似的官方目录。该目录包括两部分内容：

——法律和法规。这些通常是单边的，比如海关法。

——惯例和条约。这些通常是双边或多边的协议，因而不同于法律和法规方面的限制。

【C55】官方限制语境应至少包括两个值：

——用来确定语境值的法律或其他分类的标识。

——官方限制自身的标识。根据所参考的官方限制体系，这些值可以表示一个层次结构。

由于没有一个全球公认的官方限制语境分类体系，任何实施方案必须要提供一套经认可的官方限制分类方案，以便在 CC 注册实施过程中使用。

【C56】个别的 CC 实施应注册到已使用的官方限制分类方案上，该分类方案带有合适的支持 CC 注册的实施过程。

8.2.2.8　业务过程角色语境

业务过程角色语境描述了业务情形中与业务过程中的一个或若干个扮演者有关的内容，其值应从 UN/CEFACT《通用业务过程目录》中所列出的角色值集合中选取。一个业务过程角色语境就是通过使用该集合中的一个值或一系列值来规定的。

【C57】业务过程角色语境值应从一个正在使用的业务过程模型库中所包括的角色列表中选取。

【C58】UN/CEFACT《通用业务过程目录》可以视为所有 UN/CEFACT 中的 BIE 的业务过程角色语境值的权威出处。

8.2.2.9 支撑角色语境

支撑角色语境用于标识那些在所开展的业务过程中不是起主要作用的参与方，而是有利害关系的参与方。支撑角色语境可使用一个标准化分类方案中的一个值或一系列值来规定。

【C59】支撑角色语境值应从 UN/EDIFACT 的数据元 3035 “参与方限定符” 使用的代码表中选取。

8.2.2.10 系统能力语境

系统能力语境标识了业务情形中的一个系统、一类系统或一类标准。系统能力语境应至少包括一对值：所使用的分类方案的标识和方案中的某个值。系统能力语境可以包括多对这样的值。

【C60】系统能力语境值应由一对或多对值组成。每对值应包括所参考的分类模方案的标识和方案中的值。

1. 语境值

特定的业务语境通过使用一套语境值来进行形式化描述。每个语境类目必须要有一个有效值，即使该值是“所有语境”或是“无”。比如，某些情况下可以没有官方限制，因此官方限制语境可以填“无”。

【C61】除官方限制语境外，值“所有语境”对每个语境类目都是一个有效值。

【C62】值“无”是官方限制语境的一个有效值。

2. CC 语境约束语言

CC 语境约束语言由一套结构组成（见表 8－3），该结构允许用户表达特定业务情形之间的关系，并可以表达在业务情形中所使用的数据的具体结构和含义。

约束语言针对的是语境类目中所描述的特定语境，并使用 UID（唯一标识符）来引用 CC 语义模型。将 CC 用于特定业务语境而产生 BIE 的约束是通用约束语言来表达的。

【C63】CC 语境约束语言用来描述那些施加到 CC 上来开发 BIE 的约束条件。

一个组合体是一套组合规则的全面表达，它将一系列未限定的 BIE 聚合成为一个大的结构。当作用于组合前的标准文档集时，对用户来说就不必创建“组合”限制。

【C64】组合体是任何一套组合规则的顶层结构。

语境规则结构是将语境用于 CC 的一套规则的完整表达。语境规则将所有的语义和结构限制施加到 CC 上从而产生 BIE。

该机制支持规定子 CC 的状态、增加和减少子 CC、重新命名子 CC、或为 CC 在特定语境下生成的 BIE 赋予名称、或对 ABIE 增加结构以生成新的 ABIE。

【C65】一套语境规则应使用语境规则表达式来描述。

表 8－3　CC 语境约束语言

结构	结构的组成	描述
Assembly（组合体）		一个 Assembly 应至少包括一个 Assemble，一个可选的“@ ID”或“@ idref”，以及一个可选的“@ version” 注：一个 Assembly 是一套组合规则的顶层结构
	Assemble	被组合起来要形成 BIE 的 CC 列表
	@ ID	一个 Assembly 的 ID
	@ idref	对一个 Assembly ID 的引用
	@ version	组合规则文档的版本
Assemble（组件）		一个 Assemble 包括至少一个 CreateBIE 或一个 CreateGroup，一个可选的“@ ID”或“@ idref”，以及一个“@ name”
	CreateBIE	CC 的列表
	CreateGroup	创建一组 BIE
	@ name	被组合的最高一层 BIE 的名称
	@ ID	一个 Assemble 的 ID
	@ idref	对一个 Assemble ID 的引用
CreateGroup（创建组）		一个 CreateGroup 中至少包括一个 CreateGroup，或一个 CreateBIE，或一个 UseBIE，或一个 Annotation，一个可选的“@ ID”或“@ idref”，以及“@ type”
	@ type	被创建的组的类型（其值只能是“sequence”（序列）和“choice”（选择））
	@ ID	一个 CreateGroup 的 ID
	@ idref	对一个 CreateGroup ID 的引用
	CreateGroup	创建一组 BIE
	CreateBIE	创建一个 BIE
	UseBIE	从创建的子 BIE 中选择使用一个有名称的 BIE
	Annotation	插入注释
CreateBIE		一个 CreateBIE 规则包括一个可选的名称，后接一个可选的 Type、后接一个 MinOccurs、后接一个 MaxOccurs、后接零个或多个 CreateGroup 或 Rename、或 UseBIE、或 Condition 或 Annotation，一个可选的“@ ID”或“@ idref”，和一个可选的“@ location”
	Type	被创建 BIE 的类型（即对 CC 的引用）
	MinOccurs	被创建 BIE 的最小出现次数

续表 8－3

结构	结构的组成	描述
	MaxOccurs	被创建 BIE 的最大出现次数
	@ ID	被创建 BIE 的 ID
	@ idref	对另一个被创建 BIE 的引用
	Name	被组合的 BIE 的名称
	@ location	被组合的 BIE 的位置（即向注册系统的查询）
	Rename	重新命名被创建 BIE 的子 BIE
	Condition	规则的适用条件
	Annotation	插入一个注释
Name（名称）		名称中只能包括一个字符串
Type（类型）		类型中只能包括一个字符串。根据其所使用的场合，它描述了表示类或核心构件的类型
Rename（重命名）		Rename 规则可包括一个可选的“@ ID”或“@ idref”，和一个“@ from”和一个“@ to”
	@ ID	Rename 规则的 ID
	@ idref	引用另一个 Rename 规则的 ID
	@ from	被重新命名的子 BIE 原来的名称
	@ to	被重新命名的子 BIE 的新名称
ContextRules（语境规则）		ContextRules 包括一个或多个规则 注：ContextRules 是一套语境规则中的最顶层结构
	Rule	所用到的限制和限定规则的列表
	@ ID	ContextRules 的 ID
	@ idref	对另一个 ContextRules ID 的引用
	@ version	ContextRules 文档的版本号
Rule（规则）		一个 Rule 包括一个或多个分类法，后接一个或多个 Condition，以及一个“@ apply”，和一个可选的“@ order”
	@ apply	参见后面注释
	Condition	执行规则的条件
	@ order	定义执行规则的顺序。具有一个较小值的规则首先被应用
	Taxonomy	用在分层条件的规则中的分类列表
Taxonomy（分类法）		一个 Taxonomy 包括一个“@ context”和一个“@ ref”，和一个可选的“@ ID”或“@ idref”

续表 8-3

结构	结构的组成	描述
	@ ref	Taxonomy 的指针
	@ context	该 Taxonomy 应用的语境类目的名称
	@ ID	Taxonomy 规则的 ID
	@ idref	对另一个 Taxonomy 规则 ID 的应用
Condition（条件）		一个 Condition 至少包含一个 Action 或 Condition 或 Occurs，一个“@ test”，以及一个可选的“@ ID”或“@ idref”
	Action	执行规则时发生的行为
	Condition	内嵌的条件
	Occurs	规定发生的数量
	@ ID	Condition 规则的 ID
	@ idref	对另一个 Condition 规则 ID 的引用
	@ test	测试规则是否应当被执行的布尔表达式
Action（行为）		一个 Action 至少包含一个 Add 或 Occurs 或 Subtract 或 Condition 或 Comment 或 Rename，一个“@ applyTo”或一个可选的“@ ID”或“@ idref”
	Add	向内容模型增加一个构件
	Subtract	从内容模型中减去一个构件
	Occurs	限制或扩大构件的发生次数
	Condition	规则适用的条件
	Comment	加注释
	Rename	对构件重新命名
	@ ID	Condition 规则的 ID
	@ idref	对另一个 Condition 规则 ID 的引用
	@ applyTo	使用这条规则的构件名称
Add（加）		Add 包含一个 MinOccurs，后接一个 MaxOccurs，后接至少一个可选的 BIE 或一个可选的 Attribute 或一个 CreateGroup 或一个 Annotation，一个可选的“@ ID”或“@ idref”，一个可选的“@ before”或一个可选的“@ after”
	MinOccurs	新的实例必须出现的最少次数
	MaxOccurs	新的实例能够出现的最大次数
	@ before	规定在哪个构件之前增加

续表 8－3

结构	结构的组成	描述
	@ after	规定在哪个构件之后增加
	CreateGroup	创建一组 BIE
	BIE	增加一个新 BIE 到内容模型
	Attribute	增加一个新属性到内容模型
	Annotation	插入注释
	@ ID	Add 规则的 ID
	@ idref	对另一个 Add 规则 ID 的引用
Subtract（减）		Subtract 包含一个或多个 BIE 或 Attribute，和一个可选的“@ ID”或“@ idref”
	BIE	从内容模型中去掉一个 BIE
	Attribute	从内容模型中去掉一个属性
	@ ID	Subtract 规则的 ID
	@ idref	引用另一个 Subtract 规则的 ID
Occurs（发生次数）		Occurs 包含一个 MinOccurs，后接一个 MaxOccurs，后接一个或多个 BIE，和一个可选的“@ ID”或“@ idref”
	BIE	将一个可选的 BIE 改为必选
	MinOccurs	BIE 的最小出现次数
	MaxOccurs	BIE 的最大出现次数
	@ ID	Occurs 规则的 ID
	@ idref	引用另一个 Occurs 规则的 ID
BIE		BIE 包含一个 Name，后接一个可选的 Type，后接任意个 Attribute，后接任意个 Annotation，和一个可选的“@ ID”或“@ idref”
	Name	被修改的 BIE 的名称
	Type	BIE 的类型（即属于哪种 CC，仅在包括一个 Add 时要求）
	Attribute	BIE 的属性
	Annotation	插入注释
	@ ID	BIE 规则的 ID
	@ idref	引用另一个 BIE 规则的 ID
attribute（属性）		Attribute 包含一个可选的 Name，后接一个可选的 Type，后接一个可选的 Use，后接一个可选的 Vaule，后接零个或多个 Annotation，以及一个可选的“@ ID”或和一个“@ idref”，和一个任选的@ applyTo

续表 8－3

结构	结构的组成	描述
	Annotation	插入注释
	Name	被修改的 Attribute 的名称
	Type	Attribute 的类型（表示类）
	Use	指明是否必选或可选，如果是可选，指明是否是必选或可选。如果是可选，指出默认值，也可以给出固定值来代替默认值
	Value	指明是否必选或可选，如果是可选，指明是否是必选或可选。如果是可选，指出默认值，也可以给出更改的值
	@ applyTo	执行动作的节点
	@ ID	Attribute 规则的 ID
	@ idref	引用另一个 Attribute 规则的 ID
UseBIE（使用 BIE）		一个 UseBIE 包含零或多个 Annotation 或 CreateGroup 或 UseBIE，以及一个可选的“@ ID”或“@ idref”。如果在 UseBIE 没有使用 CreateGroup，则需要一个@ name
	@ name	被使用的 BIE 的名称
	CreateGroup	创建一组 BIE
	UseBIE	从生成的子 BIE 中选择使用一个有名称的 BIE
	Annotation	插入注释。这样的设计思路是为了能够体现出 W3C 模式规范中的注释
	@ ID	UseBIE 规则的 ID
	@ idref	引用另一个 UseBIE 规则的 ID
Comment（备注）		随处可见的一种内容。在规则文档出现时记录它的注释性内容。备注不作为语义模型的结果输出
MinOccurs（最小发生次数）		输出中出现的最少次数
MaxOccurs（最大发生次数）		输出中出现的最多次数
Annotation（注释）		一条 Annotation 包含零个或多个 Documentation 或 Appinfo，和一个可选的“@ ID”或“@ idref”
	Documentation	用来包括文档
	Appinfo	用来包括特定应用程序的信息
	@ ID	Annotation 规则的 ID

续表 8-3

结构	结构的组成	描述
	@ idref	引用另一个 Annotation 规则的 ID
Documentation（参考资料）		Documentation 包括一个可选的“@ ID”或“@ idref”
	@ ID	Documentation 规则的 ID
	@ idref	引用另一个 Documentation 规则的 ID
Appinfo（应用信息）		参考资料包括一个可选的“@ ID”或“@ idref”
	@ ID	Appinfo 规则的 ID
	@ idref	引用另一个 Appinfo 规则的 ID

8.2.2.11 组合体的结构

CreateBIE 结构中 MinOccurs 和 MaxOccurs 规定了被创建的 BIE 在最终的语义模型中的出现次数。

【C66】如果一个 BIE 的 MinOccurs = 1 且 MaxOccurs = 1，则它在最终的语义模型中仅出现 1 次。

【C67】一个组合体中可以包含不止一个组合好的顶级语义模型。

8.2.2.12 语境规则结构

几个内置的变量可以用来获取语境信息。这些变量对应于语境类目。所有这些变量都有字符串值。

【C68】ContextRules 中的 Apply 属性可用来确定使用层次值的规则的行为。

【C69】允许使用的 Apply 属性的值有：

——exact（精确）：只有当语境中的值与规则中所规定的值相同时，才匹配。

——Hierarchical（层次）：如果提供的值与规则中规定的值相同或是其子值，则匹配。

【C70】Attribute 结构在其内容模型中有 4 个可选子值，其中至少有 1 个必须出现。

【C71】当用 Attribute 结构用来限制一个现有的 Attribute 时，则必须要在前者的@ apply to 中规定后者的值。

【C72】ContextRules 必须引用 CC 的名称，而不是规则中赋予 BIE 的名称。

8.2.2.13 输出限制

【C73】通过使用 Assembly 和 ContextRules 产生的语义模型和文档定义必须包括生成它们的这些规则和语境的元数据。

排序和应用

Rule 结构中有一个独特的 Order 特性，该特性为使用一系列规则排定了先后顺序。两个 Rule 结构的 Order 值如果一样，则是错误的。在一套 ContextRules 中，用户应注意规则的顺序，以免导致规则无法执行。比如，在增加 BIE 的规则之前，就出现了要对该 BIE 增加一个属性的规则。

【C74】在 Rule 结构中的 Order 特性应确定一系列适用规则的执行顺序。

【C75】两个 Rule 结构不能有相同的 Order 值。

8.2.3　CC 注册系统/存储库

8.2.1 和 8.2.2 规定了 CC、DT、BIE 和语境的基本定义，本节详细描述如何用 UML 对象设计思路将 CC、DT、BIE、语境和相关元数据存储在注册系统/存储库中。这两章中都包括了 CC 的开发者和用户所阐述的需求。更进一步说，两部分都包括了符合本部分的注册系统或存储库必须满足的需求，以及任何在过程建模和贸易中使用 CC 的信息技术框架必须满足的需求。

8.2.3.1　存储 CC

本节完整描述了 CC 的存储细目。图 8－9 给出了 CC 的完整 UML 模型，描述了 CC 类型及它们之间的关系，以满足存储的需求。

CC 和 DT 的完整定义见图 8－10。

8.2.3.1.1　存储的 CC

UN/CEFACT 存储的 CC 规则用方括号中加大写字母 S 表示。

【S1】CC 是一类具体的注册类。所有存储的 CC 都应包括以下属性：

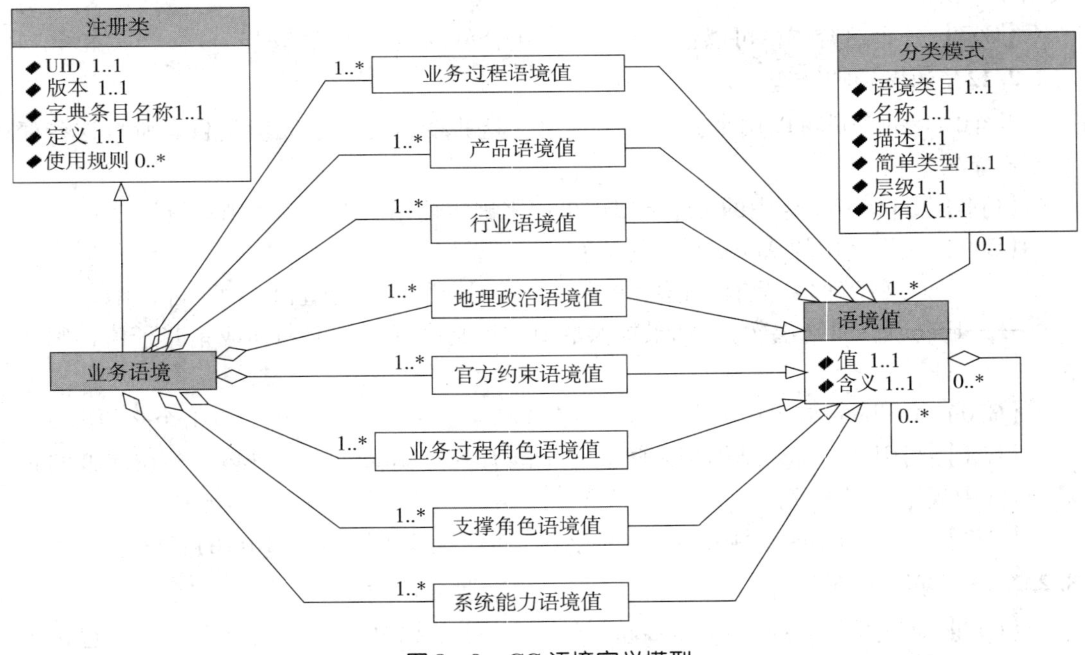

图 8－9　CC 语境定义模型

——UID（必备型）：可以唯一和明确地定位一个 CC 实例的标识符。

——版本（必备型）：一个 CC 实例随时间演化的指示符。

——字典条目名称（必备型）：一个 CC 的正式名称。

——定义（必备型）：一个 CC 的语义含义。

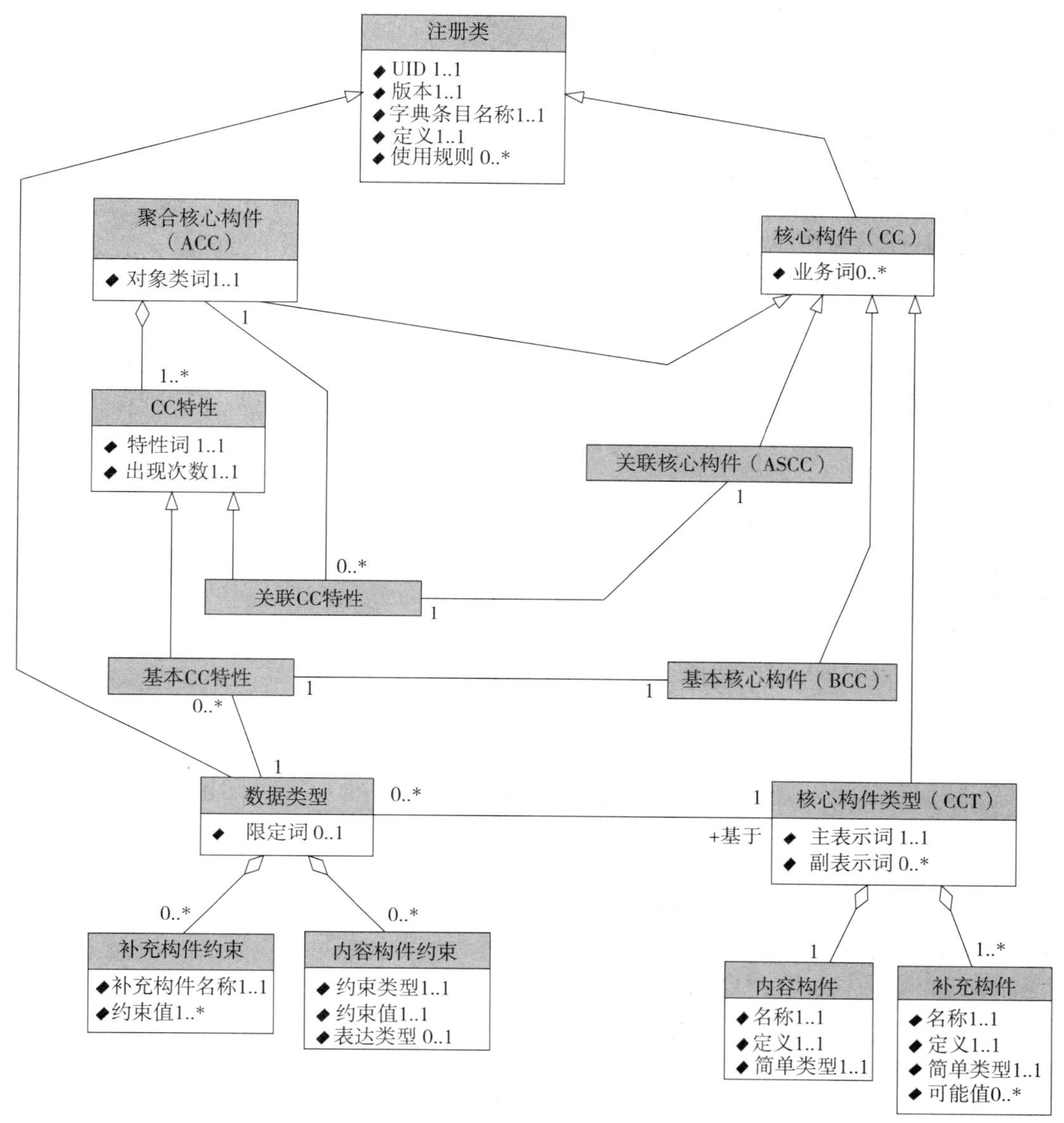

图 8－10　CC 和 DT 的完整定义

——用法（可选型、可重复）：描述 CC 所适用的一种特定约束条件。

【S2】存储的 CC 必然是下面四种类型 CC 中的一种：BCC、ASCC、ACC 和 CCT。

【S3】存储的 CC 应包括以下属性：

——业务术语（可选型、可重复）：CC 在业务中被人们所熟知和使用的同义词。业务术语可以用任何一种语言来表达。一个 CC 可能会有几个业务术语或同义词。

8.2.3.1.2　存储的 ACC

【S4】ACC 是一类具体的 CC。存储的 ACC 应包括存储的 CC 的所有属性。

【S5】存储的 ACC 应包括一个或多个 CC 特性。

【S6】存储的 ACC 可以由其他 ACC 的一个或多个 ASCC 特性所引用。

【S7】存储的 ACC 应包括以下属性：

——对象类词（必备型）：ACC 所代表的对象类的具有语义含义的名称。它是 ACC、以及代表该 ACC 的 CC 特性的所有 BCC 和 ASCC 的字典条目名称的组成部分。

8.2.3.1.3　存储的 CC 特性

【S8】存储的 CC 特性应作为它们所属的、存储的 ACC 的一部分而存储，即：它们永远不应独立于它们所属的 ACC。

【S9】存储的 CC 特性只有两种类型：BCC 特性或 ASCC 特性。

【S10】存储的 CC 特性应包括以下属性：

——特性词（必备型）：CC 特性所代表的对象类特征的一个具有语义含义的名称。特性词是代表该 CC 特性的 BCC 或 ASCC 的字典条目名称的组成部分。

——状态（必备型）：指出 CC 特性在 ACC 中是否可用、可选型、必备型和/或重复次数等内容。

8.2.3.1.4　存储的 BCC 特性

【S11】BCC 特性是一类具体的 CC 特性。存储的 BCC 特性应包括存储 CC 特性的所有属性。

【S12】存储的 BCC 特性应与描述了 BCC 特性可能值的 DT 关联起来。

8.2.3.1.5　存储的 ASCC 特性

【S13】ASCC 特性是一类具体的 CC 特性。存储的 ASCC 特性应包括存储 CC 特性的所有属性。

【S14】存储的 ASCC 特性应与描述该 ASCC 特性结构的 ACC 关联起来。

8.2.3.1.6　存储的 BCC

【S15】BCC 是一类具体的 CC。存储的 BCC 应包括存储 CC 的所有属性。

【S16】存储的 BCC 应代表特定 ACC 的一个 BCC 特性。

8.2.3.1.7　存储的 ASCC

【S17】ASCC 是一类具体的 CC。存储的 ASCC 应包括存储 CC 的所有属性。

【S18】存储的 ASCC 应代表特定 ACC 的一个 ASCC 特性。

8.2.3.1.8　存储的 CCT

【S19】CCT 是一类具体的 CC。存储的 CCT 应包括存储 CC 的所有属性。

【S20】存储的 CCT 应包括一个定义基本类型（primitive type）的内容构件和一个或多个为内容构件提供含义的补充构件。

【S21】存储的 CCT 不应反映出业务含义。

【S22】存储的 CCT 应包括以下属性：

——主表示词（必备型）：形成 CCT 字典条目名称的一种有语义含义的名称。它也是基于该 CCT 的 DT 的字典条目名称中的组成部分。

——副表示词（可选型、可重复）：一个有语义含义的名称，该名称代表了 CCT 的一个有含义的子集。它也是基于该 CCT 的 DT 的字典条目名称中的组成部分。

8.2.3.1.9　存储的补充构件

【S23】存储的补充构件应作为它们所属的、存储的 CCT 的一部分而存储，即，它们永远不应独立于它们所属的 CCT 而存在。

【S24】存储的补充构件应包括以下属性：

——名称（必备型）：CCT 补充构件在注册系统中的名称。

——定义（必备型）：补充构件的含义以及它与相关 CCT 的关联性的一个清晰、明确和完整的解释。

——基本类型（必备型）：用来表示补充构件值的基本类型。

——可能值（可选型、可重复）：补充构件的一个可能值。

8.2.3.1.10 存储的内容构件

【S25】存储的内容构件应作为它们所属的、存储的 CCT 的一部分而存储，即，它们永远不应独立于它们所属的 CCT 而存在。

【S26】存储的内容构件应包括以下属性：

——名称（必备型）：CCT 内容构件在注册系统中的名称。

——定义（必备型）：有关内容构件含义的一个清晰、明确和完整的解释。

——基本类型（必备型）：用来表达一个基于相关 CCT（该内容构件所属的 CCT）的、实例化 BCC 值的基本类型。

8.2.3.2 存储 DT

8.2.3.2.1 存储的 DT

【S27】DT 是一种具体的注册类。所有存储的 CC 都应包括以下属性：

——UID（必备型）：可以唯一和明确地定位一个 DT 实例的标识符。

——版本（必备型）：DT 实例随时间发生变化的指示符。

——字典条目名称（必备型）：DT 的正式名称。

——定义（必备型）：DT 的语义含义。

——用法（可选型、可重复）：描述 DT 所适用的一种特定约束条件。

【S28】存储的 DT 应包括以下属性：

——限定词（必备型）：一个具有语义含义的、可将 DT 与它所基于的 CCT 区分开的名称。该名称是 DT 字典条目名称的组成部分。

【S29】存储的 DT 应以一个 CCT 为基础。

【S30】存储的 DT 可以包括一个或多个内容构件约束和一个或多个补充构件约束，这些约束提供了 DT 和它所对应的 CCT 之间存在的关系信息。它们标识出了对内容构件的格式限制和/或对补充构件的取值限制。

8.2.3.2.2 存储的内容构件的约束

【S31】存储的内容构件的约束应仅用来对 DT 所基于的 CCT 的内容构件的基本类型作格式上的约束。每个基本类型允许的格式约束见表 8－4。

表 8－4 基本类型和它们相关的格式

基本类型	格式约束	定义
String（字符串）	Expression（表达式）	定义了用在一个字符串中特定位置的字符集

续表 8－4

基本类型	格式约束	定义
String（字符串）	Length	定义了字符串所需的长度
String（字符串）	Minimum Length	定义了字符串的最小长度 注：该格式约束不应与 Length 格式约束一起使用
String（字符串）	Maximum Length	定义了字符串的最大长度 注：该格式约束不应与 Length 格式约束一起使用
String（字符串）	Enumeration	定义了所有允许值的完整列表
Decimal，Integer（十进制，整型）	Total Digits（总数）	定义了最大可使用的数字
Decimal（十进制）	Fractional Digits（分数）	定义了最大可使用的分数
Decimal，Integer（十进制，整型）	Minimum Inclusive（最小值（含））	定义了允许值范围的下限，下限本身也是一个允许值
Decimal，Integer（十进制，整型）	Maximum Inclusive（最大值（含））	定义了允许值范围的上限，上限本身也是允许值
Decimal，Integer（十进制，整型）	Minimum Exclusive（最小值（不含））	定义了允许值范围的下限，下限本身不是允许值 注：该格式约束不应与“Minimum Inclusive”格式约束一起使用
Decimal，Integer（十进制，整型）	Maximum Exclusive（最大值（不含））	定义了允许值范围的上限，上限本身不是允许值 注：该格式约束不应与“Maximum Inclusive”格式约束一起使用
Date（日期）	Minimum Inclusive（最小值（含））	定义了允许日期范围的下限，下限本身也是一个允许值
Date（日期）	Maximum Inclusive（最大值（含））	定义了允许日期范围的上限，上限本身也是一个允许值
Date（日期）	Minimum Exclusive（最小值（不含））	定义了允许日期范围的下限，下限本身不是允许日期 注：该格式约束不应与“Minimum Inclusive”格式约束一起使用
Date（日期）	Maximum Exclusive（最大值（不含））	定义了允许日期范围的上限，上限本身不是允许日期 注：该格式约束不应与“Minimum Inclusive”格式约束一起使用

【S32】存储的内容构件约束应包含下列属性：

——约束类型（必备型）：定义了用到内容构件上的格式约束的类型。

——约束值（必备型）：用到内容构件上的格式约束的实际值。

——表达类型（可选型）：定义了约束值的表达类型。

8.2.3.2.3 存储的补充构件的约束

【S33】存储的补充构件的约束仅用来约束 DT 所基于的 CCT 的补充构件的可能值。

【S34】存储的补充构件约束应包含以下属性：

——补充构件名称（必备型）：标识了约束所应用的补充构件。

——约束值（必备型，可重复）：对补充构件而言是有效的实际值。

8.2.3.3 存储的语境

该部分全面描述了语境存储的详细内容。图 8－11 是语境所有内容的 UML 模型，显示出有若干语境类目（如：地区、产品），每个类目都可以使用一个或多个分类方案（如：联合国的产品分类方案、世界贸易组织的产品分类方案）来描述。每个分类方案都定义了所有可能值的列表（和它们的含义）。一个业务语境应视为一组唯一的和有含义的语境值。

8.2.3.3.1 存储的业务语境

【S35】业务语境是一种具体的注册类。所有存储的业务语境都应包括以下属性：

——唯一标识符（必备型）：可以唯一和清晰地定位一个业务语境实例的标识符。

——版本（必备型）：业务语境实例随时间发生变化的标志。

——字典条目名称（必备型）：业务语境的正式名称。

——定义（必备型）：业务语境的语义含义。

——用法（可选型、可重复）：描述了适用于业务语境的一种特定限制条件。

【S36】为定义一个唯一的和有含义的业务语境，存储的业务语境应包括所有语境类目值的组合。

8.2.3.3.2 存储的分类方案

【S38】存储的分类方案应包含以下属性：

——语境类目（必备型）：用来标识该分类方案可以适用的语境类目的名称。

——名称（必备型）：分类方案的名称。

——定义（必备型）：分类方案的定义。

——主类型（必备型）：分类方案中用于表达语境值的主要类型。

——层级（必备型）：描述分类方案是否支持语境分层描述的指示符。

——所有者（必备型）：负责分类方案的组织机构。

8.2.3.3.3 存储的语境值

【S39】存储的语境值应描述某个具体语境类目的可能值。

【S40】存储的语境值应是以下八个被认可类目的值：业务过程语境值、产品语境值、行业语境值、地理政治语境值、官方限制语境值、业务过程角色语境值、支撑角色语境值或系统能力语境值。

【S41】存储的语境值可以属于一个特定的分类方案。

【S42】存储的、属于特定分类方案（有层级）的语境值可以与另一个属于同一分类方案的语境值之间存在一种层级包含关系。

【S43】存储的语境值应包括以下属性：

——值（必备型）：描述一种特定语境的值。

——含义（必备型）：描述值所对应的含义。

8.2.3.3.4　存储的 BIE 描述

该部分全面描述了 BIE 存储的详细内容。BIE 所有内容的 UML 模型见图 8 – 11。图 8 – 11 完整描述了 BIE 的类型以及它们之间的相互关系，以满足存储的需求。

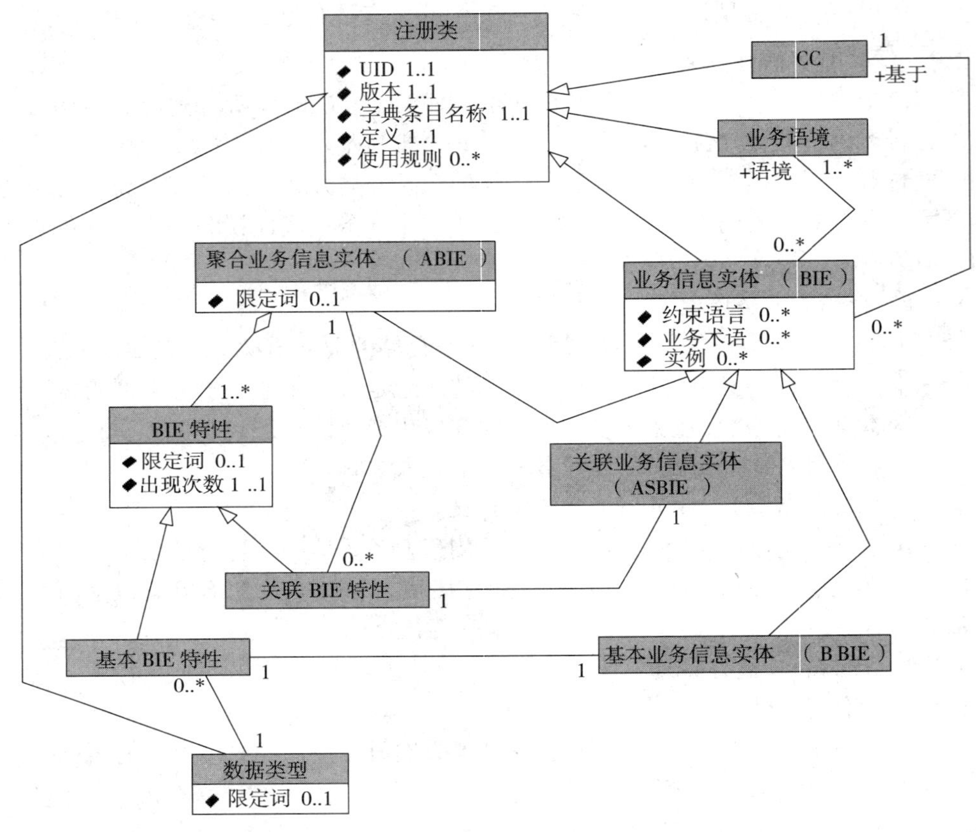

图 8 – 11　BIE 的完整定义

8.2.3.3.5　存储的 BIE 类型与属性

【S44】BIE 是一类具体的注册类。所有存储的 BIE 都应包括以下属性：

——UID（必备型）：可以唯一和清晰地定位 BIE 实例的标识符。

——版本（必备型）：BIE 实例随时间发生变化的指示符。

——字典条目名称（必备型）：BIE 的正式名称。

——定义（必备型）：BIE 的语义含义。

——用法（可选型、可重复）：描述适用于 BIE 的一种特定限制条件。

【S45】存储的 BIE 应基于一个存储的业务语境。

【S46】存储的 BIE 应基于一个存储的 ACC、BCC 或 ASCC。它们不应基于一个

CCT。

【S47】存储的 BIE 应是以下三种类型之一：BBIE、ASBIE 或 ABIE。BIE 的类型应与其所对应的 CC 的类型相同，即

——ABIE 基于 ACC。

——BBIE 基于 BCC。

——ASBIE 基于 ASCC。

【S48】存储的 BIE 应包括以下属性：

——约束语言（可选型、可重复）：BIE 从相应的存储 CC 和业务语境中得出的一种形式化描述。

——业务术语（可选型、可重复）：BIE 在业务中被人熟知或使用的同义词。业务术语可以用任何一种语言来表达。一个 BIE 可以有几个业务术语或同义词。

——实例（可选型、可重复）：BIE 值的一个实例。

8.2.3.3.6 存储的 ABIE

【S49】ABIE 是一类具体的 BIE。存储的 ABIE 应包括被存储的 BIE 的所有属性。

【S50】存储的 ABIE 应包含一个或多个 BIE 特性。

【S51】存储的 ABIE 可以被其他 ABIE 中的一个或多个 ASBIE 特性引用。

【S52】存储的 ABIE 应包括以下属性：

——限定词（必备型）：对相应的 ACC 对象类词的限定。

8.2.3.3.7 存储的 BIE 特性

【S53】存储的 BIE 特性应作为它们所属的、存储的 ABIE 的一部分而存储，而不应独立于它们所属的 ABIE 而存在。

【S54】存储的 BIE 特性应基于一个 CC 特性，该 CC 特性作为 ACC（该 ABIE 所基于的 ACC）的一部分而存储。

【S55】存储的 BIE 特性应是两种类型之一：BBIE 特性或 ASBIE 特性。BIE 特性的类型应与对应的 CC 特性的类型相同，即：

——BBIE 特性基于 BCC 特性。

——ASBIE 特性基于 ASCC 特性。

【S56】存储的 BIE 特性应包括以下属性：

——限定词（可选型）：对相关的 ACC 中 CC 特性的特性词进行限定。

——状态（必备型）：指出 BIE 特性在 ABIE 中是否适用、可选型、必备型和/或重复出现次数。

8.2.3.3.8 存储的 BBIE 特性

【S57】BBIE 特性是一类具体的 BIE 特性。存储的 BBIE 特性应包括存储的 BIE 特性的所有属性。

【S58】存储的 BBIE 特性应与一个描述 BBIE 特性的值的 DT 相关联。该 DT 或者与对应 BCC 特性所关联的 DT 相同，或者是一个进行了进一步限制的 DT（即：附加的和/或更进一步限制的内容构件约束和/或附加的和/或更进一步限制的补充构件约束）。

8.2.3.3.9 存储的 ASCC 特性

【S59】ASBIE 特性是一类具体的 BIE 特性。存储的 ASBIE 特性应包括存储的 BIE

特性的所有属性。

【S60】存储的 ASBIE 特性应与描述其结构的 ABIE 相关联。该 ABIE 应基于一个 ACC，该 ACC 又描述了相应的 ASCC 特性的结构。

8.2.3.3.10　存储的 BBIE

【S61】BBIE 是一类具体的 BIE。存储的 BBIE 应包括被存储的 BIE 的所有属性。

【S62】存储的 BBIE 应代表某个具体 ABIE 的一个 BBIE 特性。

8.2.3.3.11　存储的 ASBIE

【S63】ASBIE 是一类具体的 BIE。存储的 ASBIE 应包括被存储的 BIE 的所有属性。

【S64】存储的 ASBIE 应代表某个具体 ABIE 的一个 ASBIE 特性。

8.2.3.4　CC 存储元数据

CC、DT、业务语境和 BIE 都是用来设计业务文档和文档构件。为了便于重用，方便地查找和检索这些成果就变得非常重要。

图 8－12 主要关注为注册元数据和注册类（即：存储 CC、DT、业务语境和 BIE 而需要的所有信息）而定义的元信息。为了简化图形，所有关于 CC 和 BIE 的结构的信息都被隐藏起来。

正如在图 8－12 中显示的，以下几类元数据是必需的：

——版本信息：尽管在任何给定的时间点，仅有一个版本的注册类是有效的，但以前多个版本可能已经存在并且将来的版本也在准备中。版本信息将一个注册类的各种版本关联起来。版本信息中不应有分支，仅支持一个线性的版本。

——取代信息：一个注册类可能在某个时间点上被另一个注册类所取代（如：因为发现复制品）。取代信息可以表达这种被取代的关联关系，并可以表达取代的日期和原因。

——状态信息：注册类目前状态的信息。

——管理信息：注册类注册管理方面的信息。

——描述信息：注册类的其他描述性信息。可以通过该信息给出其含义的更进一步说明。

——变更历史：对注册类做过的所有变更信息。

——关联信息：一个注册类与多个其他注册类可能存在的关联信息。

——表示信息：注册类在某种特定语法下的物理表示信息（如 XML 标记的表达）。

8.2.3.4.1　元数据存储一般规则

【S65】存储的注册类应包括一个 UID。

【S66】存储的注册类应包括一个版本号来记录一个注册类随时间变化的情况。

【S67】存储的注册类应包括一个字典条目名称。

【S68】存储的注册类应包括一个定义。

【S69】存储的注册类可以包括一个或多个用法，描述如何和/或何时使用该注册类。

【S70】除了注册类的第一个版本外，每个存储的版本都应连接到其先前的版本。

【S71】除了注册类的最后一个版本外，每个存储的版本都应连接到其下一个版本。

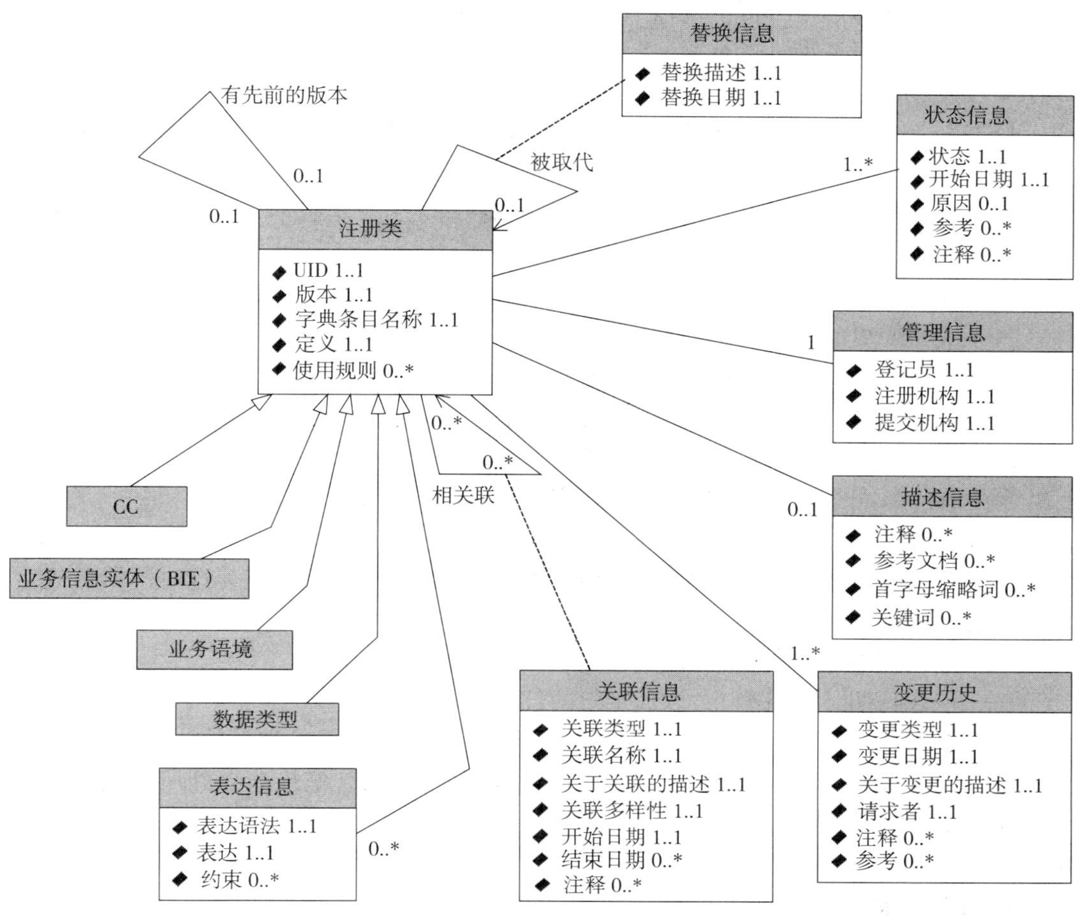

图 8－12　注册元数据

【S72】存储的注册类应包括每个版本状态周期的历史。

8.2.3.4.2　管理信息

1. 行政信息

【S73】存储的注册类应包含行政信息，用以下属性表示：

——登记员（必备型）：在注册库中创建注册类的责任人姓名。

——注册机构（必备型）：批准登记注册类的机构。

——提交机构（必备型）：提交/请求注册类的机构。

2. 状态信息

【S74】存储的注册类应包含下列状态信息：

——状态（必备型）：注册类的状态（即：草案、临时被注册、被注册、将被废止、已被废止，…）

——开始日期（必备型）：当前状态生效的日期。

——原因（可选型）：注册类状态因何而改变的描述。

——参考（可选型、可重复）：包含状态改变信息的外部文档。

——注释（可选型、可重复）：注册类状态的注释。

3. 变更历史

【S75】存储的注册类应包括与每个版本有关的所有变更历史信息，用以下属性表示：

——变更类型（必备型）：改变的目的（如：新元素、新版本、元素修改、状态修改、元素取代）。

——变更日期（必备型）：做出变更的日期。

——关于变更的描述（必备型）：注册类为什么以及如何被变更的描述。

——请求变更机构（必备型）：请求变更注册类的机构名称。

——请求日期（必备型）：请求变更的日期。

——注释（可选型、可重复）：注册类变更的注释。

——参考（可选型、可重复）：包含变更信息的外部文档。

4. 取代信息

【S76】如果注册系统中一个注册类取代了另一个注册类，则应为这对注册类规定取代信息，用以下属性表示：

——取代描述（必备型）：注册类被取代的原因。

——取代日期（必备型）：取代生效的日期。

【S77】如果一个注册类取代了另一个注册类，它应连接到所取代的注册类上。

【S78】如果一个注册类取代了一个或多个其他注册类，它应连接到所取代的一个或多个注册类上。

8.2.3.4.3 内容信息

1. 描述信息

【S79】存储的注册类可以包括其他描述性信息，用以下属性表示：

——注释（可选型、可重复）：注释是一个注册类的附加信息，它不是定义的一部分，而是主要为了澄清概念。

——参考文档（可选型、可重复）：对外部文件的一种参考（如：URI），该外部文件包含了注册类的其他相关信息。

——缩写词（可选型、可重复）：首字母缩写词是通常人们所知的注册类的一种缩写词或代码。

——关键词（可选型、可重复）：关键词是一个或多个用于注册类的查找和检索的重要词。

2. 表示信息

【S80】存储的注册类可以任意包括用一种或多种语法表示注册类的信息，用以下属性表示：

——表示语法（必备型）：表示语法的标识。

——表示（必备型）：注册类的物理表示（如：XML 标记）。

——约束（可选型、可重复）：适用于注册类的特定语法表示的其他约束条件

（如：最大长度）。

3. 关联信息

【S81】存储的注册类应包括所有它与其他存储的注册类的关联，用以下属性表示：

——关联名称（必备型）：关联的名称。

——关联描述（必备型）：解释关联含义的说明性文本。

——关联类型（必备型）：关联的类型（如：聚合、特化、泛化、简单关联等）

——关联多重性（必备型）：关联的状态（即：可选/必备和重复）。

——开始日期（必备型）：关联生效的日期。

——结束日期（可选型）：关联不再生效的日期。

——注释（可选型、可重复）：关联的相关信息（如：取消关联的原因等）。

8.2.4　批准的 CCT、内容构件、补充构件以及允许使用的表示词

以下各节包括批准的 CCT、CCT 的内容构件和补充构件以及允许使用的表示词的表格。

8.2.4.1　批准的 CCT

目前批准的 CCT 见表 8－5。

表 8－5　批准的 CCT

字典条目名称	英文规范名称	定义	注释	对象类	特性词	主表示词	副表示词	CCT 构件
金额．类型	Amount. Type	以一种货币形式规定的若干货币单位，该种货币单位被显式地或隐式地给出		金额	类型	金额		金额．内容 金额货币．标识符 金额货币．代码表版本．标识符
二进制对象．类型	Binary Object. Type	限定长度的二元八位字节集	也用于表示图形（即图表、曲线图、数学曲线或相似的表示）、图像（即人、物或场景的直观表示）、音频、视频等的数据类型	二进制对象	类型	二进制对象	图形、图像、音频、视频	二进制对象．内容 二进制对象．格式．文本 二进制对象．Mime. 代码 二进制对象．编码．代码 二进制对象．字符集．代码 二进制对象．统一资源．标识符 二进制对象．文件名．文本

续表 8－5

字典条目名称	英文规范名称	定义	注释	对象类	特性词	主表示词	副表示词	CCT 构件
代码．类型	Code. Type	一种简洁的、和/或独立于语言的字符串（字母、数字或符号），用来与相关附加信息一起表示或代替确定的值或特性的文本	如果某个字符串标识了一个对象类或真实世界中的一个物体，则不使用该核心构件类型，这种情况下应使用标识．类型	代码	类型	代码		代码．内容 代码表．标识符 代码表．机构．标识符 代码表．机构名称．文本 代码表．名称．文本 代码表．版本．标识符 代码．名称．文本 语言．标识符 代码表．统一资源．标识符 代码表方案．统一资源．标识符
日期时间．类型	Date Time. Type	与相关附加信息一起表示时间进程中的一个特殊点	可用于日期和／或时间	日期时间	类型	日期时间	日期、时间	日期时间．内容 日期时间．格式．文本
标识符．类型	Identifier. Type	与相关附加信息一起用来把一个标识方案中的一个对象与同一方案中的所有其他对象唯一地标识和区别出来的字符串		标识符	类型	标识符		标识符．内容 标识方案．标识符 标识方案．名称．文本 标识方案机构．标识符 标识方案机构．名称．文本 标识方案．版本．标识符 标识方案数据．统一资源．标识符 标识方案．统一资源．标识符

续表 8 -5

字典条目名称	英文规范名称	定义	注释	对象类	特性词	主表示词	副表示词	CCT 构件
指示符．类型	Indicator. Type	两个相互独立的布尔值，表达了一个特性的唯一可能的状态		指示符	类型	指示符		指示符．内容 指示符．格式．文本
计量．类型	Measure. Type	通过测量一个物体而确定的，并连同特定的计量单位一起表达的一个数值		计量	类型	计量		计量．内容 计量单位．代码 计量单位．代码表版本．标识符
数字．类型	Numeric. Type	通过计算、计数或排序而确定或分配的数字信息，它不需要量的单位或计量单位	可以是十进制数，也可以不是十进制数	数字	类型	数字	值、比率、百分数	数字．内容 数字．格式．文本
量．类型	Quantity. Type	若干个非货币单位的可数数值，也可能包括分数		量	类型	量		量．内容 量．单位．代码 量单位．代码表．标识符 量单位．代码表机构．标识符 量单位．代码表机构名称．文本
文本．类型	Text. Type	通常以一种语言单词形式表达的一个字符串（即一个有限的字符集）	也应用于名称（即构成一个人、地点、事或概念的特定名称的单词或短语）	文本	类型	文本	名称	文本．内容 语言．标识符 语言．场所．标识符

8.2.4.2 批准的 CCT 内容构件和补充构件

目前批准的 CCT 内容构件和补充构件集见表 8 -6。

表 8－6　批准的 CCT 内容构件和补充构件

字典条目名称	英文名称	基本数据类型	定义	注释
金额．内容	Amount. Content	decimal	以一种货币形式规定的若干货币单位，该种货币单位被显式地或隐式地给出	
金额货币．标识符	Amount Currency. Identifier	string	金额的货币	参考 GB/T 12406，使用 3 字母阿拉伯代码
金额货币．代码表版本．标识符	Amount Currency. Code List Version. Identifier	string	UN/ECE 第 9 号推荐标准代码表的版本	
二进制对象．内容	Binary Object. Content	binary	限定长度的二元八位字节集	
二进制对象．格式．文本	Binary Object. Format. Text	string	二进制内容的格式	
二进制对象．mime．代码	Binary Object. Mime. Code	string	二进制对象的多用途 internet 邮件扩展类型	参考 IETF RFC 2045，2046，2047
二进制对象．字符集．代码	Binary Object. Character Set. Code	string	如果多用途 internet 邮件扩展类型是文本，则使用二进制对象的字符集	参考 IETF RFC 2045，2046，2047
二进制对象．编码．代码	Binary Object. Encoding. Code	string	规定了二进制对象的解码算法	参考 IETF RFC 2045，2046，2047
二进制对象．统一资源．标识符	Binary Object. Uniform Resource. Identifier	string	标识二进制对象位置的 URI	
二进制对象．文件名．文本	Binary Object. Filename. Text	string	二进制对象的文件名	参考 IETF RFC 2045，2046，2047
代码．内容	Code. Content	string	一种简洁的、和/或独立于语言的字符串（字母、数字或符号），用来表示或代替确定的值或属性的文本	

续表 8－6

字典条目名称	英文名称	基本数据类型	定义	注释
代码表. 机构. 标识符	Code List. Agency. Identifier	string	维护一个或多个代码表的机构	默认为 GB/T 16833 中数据元 3055 的代码表
代码表. 机构名称. 文本	Code List. Agency Name. Text	string	代码表维护机构的名称	
代码表. 名称. 文本	Code List. Name. Text	string	代码表的名称	
代码表. 标识符	Code List. Identifier	string	代码表的标识	能用于标识定义了一套当前已批准的允许值集合的来源的 URL
代码表方案. 统一资源. 标识符	Code List Schema. Uniform Resource. Identifier	string	标识代码表方案位置的 URI	
代码表. 统一资源. 标识符	Code List. Uniform Resource. Identifier	string	标识代码表位置的 URI	
代码表. 版本. 标识符	Code List. Version. Identifier	string	代码表的版本	标识 GB/T 16833 中数据元 3055 的代码表的版本
代码. 名称. 文本	Code. Name. Text	string	等同于代码内容的文本	如果没有代码内容，可使用它自己的代码名称
日期时间. 内容	Date Time. Content	string	时间进程中的一个特定点	指使用包括协调世界时（UTC）偏移的符合 GB/T 7408 格式的时间
日期时间. 格式. 文本	Date Time. Format. Text	string	日期/时间内容的格式	参见 GB/T 7408 和 W3C 关于日期时间的注释
标识方案机构. 标识符	Identification Schema Agency. Identifier	string	标识方案维护机构的标识	默认为 GB/T 16833 中数据元 3055 的代码表
标识方案机构. 名称. 文本	Identification Schema Agency. Name. Text	string	标识方案维护机构的名称	

续表 8－6

字典条目名称	英文名称	基本数据类型	定义	注释
标识方案数据．统一资源．标识符	Identification Schema Data. Uniform Resource. Identifier	string	标识方案数据位置的 URI	
标识方案．标识符	Identification Schema. Identifier	string	标识方案的标识	
标识方案．名称．文本	Identification Schema. Name. Text	string	标识方案的名称	
标识方案．统一资源．标识符	Identification Schema. Uniform Resource. Identifier	string	标识方案位置的 URI	
标识方案．版本．标识符	Identification Schema. Version. Identifier	string	标识方案的版本	标识 GB/T 16833 中数据元 3055 的代码表的版本
标识符．内容	Identifier. Content	string	用来把在一个标识方案中的一个对象与相同方案中的所有其他对象唯一地标识和区别出来的字符串	
指示符．内容	Indicator. Content	string	指示符的值	例如：on、off、true、false
指示符．格式．文本	Indicator. Format. Text	string	是否指示符是数字、文本或二进制	
语言．标识符	Language. Identifier	string	对应的文本串所使用的语言的标识符	参考 GB/T 4880.1 和 GB/T 4880.2
语言．场所．标识符	Language. Locale. Identifier	string	语言场所的标识	
计量．内容	Measure. Content	decimal	通过测量一个物体确定的数值	例如：24.387 千克（24.387 是计量．内容）
计量单位．代码	Measure Unit. Code	string	计量单位的类型	参见 GB/T 17295 和 X12 355
计量单位．代码表版本．标识符	Measure Unit. Code List Version. Identifier	string	计量单位代码表的版本	

续表 8－6

字典条目名称	英文名称	基本数据类型	定义	注释
数字．内容	Numeric. Content	通过数字．格式．文本确定	通过计算、计数或排序指定或确定的数字信息	可以是十进制数
数字．格式．文本	Numeric. Format. Text	string	数字是否是一个整数、十进制数、实数或百分数	
量．内容	Quantity. Content	decimal	若干可数的非货币单位，也可能包括分数	例如：7 包（7 是量．内容）
量．单位．代码	Quantity. Unit. Code	string	量的单位	可使用 GB/T 17295
量单位．代码表机构．标识符	Quantity Unit. Code List Agency. Identifier	string	量单位代码表维护机构的标识	
量单位．代码表．标识符	Quantity Unit. Code List. Identifier	string	量单位代码表	默认为 GB/T 16833 中数据元 3055 的代码表
量单位．代码表机构名称．文本	Quantity Unit. Code List Agency Name. Text	string	量单位代码表维护机构的名称	
文本．内容	Text. Content	string	通常以词汇形式表示的字符串（即字符串限定集）	

8.2.4.3 允许使用的表示词

允许使用的表示词集合见表 8－7。

表 8－7 允许使用的表示词

主表示词	定义	相关的 CCT	副表示词
金额	以一种货币形式规定的若干货币单位，该种货币单位被显式地或隐式地给出	金额．类型	
二进制对象	限定长度的二元八位字节集 注：该表示词也用于表示图形（即图表、曲线图、数学曲线或相似的表示）、图像（即人、物或场景的直观表示）、音频、视频等的数据类型	二进制对象．类型	图形、图像、音频、视频

续表 8－7

主表示词	定义	相关的 CCT	副表示词
代码	一种简洁的、和/或独立于语言的字符串（字母、数字或符号），用来与相关附加信息一起表示或代替确定的值或特性的文本。 注：如果某个字符串标识了一个对象类或真实世界中的一个物体，则不应使用该表示词“代码”，应使用表示词标识符	代码. 类型	
日期时间	时间（GB/T 7408）进程中的一个特殊点。 注：该表示词也应用于仅表示日期或时间的数据类型	日期时间. 类型	日期、时间
标识符	用来把在一个标识方案中的一个对象与相同方案中的所有其他对象唯一地标识和区别出来的字符串	标识符. 类型	
指示符	两个相互独立的布尔值，表示一个特性的唯一可能的状态。 注：典型地指出一种状态的两个值，如：开/关；真/假等	指示符. 类型	
计量	通过测量一个物体而确定的数值，计量用一个计量单位来规定。从 UN/ECE Rec. 20 中可以获得合适的计量单位。 注：该表示词也用于实测系数（如：米/秒）	计量. 类型	
数字	通过计算、计数或排序而确定或分配的数字信息，它不需要量的单位或计量单位。 注：该表示词也用于表示比率（即：比率用在不包括两个计量单位或有相同计量单位的地方）、百分数的数据类型	数字. 类型	值、率、百分比
量	若干个非货币单位的可数数值。量需要用一个量单位来规定。 注：该表示词也应该用于可数的系数（如：花/米）	量. 类型	
文本	通常以一种语言单词形式表达的一个字符串（即一个有限的字符集）。 注：该表示词也应用于名称（即构成一个人、地点、事或概念的特定名称的单词或短语）	文本. 类型	名称

8.3 UN/CEFACT 核心构件数据类型目录技术规范

UN/CEFACT 核心构件数据类型目录技术规范是根据 UN/CEFACT 核心构件技术规范理论发展来的。按照 UN/CEFACT 核心构件技术规范对于数据类型的规则，UN/CEFACT 在最新开发的 UN/CEFACT 核心构件数据类型目录技术规范中定义了 22 种数据类型。它们分别是：

1）金额．类型；2）二进制对象．类型；3）代码．类型；4）日期．类型；5）日期时间．类型；6）持续时间．类型；7）图表．类型；8）标识符．类型；9）指示符．类型；10）计量．类型；11）名称．类型；12）序数．类型；13）百分比．类型；14）图像．类型；15）数量．类型；16）比率．类型；17）比值．类型；18）声音．类型；19）文本．类型；20）时间．类型；21）值．类型；22）录像．类型。

这 22 种数据类型几乎含盖了所有类型的数据。因此，基于 XML 电子商务可交换的数据类型非常广泛，几乎可以交换任何数据类型。这正是它比基于 EDI 的电子商务功能强大，限制少，简单灵活易用的原因之一。

在 UN/CEFACT 核心构件数据类型目录技术规范中对于每一种数据类型都给出了 9 种属性，它们分别是：

1）数据类型词；
2）字典条目名称；
3）定义；
4）表示词；
5）注释；
6）使用指南；
7）每一种类型内容构件；
8）每一种类型补充构件；
9）核心值域。

为了节省篇幅，下面将这 22 种数据类型在表 8－8 中给出，便于用户查阅。在表格中增加了字典条目英文名称属性，略去了每一种类型内容构件、每一种类型补充构件、以及核心值域 3 种属性。因此，表 8－8 由下列 7 种属性组成：

1）数据类型词；
2）字典条目名称；
3）字典条目英文名称；
4）定义；
5）表示词；
6）注释；
7）使用指南。

其中字典条目名称和字典条目英文名称采用了新版的 ISO/IEC 11179 对于元数据的命名规则，即：元数据名称由对象类术语、特性类术语、以及表示类术语组成，中间用“．”号分开。

表 8－8　UN/CEFACT 核心构件数据类型目录

数据类型词	字典条目名称	字典条目英文名称	定义	表示词	备注	使用指南
金额	金额．类型	Amount. Type	以一种货币形式规定的若干货币单位	金额	货币单位可以被显式地或隐式地给出	金额．类型被用来表示像费用、成本这样的金额
二进制对象	二进制对象．类型	Binary Object. Type	限定长度的二元八位字节集	二进制对象	无	二进制对象被用于嵌套像词、PDF 文件、以及工程文件这样的文件。二进制对象应与它相关的下列类型进行区分，这些类型包括图表．类型、图像．类型、声音．类型、以及录像．类型。这些类型应当用在适当的地方
代码	代码．类型	Code. Type	一种简洁的、和/或独立于语言的字符串（字母、数字或符号），用来与相关附加信息一起表示或代替确定的值或属性的文本	代码	无	在参与方之间或系统之间通信的所有元素可以使用代码．类型，以便能够用共同的代码值表示。代码．类型典型的例子有国家代码．类型和语言代码．类型。如果某个字符串标识了一个对象类或真实世界中的一个物体，则不使用该核心构件类型，这种情况下应使用标识．类型
日期	日期．类型	Date. Type	以公历来表示年、月、星期、日	日期	由于 UN/CEFACT 遵守 ISO8601 无格式设置 UTC 日期，因此 CCTS 不支持日期属性	只有当要知道在哪天发生某事时，而有无须知道这天的具体时间时才使用日期．类型。不应当使用日期．类型来规定周期性的时间

续表 8－8

数据类型词	字典条目名称	字典条目英文名称	定义	表示词	备注	使用指南
日期时间	日期时间．类型	Date Time. Type	与相关附加信息一起表示时间进程中的一个特殊点	日期时间	可以使用或不使用 UTC 来表示该天的时间部分。UTC 是国际上规定时间的基准	日期时间．类型用于包含日期和时间的时戳。例如：生成日期/时间、接收的日期/时间、处理的日期/时间、交货的日期/时间、以及截止的日期/时间。仅使用公历的日期
持续时间	持续时间．类型	Duration. Type	一种以公历时间单位（年、月、周、日、小时、分钟、秒）表示的时间长度，无须有固定的开始和结束时间	持续时间	持续时间的表示格式在 ISO8601 规定为按年、月、周、日、小时、分钟、秒、毫秒表示时间间隔	持续时间通常用来表示像日程、事件或活动的时间间隔，还有像会议、旅游、度假、工作时间等的时间间隔
图表	图表．类型	Graphic. Type	一个基于二进制表示的图形、表格、数学曲线	图表	无	图表用来表示像 CAD 制图、表格、图形、数学曲线、以及绘图这样的二进制数据或文件
标识符	标识符．类型	Identifier. Type	用来唯一标识一个对象的字符串，其中标识方案由一个机构进行管理	标识符	标识一个对象可以有多种标识方案	标识符用来表示某些对象，使得它们能够被唯一地进行标识
指示符	指示符．类型	Indicator. Type	两个相互独立的布尔值，表达了一个特性的唯一可能的状态	指示符	允许值为是与否	指示符用来表示像分类、指示器、以及标志这样的可选择的二进制布尔值
计量	计量．类型	Measure. Type	通过测量一个对象而确定的，并连同特定的计量单位一起表达的一个数值	计量	通常需要计量单位	计量用来表示一个对象的温度、长度、速度、宽度、重量、体积、以及高度这样的物理量

续表 8－8

数据类型词	字典条目名称	字典条目英文名称	定义	表示词	备注	使用指南
名称	名称．类型	Name. Type	组成不同的个人、地点、事件、或概念的词或短语	名称	使用的名称对于人类阅读应是有意义的，而不是对机器和应用程序有意义	名称用来表示个人、地点、事件、或概念
序数	序数．类型	Ordinal. Type	分配用来表示顺序的数学数字	序数	无	序数是用来表示顺序的数字，它不同于量化的数字
百分比	百分比．类型	Percent. Type	表示一百分之几的值	百分比	百分比．类型应是纯数字	百分比用来表示一个基本值的百分之几
图像	图像．类型	Picture. Type	用二进制表示的个人、对像、情景的视觉表示	图像	无	图像用来表示像照片、艺术品等这样的图片
数量	数量．类型	Quantity. Type	非金融单位可数的数字，可以包括分数	数量	可以包括分数	数量用来表示可数的量
比率	比率．类型	Rate. Type	相对于一个独立的基本单位，比率是一个表示为数量、金额、频率、或非矢量因子的系数	比率	无	比率用来表示两个独立的基本单位之间关系的系数
比值	比值．类型	Ratio. Type	它是使用相同计量单位或货币单位的两个独立数量之间的关系	比值	比值．类型应是纯数字	比值用来表示类似事件的比
声音	声音．类型	Sound. Type	以二进制符号表示的任何形式的音频文件，如音频录音	声音	无	声音用来表示噪音、音乐等这样的声音
文本	文本．类型	Text. Type	通常像语言文字这样有限字符集形式的字符串	文本	无	无

续表 8－8

数据类型词	字典条目名称	字典条目英文名称	定义	表示词	备注	使用指南
时间	时间．类型	Time. Type	用小时、分钟、秒、毫秒等表示一天的时间	时间	在某个公历日发生的时间点。时间可以按照时区表示，也可以不按时区表示	用来表示任何一天中的时间
值	值．类型	Value. Type	由代数中的数字表示大小、数量、或个数的数量	值	由于不同于序数数字，值表示为量化的数字	用来表示已分配或确定的数量
录像	录像．类型	Video. Type	可在磁带或数字化设备上以二进制形式记录、复制、或播放的视觉图像	录像	无	用来表示像电影、录像这样的视觉文件

8.4 UN/CEFACT 核心构件库（CCL）标准与应用指南

8.4.1 UN/CEFACT 核心构件库（CCL）标准概述

UN/CEFACT 核心构件库（CCL）标准是根据 UN/CEFACT 贸易数据元目录、UN/CEFACT 核心构件技术规范、以及 UN/CEFACT 核心构件数据类型目录技术规范发展来的。UN/CEFACT 核心构件库（CCL）与 EDIFACT 数据元目录均是由 UN/CEFACT 贸易数据元目录衍生而来。在使用纸制单证进行数据交换时所使用的数据标准是贸易数据元目录，在使用 EDI 进行数据交换时所使用的数据标准是电子数据交换（EDI）的 UN/EDIFACT 数据元目录，而在使用 XML 进行数据交换时所使用的数据标准是 UN/CEFACT 核心构件库（CCL）标准。UN/CEFACT 核心构件库（CCL）标准与 UN/CEFACT 贸易数据元目录以及 UN/EDIFACT 数据元目录在形式上也有很大差异。图 8－13 给出了 UN/CEFACT 核心构件库（CCL）标准英文介绍。UN/CEFACT 核心构件库（CCL）标准与 UN/EDIFACT 标准类似每年更新两次，版本号用年号加大写字母 A 或 B。上半年版本用大写字母 A 表示，下半年版本用大写字母 B 表示。UN/CEFACT 核心构件库（CCL）标准分两大部分，第一大部分为报文构件库，第二大部分为参考构件库。

UN/CEFACT 核心构件库（CCL）标准由 6 个不同的子库组成，它们分别是 UN/CEFACT 核心构件库（CC）、UN/CEFACT 业务信息实体库（Message—BIE）、UN/CEFACT 限定数据类型库（Message—qDT）、UN/CEFACT 参考业务信息实体库（Reference—BIE）、UN/CEFACT 参考限定数据类型库（Reference—qDT）、以及 UN/CEFACT

唯一数据类型库（uDT）。前 3 个为报文构件库，主要用于进行交换的报文，后 3 个为参考构件库，主要用来作为参考。

D.11A Core Component Library

The UN/CEFACT D.11A Core Component Library (CCL) is provided in two parts to facilitate use by stakeholders:

UN/CEFACT Message Components Library	Includes parts of the CCL as audited by the Information Content Management Group (ICG) which support the development of UN/CEFACT Messages by the Applied Technology Group (ATG).
UN/CEFACT Reference Components Library	All parts of the CCL, including the UN/CEFACT Message Components Library, as harmonised by the International Trade and Business Processes Group (TBG).

图 8－13　UN/CEFACT 核心构件库（CCL）标准英文介绍

8.4.2　UN/CEFACT 核心构件库中的核心构件（CC）子库

在开始本节之前我们先来分析一下 UN/CEFACT 贸易数据元目录（UNTDED）与 UN/CEFACT 核心构件库（CCL）之间的区别和联系。

基于 XML 报文所使用的数据放弃了数据元理论，而是使用了信息技术中新创立的核心构件理论。这套理论与数据元理论既有联系又有区别，它们在使用上比数据元更为灵活，且避免了烦琐的限制，减少了数据的冗余，因此，目前基于 XML 的电子商务广泛采用了这套理论。UN/CEFACT 根据核心构件理论建立了一套数据标准，即所谓的核心构件库（CCL）。它的作用相当于 EDIFACT 数据元目录、复合数据元目录、以及段目录的集成。虽然核心构件理论听起来很新，但它与数据元有着很密切的联系。其实，UN/CEFACT 核心构件库（CCL）与 EDIFACT 数据元目录均源自 UN/CEFACT 贸易数据元目录。下面我们就看一下 UN/CEFACT 核心构件库（CCL）是如何从 UN/CEFACT 贸易数据元目录衍生而来。

在 2005 年以前的 UN/CEFACT 贸易数据元目录标准中数据元主要由数据元标记、数据元名称、说明、以及表示等属性组成。在 2005 年 UN/CEFACT 发布的新版的贸易数据元目录标准中把数据元的名称与核心构件理论中的基本核心构件联系了起来。在新的数据元目录标准中数据元主要由数据元标记、字典条目名称、原数据元名称、说明、以及表示等属性组成。

在新的数据元目录标准中采用了新版 ISO /IEC11179（GB/T 18391）对于数据元命名的规定，新的字典条目名称由下列术语组成：

对象类术语、特性类术语以及表示类术语。

它们之间用点号隔开，即：

对象类术语．特性类术语．表示类术语。

如表 8－9 所示：

表 8 - 9 贸易数据元目录示例

变更指示符	标记（标识符）	字典条目名称	原数据元名称	说明	表示
cnd	1000	Document. Type Name. Text（单证．类型名称．文本）	单证/报文名称（Document/message name）	单证的自由文本名称，如：形式发票和商业发票	an..35
cndr	1001	Document. Type. Code（单证．类型．代码）	单证/报文名称，代码型（Document/messagename，coded）	规定单证名称的代码，如：352 表示形式发票，380 表示商业发票	an..3
cnd	1003	Document. Type. Identifier（单证．类型．标识符）	报文名称，代码型（Message name，coded）	单证类型标识符，如：发票。也可见数据元 0065	an..6
cnd	1004	Document. Identifier（单证．标识符）	单证/报文号（Document/message number）	标识一个特定单证的参考号	an..35
add	1007	Event. Identifier（事件．标识符）		标识一个事件的参考号	an..35

这种表示方式是为了满足信息技术和计算机处理的要求，尤其是为了适应基于 XML 电子商务的发展。在基于 XML 电子商务的核心构件库标准中基本核心构件就是通过贸易数据元中新的命名方式映射而来。

在 UN/CEFACT 核心构件库中的所有基本核心构件 BCC 均是从 UN/CEFACT 贸易数据元目录中映射而来。如：贸易数据元目录中的数据元 1001，字典条目名称为 Document. Type. Code，它对应 UN/CEFACT 核心构件库（CCL）中的基本核心构件 UN00000311，字典条目名称与 UN/CEFACT 贸易数据元目录中一致，均为 Document. Type. Code。

UN/CEFACT 核心构件库（CCL）标准是将 UN/CEFACT 贸易数据元目录中按照 ISO11179 标准中元数据命名规则命名的字典条目名称转化成 UN/CEFACT 核心构件库标准中的 BCC，然后再将转化而来的 BCC 结合核心构件理论形成聚合核心构件（ACC）和关联核心构件（ASCC），从而形成了核心构件（CC）子库。因此，读者要记住的关键点是核心构件（CC）子库中的所有 BCC 均来自 UN/CEFAC 贸易数据元目录标准。

图 8 - 14 给出了 UN/CEFACT 核心构件库（CCL）标准中核心构件（CC）子库部分的图示。它是整个 UN/CEFACT 核心构件库（CCL）的根，后面的 5 个子库都是由它演化而来。核心构件（CC）由 3 种不同的 CC 组成，它们分别是 ACC、BCC 以及 ASCC。图 8 - 15 中 CC 子库中的 ACC、BCC 以及 ASCC 主要有由下列属性：

UN 分配的唯一标识号——由 10 位字母数字组成，前 2 位为 UN，后接 8 位为数字；

具体的 CC：ACC、BCC 或 ASCC；

字典条目名称；

必备性的定义；

工作评论与说明；

发布说明；

对象类词；

特性词；

表示词；

已关联的对象类；

业务术语；

使用规则；

顺序号；

最大出现次数；

最小出现次数。

目前给出的 CC 子库由 5900 个 ACC、BCC 以及 ASCC 组成，它们按照字典条目名称排序。图 8 - 14 中的 ACC、BCC、以及 ASCC 有不同的字典条目名称。根据 UN/CEFACT 核心理论 ACC 中包含了 BCC 和 ASCC。在 CC 子库中的 ACC 与 BCC 和 ASCC 分别用颜色区分，其中 ACC 的底色为绿色，BCC 的底色为白色和 ASCC 的底色为浅绿色。ACC 与它所包含的 BCC 和 ASCC 的唯一标识号通常是由小到大，其中先是 BCC 的唯一标识号，然后是 ASCC 的唯一标识号。例如：ACC 为 UN00002206，它包含 7 个 BCC 和 1 个 ASCC，其中 7 个 BCC 唯一标识号分别为：UN00002207、UN00002208、UN00002209、UN00002210、UN00002213、UN00002214、UN00003223，ASCC 唯一标识号为 UN00002215。在字典条目名称的表示上，ACC 只有对象类词加上点号再加上细目，如：Accounting Account Boundary. Details；BCC 的表示由对象类词加点号加特性词加点号再加表示词，如：Accounting Account Boundary. First Account Identification. Identifier；ASCC 的表示由对象类词加点号加特性词加点号再加关联对象类，如：Accompanying Person. Specified As. Party。

8.4.3　UN/CEFACT 核心构件库中的报文业务信息实体（Message - BIE）子库与报文限定数据类型（Message - qDT）子库

在实际的报文制作中通常不使用 CC 子库，而是使用 UN/CEFACT 业务信息实体库（Message—BIE）和报文限定类型（Message - qDT）子库。CC 子库是业务信息实体库（Message—BIE）的源，业务信息实体子库（Message—BIE）是由 CC 子库加上业务语境得出的。在产生新的 Message—BIE 之前需要先产生新的 CC。

图 8 - 15 给出了 UN/CEFACT 核心构件库（CCL）标准中报文业务信息实体（BIE）子库部分的图示。BIE 由 3 种不同的 BIE 组成，它们分别是 ABIE、BBIE 以及 ASBIE。在图 8 - 15 中 BIE 子库中的 ABIE、BBIE、以及 ASBIE 主要有下列属性：

UN 分配的唯一标识号——由 10 位字母数字组成，前 2 位为 UN，后接 8 位为数字；

具体的 BIE——ABIE、BBIE 或 ASBIE；

ADD/CHG/DEP/WDR	Unique UN Assigned ID	ABIE/ BBIE/ ASBIE/ACC/BCC/ASCC/DT/CC/SC	Dictionary Entry Name (auto generated)	Definition Mandatory	Working comments and instructions	Publication comments
	TBG17 Only	START HERE Press Enter	Keep the rows together Adjust selected rows with Ctrl-a	Enable macro's with Ctrl-e Disable macro's with Ctrl-d	Optional	Optional
		ACC		Aggregate Core Component		
		BCC		Basic Core Component contained within the ACC		
		ASCC		Associated (Aggregate) Core Component, associated with the ACC		
	UN00003667	ACC	Accompanying Person. Details	A person that accompanies another person, such as a mother accompanying her child during a stay in hospital.		
	UN00003668	BCC	Accompanying Person. Relationship To Patient. Code	The code specifying the accompanying person's relationship to the patient.		
	UN00003669	ASCC	Accompanying Person. Specified As. Party	The party specified as an accompanying person.		
	UN00005786	ACC	Accounting Account Boundary. Details	The lower and upper limits in a series of consecutive accounts.		
	UN00004757	BCC	Accounting Account Boundary. First Account Identification. Identifier	The unique identifier for the first account in a series for this accounting account boundaries.		
	UN00004758	BCC	Accounting Account Boundary. Last Account Identification. Identifier	The unique identifier for the last account in a series for this accounting account boundaries.		
	UN00004759	BCC	Accounting Account Boundary. First Sub-Account Identific	The unique identifier for the first sub-account in a series for this accounting account boundaries.		
	UN00004760	BCC	Accounting Account Boundary. Last Sub-Account Identific	The unique identifier for the last sub-account in a series for this accounting account boundaries.		
	UN00004761	ACC	Accounting Account Classification. Details	A systematic arrangement in classes or categories according to the sector of activities the business is actually running, such as insurance, commercial		

ACC（绿色） ASCC（浅绿色） BCC（白色）

图 8-14 UN/CEFACT 核心构件库（CCL）标准中核心构件（CC）子库部分的图示

字典条目名称；
必备性的定义；
工作评论和说明；
发布的说明；
对象类限定符；
对象类词；
特性词限定符；
特性词；
数据类型限定符；
表示词；
已限定的数据类型 UID；
已关联的对象类词限定符；
已关联的对象类；
业务术语；
使用规则；
顺序号；
最大出现次数；

最小出现次数。

目前给出的 BIE 子库由 5260 多个 ABIE、BBIE 或 ASBIE 组成，它们按照字典条目名称排序。图 8－15 中的 ABIE、BBIE、以及 ASBIE 有不同的字典条目名称。根据 UN/CEFACT 核心理论 ABIE 中包含了 BBIE 和 ASBIE。在 BIE 子库中的 ABIE 与 BBIE 和 ASBIE 分别用颜色区分，其中 ABIE 的底色为黄色，BBIE 和 ASBIE 的底色均为灰色。ABIE 与它所包含的 BBIE 和 ASBIE 的唯一标识号通常是由小到大，其中先是 BBIE 的唯一标识号，然后是 ASBIE 的唯一标识号。例如：ABIE 唯一标识号为 UN01009069，它包含 4 个 BBIE 和 4 个 ASBIE，其中 4 个 BBIE 的唯一标识号分别为：UN01009070、UN01009071、UN01009072、UN01009073，4 个 ASBIE 唯一标识号分别为：UN01009074、UN01009075、UN01009076、UN01009077。在字典条目名称的表示上，ABIE 的表示由语境加短线加对象类词加上点号再加上细目组成，如：AAA Archive_ Archive Parameter. Details；BBIE 的表示由语境加短线加对象类词加上点号加上加特性词细目组加点号再加表示词组成，如：AAA Archive_ Archive Parameter. Input. Date Time；ASBIE 的表示由语境加短线加对象类词加点号加特性词加点号再加语境加短线加关联对象类组成，如：AAA Archive_ Archive Parameter. Trusted Third Party. AAA Archive_ Authentication。

ADD/CHG/DEP/WDR	Unique UN Assigned ID	ABIE/ BBIE/ ASBIE/ACC/BCC/ASCC/DT/CC/SC	Dictionary Entry Name (auto generated)	Definition Mandatory	Working comments and instructions	Publication comments
	TBG17 Only	START HERE Press Enter	Keep the rows together Adjust selected rows with Ctrl-a	Enable macro's with Ctrl-e Disable macro's with Ctrl-d	Optional	Optional
		ABIE		Aggregate Business Information Entity		
		BBIE		Basic Business Information Entity contained within the ABIE		
		ASBIE		Associated (Aggregate) Business Information Entity, associated with the ABIE		
ADD	UN01009069	ABIE	AAA Archive_ Archive Parameter. Details	The set of parameters linked with this AAA (Accounting And Audit) archive.		
ADD	UN01009070	BBIE	AAA Archive_ Archive Parameter. Input. Date Time	The date, time, date time, or other date time value of the input of this AAA archive parameter.		
ADD	UN01009071	BBIE	AAA Archive_ Archive Parameter. Scheduled Destruction. Date Time	The scheduled destruction date, time, date time, or other date time value for this AAA archive parameter.		
ADD	UN01009072	BBIE	AAA Archive_ Archive Parameter. Prescription. Date Time	The prescription date, time, date time, or other date time value for this AAA archive parameter.		
ADD	UN01009073	BBIE	AAA Archive_ Archive Parameter. Destruction Authorization Level. Identifier	The identifier of the authorization level for the destruction for this AAA archive parameter.		
ADD	UN01009074	ASBIE	AAA Archive_ Archive Parameter. Input Responsible. AAA Archive_ Party	The party responsible for the input of this AAA archive parameter.		
ADD	UN01009075	ASBIE	AAA Archive_ Archive Parameter. Destruction Responsible. AAA Archive_ Party	The party responsible for the destruction of this AAA archive parameter.		
ADD	UN01009076	ASBIE	AAA Archive_ Archive Parameter. Trusted Third Party. AAA Archive_ Authentication	The authentication of the trusted third party for this AAA archive parameter.		

ABIE（黄色） BBIE、ASBIE（灰色）

图 8－15 UN/CEFACT 核心构件库（CCL）标准中报文业务信息实体（BIE）子库部分的图示

图 8－16 给出了 UN/CEFACT 核心构件库（CCL）标准中报文限定数据类型（qDT）子库部分的图示。qDT 子库将 BIE 与 UN/CEFACT 给出的 154 个 XML SCHEMA 标准结合起来。qDT 由含有补充构件的复合数据类型（DT）、内容构件（CC）以及在数据类型中已包含的补充构件（SC）组成。每个 DT 包含一个 CC 和多个 SC，与 BIE 子库相似的是 ABIE 包含了 BBIE 和 ASBIE，不同的是一个 ABIE 可以包含多个 BBIE 和多个 ASBIE，而一个 DT 中只包含一个 CC。qDT 子库中的 DT、CC 以及 SC 主要有下列属性：

UN 分配的唯一标识号——由 10 位字母数字组成，前 2 位为 UN，后接 8 位为数字；

具体的 qDT——DT、CC 或 SC；

字典条目名称；

必备性的定义；

工作评论和说明；

发布的说明；

数据类型限定符；

表示词；

最小出现次数，

限制内容构件或补充构件值的集合。

目前给出的 qDT 子库中的 DT、CC、以及 SC 由颜色来区分，DT 的底色为绿色，CC 的底色为灰色，SC 的底色为白色。在 qDT 子库中共给出了 125 个 DT。这就意味着 qDT 子库对应 125 个 XML SCHEMA 标准。所有这些 125 种 DT 必须用 CC 和 SC 来表示。整个 qDT 子库共有 700 多个 DT、CC、以及 SC。读者将会在 8.4.4 中了解到它们如何关联。

8.4.4 UN/CEFACT 核心构件库中参考业务信息实体子库、参考限定类型子库、以及唯一限定数据类型子库

图 8－17 给出了 UN/CEFACT 核心构件库（CCL）标准中参考业务信息实体（BIE）子库部分的图示。它是由业务信息实体子库 BIE 演变而来。它与业务信息实体子库 BIE 的区别是有不同的属性。

1. 在图 8－17 中参考 BIE 子库中的 ABIE、BBIE 以及 ASBIE 与业务信息实体子库 BIE 相同的属性有：

UN 分配的唯一标识号——由 10 位字母数字组成，前 2 位为 UN，后接 8 位为数字；

具体的 BIE——ABIE、BBIE 或 ASBIE；

字典条目名称；

必备性的定义；

工作评论和说明；

发布的说明；

对象类限定符；

对象类词；

ADD/CHG/DEP/WDR	Unique UN Assigned ID	ABIE/ BBIE/ ASBIE/ACC/BCC/ASCC/DT/ CC/SC	Dictionary Entry Name (auto generated)	Definition Mandatory	Working comments and instructions	Publication comments
	TBG17 Only	START HERE Press Enter	Keep the rows together Adjust selected rows with Ctrl-a	Enable macro's with Ctrl-e Disable macro's with Ctrl-d	Optional	Optional
		DT		Complex Data Type containing Supplemental Components		
		CC		Content Component		
		SC		Supplemental Component contained within the Data Type		
	UN02000171	DT	Access Rights Type_ Code. Type	A character string used to represent the type of access rights.		
		CC	Code. Content	A character string used to represent the type of access rights.		
		SC	Code List. Identifier			
		SC	Code List. Agency. Identifier			
		SC	Code List. Version. Identifier			
		SC	Code List. Uniform Resource. Identifier			
	UN02000165	DT	Accounting Account Balance Reopening Type_ Code. Typ	A character string used to represent the type of accounting account balance reopening.		
		CC	Code. Content	A character string used to represent the type of accounting account balance reopening.		
		SC	Code List. Identifier			
		SC	Code List. Agency. Identifier			
		SC	Code List. Version. Identifier			
		SC	Code List. Uniform Resource. Identifier			
	UN02000161	DT	Accounting Account Classification_ Code. Type	A character string used to represent the type of accounting account classification.		
		CC	Code. Content	A character string used to represent the type of accounting account classification.		

DI（绿色）　CC（灰色）　SC（白色）

图 8-16　UN/CEFACT 核心构件库（CCL）标准中报文限定数据类型（qDT）子库部分的图示

特性词限定符；

特性词；

数据类型限定符；

表示词；

已限定的数据类型 UID；

已关联的对象类词限定符；

已关联的对象类；

业务术语；

使用规则；

顺序号；

最大出现次数；

最小出现次数。

2. 与业务信息实体子库 BIE 不同的属性有：

必备的 BIE 语境类别，它由业务过程、产品、行业、地区、官方限制、角色、支持的角色、系统限制等组成。

目前给出的参考 BIE 子库由 8000 多个 ABIE、BBIE 或 ASBIE 组成，它们按照字典条目名称排序。图 8－17 中的 ABIE、BBIE 以及 ASBIE 有不同的字典条目名称。根据 UN/CEFACT 核心理论 ABIE 中包含了 BBIE 和 ASBIE。在 BIE 子库中的 ABIE 与 BBIE 和 ASBIE 分别用颜色区分，其中 ABIE 的底色为黄色，BBIE 和 ASBIE 的底色均为灰色。ABIE 与它所包含的 BBIE 和 ASBIE 的唯一标识号通常是由小到大，其中先是 BBIE 的唯一标识号，然后是 ASBIE 的唯一标识号。例如：ABIE 唯一标识号为 UN01009069，它包含 4 个 BBIE 和 4 个 ASBIE，其中 4 个 BBIE 的唯一标识号分别为：UN01009070、UN01009071、UN01009072、UN01009073，4 个 ASBIE 唯一标识号分别为：UN01009074、UN01009075、UN01009076、UN01009077。在字典条目名称的表示上，ABIE 的表示由语境加短线加对象类词加上点号再加上细目组成，如：AAA Archive_ Archive Parameter. Details；BBIE 的表示由语境加短线加对象类词加上点号加上加特性词细目组加点号再加表示词组成，如：AAA Archive_ Archive Parameter. Input. Date Time；ASBIE 的表示由语境加短线加对象类词加点号加特性词加点号再加语境加短线加关联对象类组成，如：AAA Archive_ Archive Parameter. Trusted Third Party. AAA Archive_ Authentication。

在实际应用中使用的是 BIE 子库，而不直接使用参考 BIE 子库。给出参考 BIE 子库的目的是为了让用户了解更多的 BIE 子库的信息。

ADD/CHG/DEP/WDR	Unique UN Assigned ID	ABIE/ BBIE/ ASBIE/ACC/ BCC/ASCC/ DT/CC/SC	Dictionary Entry Name (auto generated)	Definition Mandatory	Working comments and instructions	Publication comments	Object Class Term Qualifier(s)	Object Class Term	Prope Qual
	TBG17 Only	START HERE Press En	Keep the rows together Adjust selected rows with Ctrl-a	Enable macro's with Ctrl-e Disable macro's with Ctrl	Optional	Optional	Optional for BIE	Mandatory	Opti BBIE
		ABIE		Aggregate Business Information Entity					
		BBIE		Basic Business Information Entity contained within the					
		ASBIE		Associated (Aggregate) Business Information Entity,					
ADD	UN01009069	ABIE	AAA Archive_ Archive Parameter. Details	The set of parameters linked with this AAA (Accounting And Audit) archive.			AAA Archive	Archive Parameter	
ADD	UN01009070	BBIE	AAA Archive_ Archive Parameter. Input. Date Time	The date, time, date time, or other date time value of the input of this AAA archive parameter.			AAA Archive	Archive Parameter	
ADD	UN01009071	BBIE	AAA Archive_ Archive Parameter. Scheduled Destruction. Date Time	The scheduled destruction date, time, date time, or other date time value for this AAA archive parameter.			AAA Archive	Archive Parameter	
ADD	UN01009072	BBIE	AAA Archive_ Archive Parameter. Prescription. Date Time	The prescription date, time, date time, or other date time value for this AAA archive parameter.			AAA Archive	Archive Parameter	
ADD	UN01009073	BBIE	AAA Archive_ Archive Parameter. Destruction Authorization Level. Identifier	The identifier of the authorization level for the destruction for this AAA archive parameter.			AAA Archive	Archive Parameter	
ADD	UN01009074	ASBIE	AAA Archive_ Archive Parameter. Input Responsible. AAA Archive_ Party	The party responsible for the input of this AAA archive parameter.			AAA Archive	Archive Parameter	
ADD	UN01009075	ASBIE	AAA Archive_ Archive Parameter. Destruction Responsible. AAA Archive_ Party	The party responsible for the destruction of this AAA archive parameter.			AAA Archive	Archive Parameter	
ADD	UN01009076	ASBIE	AAA Archive_ Archive Parameter. Trusted Third Party. AAA Archive_ Authentication	The authentication of the trusted third party for this AAA archive parameter.			AAA Archive	Archive Parameter	
ADD	UN01009077	ASBIE	AAA Archive_ Archive Parameter. Agent. AAA Archive_ Authentication	The authentication of the agent for this AAA archive parameter.			AAA Archive	Archive Parameter	
ADD	UN01009158	ABIE	AAA Archive_ Authentication. Details	An AAA (Accounting And Audit) proof that something in an archive is genuine.			AAA Archive	Authentication	
ADD	UN01009159	BBIE	AAA Archive_ Authentication. Actual. Date Time	The actual date, time, date time, or other date time value of this AAA archive			AAA Archive	Authentication	
ADD	UN01009160	BBIE	AAA Archive_ Authentication. Identification. Identifier	The identifier for this AAA archive authentication.			AAA Archive	Authentication	

ABIE（黄色）　BBIE、ASBIE（灰色）

图 8－17　UN/CEFACT 核心构件库（CCL）标准中参考业务信息实体（BIE）子库部分的图示

图 8-18 给出了 UN/CEFACT 核心构件库（CCL）标准中参考限定数据类型（qDT）子库部分图示。与报文 qDT 一样，参考 qDT 由复合数据类型（DT）、内容构件（CC）以及在数据类型中已包含的补充构件（SC）组成。参考 qDT 子库与报文 qDT 的主要区别在属性上。除了有报文 qDT 相同的属性之外，参考 qDT 子库还有自己特有的属性。

目前给出的参考 qDT 子库中的 DT、CC 以及 SC 由颜色来区分，DT 的底色为绿色，CC 的底色为灰色，SC 的底色为白色。在 qDT 子库中共给出了 125 个 DT。所有这些 125 种 DT 必须用 CC 和 SC 来表示。整个参考 qDT 子库共有 800 多个 DT、CC 以及 SC。参考 qDT 子库与 qDT 子库中的 DT、CC 以及 SC 有相同的表示形式。但是在实际应用中都使用 qDT 子库，给出参考 qDT 子库的目的是为了让用户解更多的 qDT 子库的信息。

ADD/CHG/DEP/WDR	Unique UN Assigned ID	ABIE/ BBIE/ ASBIE/ACC/ BCC/ASCC/ DT/CC/SC	Dictionary Entry Name (auto generated)	Facets To restrict the set of values of Content Component or Supplementary C									
	TBG17 On…	START HERE Press En…	Keep the rows together Adjust selected rows with Ctrl-a	Expression	Length	Min length	Max length	Enumeration	Total Digits	Fractional Digits	Min Inclusive	Max Inclusive	Min E…
		DT											
		CC											
		SC											
	UN02000171	DT	Access Rights Type_ Code. Type										
		CC	Code. Content					EDIFICASEU_AccessRightsType D11A.TXT					
		SC	Code List. Identifier										
		SC	Code List. Agency. Identifier										
		SC	Code List. Version. Identifier										
		SC	Code List. Uniform Resource. Identifier										
	UN02000165	DT	Accounting Account Balance Reopening Type_ Code										
		CC	Code. Content					EDIFICASEU_AccountingAccountBalanceReopeningType D11					
		SC	Code List. Identifier										
		SC	Code List. Agency. Identifier										
		SC	Code List. Version. Identifier										
		SC	Code List. Uniform Resource. Identifier										
	UN02000161	DT	Accounting Account Classification_ Code. Type										
		CC	Code. Content					EDIFICASEU_AccountingAccountClassification_D11A.TXT					
		SC	Code List. Identifier										
		SC	Code List. Agency. Identifier										
		SC	Code List. Version. Identifier										
		SC	Code List. Uniform Resource. Identifier										
	UN02000166	DT	Accounting Account Nature Type_ Code. Type										
		CC	Code. Content					EDIFICASEU_AccountingAccountNatureType_D11A.TXT					

DT（绿色）　CC（灰色）　SC（白色）

图 8-18　UN/CEFACT 核心构件库（CCL）标准中参考限定数据类型（qDT）子库部分图示

图 8-19 给出了 UN/CEFACT 核心构件库（CCL）标准中唯一数据类型（uDT）子库部分图示。uDT 由复合数据类型（DT）、内容构件（CC）以及在数据类型中已包含的补充构件（SC）组成。uDT 子库中的 DT、CC 以及 SC 主要有下列属性：

UN 分配的唯一标识号——由 9 位字母数字组成，前 3 位为 UDT，后接 6 位为数字；

具体的 uDT——DT、CC、或 SC；

字典条目名称；

必备性的定义；

数据类型限定符；

表示词；

枚举数；

限制值。

目前给出的 uDT 子库中的 DT、CC、以及 SC 由颜色来区分，DT 的底色为绿色，CC 的底色为灰色，SC 的底色为白色。在 uDT 子库中共给出了 20 个 DT。它与 UN/CEFACT 给出的数据类型技术规范所定义的数据类型完全一致。用户所使用的数据类型必须符合上述 20 种数据类型。uDT 子库中共有 100 多个 DT、CC、以及 SC。

ADD/CHG/DEP/WDR	Unique UN Assigned ID	ABIE/ BBIE/ ASBIE/ACC/ BCC/ASCC/ DT/CC/SC	Dictionary Entry Name (auto generated)	Usage Rule(s)	Occurrence Min	To restrict the set of values of Con						
	TBG17 Only	START HERE Press Enter	Keep the rows together Adjust selected rows with Ctrl-a	Optional	Mandatory for BBIE, ASBIE, BCC, ASCC	Expression	Length	Min length	Max length	Enumeration	Total Digits	Fractio Digit
		DT										
		CC										
		SC										
	UDT000001	DT	Amount. Type									
		CC	Amount. Content									
		SC	Amount. Currency. Identifier									
		SC	Amount. Currency Code List Version. Identifier									
	UDT000002	DT	Binary Object. Type									
		CC	Binary Object. Content									
		SC	Binary Object. Format. Text									
		SC	Binary Object. Mime. Code									
		SC	Binary Object. Encoding. Code									
		SC	Binary Object. Character Set. Code									
		SC	Binary Object. Uniform Resource. Identifier									
		SC	Binary Object. Filename. Text									
	UDT000003	DT	Graphic. Type									
		CC	Binary Object. Content									
		SC	Binary Object. Format. Text									
		SC	Binary Object. Mime. Code									
		SC	Binary Object. Encoding. Code									
		SC	Binary Object. Character Set. Code									
		SC	Binary Object. Uniform Resource. Identifier									
		SC	Binary Object. Filename. Text									
	UDT000004	DT	Picture. Type									
		CC	Binary Object. Content									

DT（绿色）　CC（灰色）　SC（白色）

图 8－19　UN/CEFACT 核心构件库（CCL）标准唯一数据类型（uDT）子库部分图示

8.4.5　UN/CEFACT 核心构件库（CCL）标准应用指南

前面我们看到了 UN/CEFACT 核心构件库（CCL）标准由 6 个不同的子库组成，它们分别是 UN/CEFACT 核心构件库（CC）、UN/CEFACT 业务信息实体库（Message—BIE）、UN/CEFACT 限定数据类型库（Message—qDT）、UN/CEFACT 参考业务信息实体库（Reference—BIE）、UN/CEFACT 参考限定数据类型库（Reference—qDT）、以及 UN/CEFACT 唯一数据类型库（uDT）。在实际应用中应当使用 6 个中的哪个呢？如何使用呢？

在实际应用中应当使用 UN/CEFACT 业务信息实体子库（Message—BIE）和 UN/CEFACT 限定数据类型子库（Message—qDT）。在编制报文时，标准数据从 UN/CEFACT 业务信息实体库（Message—BIE）挑选，数据类型必须是 UN/CEFACT 限定数据类型库（Message—qDT）中规定的数据类型。在 qDT 中的 CC 对应一个 XML SCHEMA 代码或标识符标准。数据类型应符合 UN/CEFACT 唯一数据类型库（uDT）规定的 20 种数据类型。而 UN/CEFACT 核心构件库（CC）、UN/CEFACT 参考业务信息实体库（Reference—BIE）、以及 UN/CEFACT 参考限定数据类型库（Reference—qDT）仅作为参考。

下面看一个 UN/CEFACT 给出的 XML SCHEMA 数据标准 AAAReportingMessage 的例子。

```
<? xml version = "  1.0"  encoding = "  UTF - 8"  ?  >
- <! - -  = = = = = = = = = = = = = = = = = = = = = = = = = = = = = = = = =  - - >
- <! - -  = = = = =  AAAReportingMessage Schema Module
          = = = = =  - - >
- <! - -  = = = = = = = = = = = = = = = = = = = = = = = = = = = = = = = = =  - - >
   =  <! —
   Schema agency:    UNCEFACT
   Schema version: 2.0
   Schema date:      5 March 2012

   Copyright (C) UN/CEFACT (2012) . All Rights Reserved.

   This document and translations of it may be copied and furnished to others, and
   derivative works that comment on or otherwise explain it or assist in its imple-
   mentation may be prepared, copied, published and distributed, in whole or in
   part, without restriction of any kind, provided that the above copyright notice and
   this paragraph are included on all such copies and derivative works. However,
   this document itself may not be modified in any way, such as by removing the
   copyright notice or references to UN/CEFACT, except as needed for the purpose
   of developing UN/CEFACT specifications, in which case the procedures for copy-
   rights defined in the UN/CEFACT Intellectual Property Rights document must be
   followed, or as required to translate it into languages other than English.

   The limited permissions granted above are perpetual and will not be revoked by
   UN/CEFACT or its successors or assigns.
```

```
-->
<xsd:schema xmlns:xsd="http://www.w3.org/2001/XMLSchema"
xmlns:rsm="urn:un:unece:uncefact:data:standard:AAAReportingMessage:2"
xmlns:ccts="urn:un:unece:uncefact:documentation:standard:CoreComponentsTechnicalSpecification:2"
xmlns:udt="urn:un:unece:uncefact:data:standard:UnqualifiedDataType:10" xmlns:qdt="urn:un:unece:uncefact:data:standard:QualifiedDataType:10" xmlns:ram="urn:un:unece:uncefact:data:standard:ReusableAggregateBusinessInformationEntity:10"
targetNamespace="urn:un:unece:uncefact:data:standard:AAAReportingMessage:2" elementFormDefault="qualified" attributeFormDefault="unqualified" version="2.0">
-<!-- ================================== -->
-<!-- ===== Imports                ===== -->
-<!-- ================================== -->
-<!-- ================================== -->
-<!-- ===== Import of Unqualified DataType Schema Module ===== -->
-<!-- ================================== -->
<xsd:import
    namespace="urn:un:unece:uncefact:data:standard:UnqualifiedDataType:10"
    schemaLocation="http://www.unece.org/uncefact/data/standard/UnqualifiedDataType_11p0.xsd"/>
-<!-- ================================== -->
-<!-- ===== Import of Qualified DataType Schema Module ==== -->
-<!-- ================================== -->
<xsd:import
    namespace="urn:un:unece:uncefact:data:standard:QualifiedDataType:10"
schemaLocation="http://www.unece.org/uncefact/data/standard/Qualified-
```

```
DataType_ 10p0. xsd" />
- <! - - = = = = = = = = = = = = = = = = = = = = = = = = = = = = = = = = - - >
- <! - - = = = = = Import of Reusable Aggregate Business Information Entity
Schema Module = = - - >
- <! - - = = = = = = = = = = = = = = = = = = = = = = = = = = = = = = = = - - >
<xsd: import
  namespace = " urn: un: unece: uncefact: data: standard: ReusableAg-
gregateBusinessInformationEntity: 10"
  schemaLocation = " http: //www. unece. org/uncefact/data/standard/Reus-
  ableAggregateBusinessInformationEntity_ 10p0. xsd" />
- <! - - = = = = = = = = = = = = = = = = = = = = = = = = = = = = = = = = - - >
- <! - - = = = = = Element Declarations = = = = = - - >
- <! - - = = = = = = = = = = = = = = = = = = = = = = = = = = = = = = = = - - >
- <! - - = = = = = Root Element Declarations = = = = = - - >
- <! - - = = = = = = = = = = = = = = = = = = = = = = = = = = = = = = = = - - >
- <xsd: element name = " AAAReportingMessage"
  type = " rsm: AAAReportingMessageType" >
- <xsd: annotation>
- <xsd: documentation xml: lang = " en" >
  <ccts: UniqueID>AAARM</ccts: UniqueID>
  <ccts: Acronym>RSM</ccts: Acronym>
  <ccts: Name>AAAReportingMessage</ccts: Name>
  <ccts: Version>1. 0</ccts: Version>
  <ccts: Definition>A collection of responses, to structured and tagged ques-
tions organised in one or several questionnaires/that must be timely dis-
closed or delivered to public or private interested parties. </ccts: Definition>
                    <ccts: BusinessProcessContextValue>Reporting
  Message</ccts: BusinessProcessContextValue>
             <ccts: GeopoliticalOrRegionContextValue>In All
  Contexts</ccts: GeopoliticalOrRegionContextValue>
            <ccts: OfficialConstraintContextValue>In All
  Contexts</ccts: OfficialConstraintContextValue>
<ccts: ProductContextValue>In All Contexts</ccts: ProductContextValue>
<ccts: IndustryContextValue>International, National, Local Generally Admitted
Accounting Principles and Regulations</ccts: IndustryContextValue>
                    <ccts: BusinessProcessRoleContextValue>Account-
ing,
  Audit</ccts: BusinessProcessRoleContextValue>
```

```
<ccts：SupportingRoleContextValue>In All Contexts</ccts：SupportingRoleContextValue>
<ccts：SystemCapabilitiesContextValue>In All Contexts</ccts：SystemCapabilitiesContextValue>
</xsd：documentation>
</xsd：annotation>
</xsd：element>
- <!-- ================================== -->
- <!-- ===== Type Definitions ===== -->
- <!-- ================================== -->
- <!-- ===== Type Definition：AAAReportingMessageType ===== -->
- <!-- ================================== -->
= <xsd：complexType name="AAAReportingMessageType">
= <xsd：annotation>
= <xsd：documentation xml：lang="en">
<ccts：UniqueID>AAARM-2</ccts：UniqueID>
<ccts：Acronym>MA</ccts：Acronym>
<ccts：DictionaryEntryName>AAA_ Reporting Message. Details</ccts：DictionaryEntryName>
<ccts：Version>1.0</ccts：Version>
<ccts：Definition>A collection of responses, to structured and tagged questions organised in one or several questionnaires, that must be timely disclosed or delivered to public or private interested parties.</ccts：Definition>
<ccts：ObjectClassTerm>Reporting Message</ccts：ObjectClassTerm>
<ccts：ObjectClassQualifierTerm>AAA</ccts：ObjectClassQualifierTerm>
<ccts：BusinessProcessContextValue>Reporting Message</ccts：BusinessProcessContextValue>
<ccts：GeopoliticalOrRegionContextValue>In All Contexts</ccts：GeopoliticalOrRegionContextValue>
<ccts：OfficialConstraintContextValue>In All Contexts</ccts：OfficialConstraintContextValue>
<ccts：ProductContextValue>In All Contexts</ccts：ProductContextValue>
<ccts：IndustryContextValue>International, National, Local Generally Admitted Accounting Principles and Regulations</ccts：IndustryContextValue>
<ccts：BusinessProcessRoleContextValue>Accounting,
```

Audit </ccts: BusinessProcessRoleContextValue>

<ccts: SupportingRoleContextValue>**In All Contexts**</ccts: SupportingRoleContextValue>

<ccts: SystemCapabilitiesContextValue>**In All Contexts**</ccts: SystemCapabilitiesContextValue>

</xsd: documentation>

</xsd: annotation>

= <xsd: sequence>

= <xsd: element name=" **AAAReportFormality**" type=" **ram: AAAReportFormalityType**" maxOccurs=" **unbounded**" >

= <xsd: annotation>

= <xsd: documentation xml: lang=" **en**" >

<ccts: UniqueID>**UN01008055**</ccts: UniqueID>

<ccts: Acronym>**ASMA**</ccts: Acronym>

<ccts: DictionaryEntryName>**AAA_ Reporting Message. AAA Report_ Formality**</ccts: DictionaryEntryName>

<ccts: Version>**1. 0**</ccts: Version>

<ccts: Definition>**A compilation of gathered information to fulfill a formality to be remitted to official data collectors or interested parties, such as tax or social return, statistical statement, financial report.** </ccts: Definition>

<ccts: Cardinality>**1. . n**</ccts: Cardinality>

<ccts: ObjectClassTerm>**Reporting Message**</ccts: ObjectClassTerm>

<ccts: ObjectClassQualifierTerm>**AAA**</ccts: ObjectClassQualifierTerm>

<ccts: AssociationType>**composition**</ccts: AssociationType>

<ccts: PropertyTerm />

<ccts: AssociatedObjectClassTerm>**Formality**</ccts: AssociatedObjectClassTerm>

<ccts: AssociatedObjectClassQualifierTerm>**AAA Report**</ccts: AssociatedObjectClassQualifierTerm>

<ccts: BusinessProcessContextValue>**AAA Report**</ccts: BusinessProcessContextValue>

<ccts: BusinessProcessContextValue>**Formality**</ccts: BusinessProcessContextValue>

<ccts: GeopoliticalOrRegionContextValue>**In All Contexts**</ccts: GeopoliticalOrRegionContextValue>

<ccts: OfficialConstraintContextValue>**In All Contexts**</ccts: OfficialConstraintContextValue>

<ccts：ProductContextValue>**In All Contexts**</ccts：ProductContextValue>
<ccts：IndustryContextValue>**International，National，Local Generally Admitted Accounting Principles and Regulations**</ccts：IndustryContextValue>
<ccts：BusinessProcessRoleContextValue>**Accounting，Audit**</ccts：BusinessProcessRoleContextValue>
<ccts：SupportingRoleContextValue>**In All Contexts**</ccts：SupportingRoleContextValue>
<ccts：SystemCapabilitiesContextValue>**In All Contexts**</ccts：SystemCapabilitiesContextValue>
</xsd：documentation>
</xsd：annotation>
</xsd：element>
</xsd：sequence>
</xsd：complexType>
</xsd：schema>

在上述例子中出现有关业务信息实体（BIE）：

<ccts：UniqueID>**UN01008055**</ccts：UniqueID>

其中的UN01008055指的就是业务信息实体唯一标识。它是聚合业务信息实体（ABIE），其名称为：AAA Report_ Formality. Details。聚合业务信息实体UN01008055由5个基本业务信息实体（BBIE）和3个关联业务信息实体（ASBIE）组成。5个基本业务信息实体（BBIE）的唯一标识分别为UN01008056、UN01008057、UN01008058、UN01008059、以及UN01008060，名称分别为：AAA Report_ Formality. Identification. Identifier、AAA Report_ Formality. Name. Text、AAA Report_ Formality. Manifest. Text、AAA Report_ Formality. Nomenclature. Identifier、以及AAA Report_ Formality. Nomenclature Name. Text。3个关联业务信息实体（ASBIE）的唯一标识分别为UN01008061、UN01008062、以及UN01008063，名称分别为：AAA Report_ Formality. Included. AAA Report_ Form Template、AAA Report_ Formality. Concerned. AAA Report_ Organization、以及AAA Report_ Formality. Specified. AAA Report_ Accounting Period。

8.5 UN/CEFACT UML 核心构件轮廓技术规范

UN/CEFACT UML核心构件轮廓技术规范的目的是为CCTS提供标准的UML工具支撑，同时支持在不同的UML工具之间很容易地进行信息交换，另外还支持相对于CCTS信息模型结构和语义的有效性。

由于UN/CEFACT UML核心构件轮廓技术规范的读者主要是UN/CEFACT的开发人员，以及软件开发人员，因此，在这里就不详述。有兴趣的读者可登陆UN/CEFACT网站下载该技术规范进行研究。

本章小结

1. **核心构件（CC）** 是一种语义构筑块，也是构建所有电子业务报文的基础。UN/CEFACT 把它定义为："用来创建清晰、有意义的数据模型、词汇和信息交换包的语义构件，作为创建业务信息实体的基础。"

2. 基于 XML 报文所使用的数据放弃了数据元理论，而是使用了信息技术中新创立的核心构件（有的称做核心组件）理论。这套理论与数据元理论既有联系又有区别，它们在使用上比数据元更为灵活，且避免了烦琐的限制，减少了数据的冗余，因此，目前基于互联网的电子商务广泛采用了这套理论。

3. 在 UN/CEFACT 核心构件技术规范中的 CC 包括 4 种不同类型，它们分别是：基本核心构件（BCC）、关联核心构件（ASCC）、聚合核心构件（ACC）、以及核心构件类型（CCT）。

4. UN/CEFACT 把**基本核心构件（BCC）** 定义为："一个核心构件，构成特定聚合核心构件的单个业务特性，并具有唯一的业务语义定义。基本核心构件表示基本核心构件的特性，因而具有定义其值域的核心数据类型，在功能上作为聚合核心构件特性。"

5. UN/CEFACT 把**聚合核心构件（ACC）** 定义为："由相互关联的若干条业务信息组成的集合，它表达了清晰的业务含义，独立于任何特定业务语境。当用建模术语来表达时，它表示一个独立于任何特定业务语境的对象类。"

6. UN/CEFACT 把**关联核心构件（ASCC）** 定义为："一个核心构件，该构件定义了一个特定的、与另一个聚合核心构件（被称为关联聚合核心构件）相关联的聚合核心构件（被称为已关联的聚合核心构件）的角色。关联核心构件在功能上作为一个关联聚合核心构件的聚合核心构件特性。"

7. UN/CEFACT 把**核心构件类型（CCT）** 定义为："由一个内容构件（有且仅有一个）和一个或多个辅助构件组成的一种核心构件，其中内容构件给出了实际内容，辅助构件对内容构件给出了实质性的补充定义。核心构件类型没有业务语义。"

8. 通过图 8－2 了解和掌握 BCC、ACC、ASCC、以及 CCT 之间的逻辑关系。

9. 通过图 8－3 了解和掌握构成基于 XML 电子商务报文的数据结构。

10. UN/CEFACT 核心构件数据类型目录技术规范是根据 UN/CEFACT 核心构件技术规范理论发展来的。按照 UN/CEFACT 核心构件技术规范对于数据类型的规则，UN/CEFACT 在最新开发的 UN/CEFACT 核心构件数据类型目录技术规范中定义了 22 种数据类型。它们分别是：

1）金额．类型；2）二进制对象．类型；3）代码．类型；4）日期．类型；5）日期时间．类型；6）持续时间．类型；7）图表．类型；8）标识符．类型；9）指示符．类型；10）计量．类型；11）名称．类型；12）序数．类型；13）百分比．类型；14）图像．类型；15）数量．类型；16）比率．类型；17）比值．类型；18）声音．类型；19）文本．类型；20）时间．类型；21）值．类型；22）录像．类型。

11. UN/CEFACT 核心构件库（CCL）标准是根据 UN/CEFACT 贸易数据元目录、UN/CEFACT 核心构件技术规范、以及 UN/CEFACT 核心构件数据类型目录技术规范发展来的。

12. UN/CEFACT 核心构件库（CCL）标准由6个不同的子库组成，它们分别是UN/CEFACT 核心构件库、UN/CEFACT 业务信息实体库、UN/CEFACT 限定数据类型库、UN/CEFACT 参考业务信息实体库、UN/CEFACT 参考限定数据类型库、以及 UN/CEFACT 唯一数据类型库。用户可根据自己的需求在 CCL 中选择数据。

思考题

1. 通过本章的学习你是否对核心构件理论与数据元理论进行过比较？

2. 你是否分析过 UN/CEFACT 核心构件库与 UN/CEFACT 贸易数据元目录之间的关系？

3. 你是否分析过 EDI 报文与 XML 报文的数据结构？

第9章 以UN/CEFACT XML命名和设计规则技术规范为基础建立起来的标准

本章学习目标

◆ 了解 UN/CEFACT XML 命名和设计规则技术规范；
◆ 了解和掌握 XML Schema 标准；
◆ 了解和掌握 XML Schema 标准的使用方法。

9.1 XML SCHEMA 的基本概念

XML Schema 是以 XML 语言为基础的构件模块，它用于替代 DTD。一份 XML Schema 文件描述了 XML 文档的结构。XML Schema 语言也被称为 XML Schema 定义（XSD）。

XML Schema 的作用是定义一份 XML 文档的合法组件群，就像 DTD 的作用一样，一份 XML Schema 定义了：

- 出现在文档里的元素 ；
- 出现在文档里的属性 ；
- 哪些元素是子元素 ；
- 子元素的顺序 ；
- 子元素的数量 ；
- 一个元素是否应包含文本，或应是空 ；
- 元素和属性的数据类型 ；
- 元素和属性的默认值和固定值。

由于 XML Schema 下列 5 个优点，因此，XML Schema 是基于 XML 的 DTD 替代。目前 XML Schema 正在大部分网络应用程序中取代 DTD。

- 可针对未来的需求进行扩展；
- XML Schema 更完善，功能更强大；
- XML Schema 基于 XML 编写；
- XML Schema 支持数据类型；
- XML Schema 支持命名空间。

XML Schema 最重要的特点就是对数据类型的支持。通过对数据类型的支持：

- 可更容易地描述允许的文档内容；
- 可更容易地验证数据的正确性；

- 可更容易地与来自数据库的数据一并工作；
- 可更容易地定义数据约束（data facets）；
- 可更容易地定义数据模型（或称数据格式）；
- 可更容易地在不同的数据类型间转换数据。

XML Schema 另一个重要特点是使用 XML 语法，由 XML 编写 XML Schema 有如下好处：

- 不必学习新的语言；
- 可使用 XML 编辑器来编辑 Schema 文件；
- 可使用 XML 解析器来解析 Schema 文件；
- 可通过 XML DOM 来处理 Schema；
- 可通过 XSLT 来转换 Schema。

XML Schema 还具有保护数据通信的功能，当数据从发送方被发送到接受方时，其要点是双方应有关于内容的相同的“期望值”。通过 XML Schema，发送方可以用一种接受方能够明白的方式来描述数据。一种数据，比如" 03 - 11 - 2004"，在某些国家被解释为 11 月 3 日，而在另一些国家为当作 3 月 11 日。但是一个带有数据类型的 XML 元素，比如：<date type =" date" >2004 - 03 - 11 </date >，可确保对内容一致的理解，这是因为 XML 的数据类型" date" 要求的格式是" YYYY - MM - DD"。

XML Schema 还具有可扩展的功能。通过可扩展的 Schema 定义，您可以在其他 Schema 中重复使用您的 Schema，创建由标准类型衍生而来的您自己的数据类型，在相同的文档中引用多重的 Schema。

正是由于 XML Schema 上述特点和功能，UN/CEFACT 将它作为电子商务的主要应用构件模块，专门制定了 UN/CEFACT XML 命名和设计规则技术规范，并在此基础上将 EDI 代码表标准中的 156 多个代码全部转换成 XML Schema 格式的标准，同时研制开发了 70 多项基于 XML Schema 的报文标准。

9.2 UN/CEFACT XML 命名和设计规则技术规范概述

UN/CEFACT 于 2005 年推出第 1 版 UN/CEFACTXML 命名和设计规则技术规范，后来又经过了 2 次修订，目前最新的版本为 2009 年 12 月给出的 3.0 版本。UN/CEFACT XML 命名和设计规则技术规范 3.0 版本由 9 章构成，其主要内容包括：XML Schema 架构，语境的应用，通用 XML Schema 定义语言约定，XML Schema 文件，以及 XML 实例文件。由于 UN/CEFACT XML 命名和设计规则技术规范的篇幅很大，这里不进行描述，当用户需要时可以登陆 UN/CEFACT 官方网站获取所需要的内容。

UN/CEFACT XML 命名和设计规则技术规范定义了 XML 的架构以及定义、描述和使用 XML 必要的规则，以便在一致性的基础上明确表述业务信息交换。该规范基于万维网联盟制定的 XML 规范和 UN/CEFACT 核心构件技术规范。UN/CEFACT 将使用该规范定义 XML Schema 和 XML Schema 文档。

UN/CEFACT 制定该技术规范的目的是提供基于 XML 标准的语义数据模型表达式，用来表示业务信息交换。当在一个开放的环境中共享业务信息并使用 XML Schema 定义业务内容的结构时可使用这些表达式。其中描述和规定了 UN/CEFACT 用于开发 XML Schema 和 Schema 文档的规则和指导原则；该开发过程基于与 UN/CEFACT 核心构件技术规范（CCTS）一致性的构件，并依据 UN/CEFACT 核心构件技术规范的信息模型。

制定该技术规范的指导原则为：

- 与 UN/CEFACT 建模方法（UMM）的关系——UN/CEFACT XML Schema 定义将基于依附于业务流程模型的 UMM 元模型；
- 与信息模型的关系——UN/CEFACT XML Schema 将基于依据 UN/CEFACT《核心构件技术规范》开发的信息模型；
- 创建 XML Schema——UN/CEFACT XML Schema 设计规则将通过手动和自动生成方式支持 XML Schema 创建；
- 交换和应用——UN/CEFACT XML Schema 和生成的 XML 实例文件专用于各种数据交换；
- 工具的使用和支持——UN/CEFACT XML Schema 设计未对复杂工具的创建、管理、储存或描述进行任何假设；
- 易读性——UN/CEFACT XML 实例文件在对其设计的语境中应直观、清晰；
- Schema 特征——UN/CEFACT XML 模式的设计应使用 W3C XML Schema 定义语言推荐规范中最常见的支持特征；
- 技术规范——UN/CEFACT XML 命名和设计规则将基于与 W3C 推荐规范具有等效作用的技术规范；
- XML Schema 规范——UN/CEFACT XML 命名和设计规则应完全符合 W3C XML Schema 定义语言推荐规范；
- 互操作性——尽量使用一种方法表达 UN/CEFACT XML Schema 和 UN/CEFACT XML 实例文件中相同的信息；
- 维护——UN/CEFACT XML Schema 的设计必须易于维护；
- 语境敏感性——UN/CEFACT XML Schema 的设计必须确保包括上下文敏感性文件类型；
- 与其他命名空间的关系——UN/CEFACT 在与其他命名空间建立依赖关系时应非常谨慎；
- 遗留格式——UN/CEFACT XML 命名和设计规则不负责支持遗留格式。

所有 UN/CEFACT 业务信息建模和业务流程建模均使用 UN/CEFACT CCTS 中描述的方法和模型。

UN/CEFACT 核心构件技术规范（CCTS）提供了一种识别、捕获和最大化业务信息再使用的方法，以支持和加强信息的互操作性。

CCTS 的基本概念为核心构件（CC）和业务信息实体（BIE）。CC 为可用于数据建模、信息建模和信息交换各个方面的构建模块，且为可用于定义业务信息实体（BIE）的概念性模型。

BIE 为逻辑数据模型构件表达式，用于创建逻辑数据模型、具有互操作性的业务流程模型、业务文件和信息交换。BIE 是通过将语境应用于满足下列条件的 CC 中创建的：

- 有资格提供唯一的业务语义；
- 为潜在的 CC 指规定束条件。

CC 包括总体核心组件（ACC）、基本核心组件（BCC）和关联核心组件（ASCC）。BIE 包括总体业务信息实体（ABIE）、基本业务信息实体（BBIE）和关联业务信息实体（ASBIE）。

用于 BIE 的 CCTS 模型包括：

- 一般信息——在 XML Schema 中以注释文件形式表达的信息；
- 局部化信息——以模型表达但不以 XML Schema 表达的信息；
- 使用规则——在 XML Schema 中以注释应用信息表达的信息。

UN/CEFACT XML Schema 设计规则与 CCTS 紧密结合。因此，UN/CEFACT XML Schema 是在完全一致的 BIE 和 CC 的基础上开发出来的。图 9－1 显示了相关的 CCTS CC 构件、BIE 构件、以及 XML Schema 构件之间的关系。CCTS CC 构件栏中的虚线箭头表示给定的 CC 构件利用箭头指示的 CC 构件。从 CC 跨向 BIE 栏的实线箭头表示对从 CC 至 BIE 的构件进行直接映射。

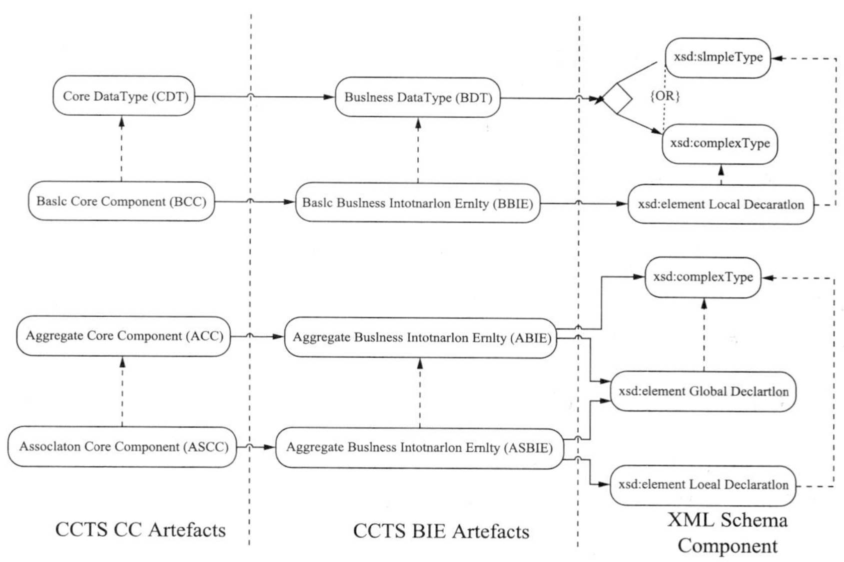

图 9－1　CCTS 构件和 XML Schema 构件之间的转换

CCTS BIE 构件栏中虚线箭头表示给定的 BIE 构件利用箭头指定的 BIE。跨越 BIE 栏和 XML Schema 构件栏的实线箭头表示对从 BIE 至 XML Schema 构件（用于显示）进行直接映射。

XML Schema 构件栏中的虚线箭头表示给定的元素利用箭头指定的构件类型。

a）聚合业务信息实体

所有 ABIE 在 UN/CEFACT BIE XML Schema 文件中均表现为命名空间的一种类型定义（**xsd：复杂类型**）和全局元素（**xsd：元素**）声明。

b）关联业务信息实体

ASBIE 表示相关（父类别）ABIE 和（子类别）ABIE 之间的一种关联，其表现为局部或全局元素，并取决于模型中规定的关联类型（UML 关联聚合类型 = 共享或聚合类型 = 复合）。

ASBIE 声明如下：

- 如果 ASBIE 为**复合**关联（**聚合类型 = 复合**），则声明在表示相关 ASBIE 类型（**xsd：复杂类型**）的范围内，ASBIE 为局部元素（**xsd：元素**）。该局部元素（**xsd：元素**）与关联的 ABIE 类型（**xsd：复杂类型**）相同。
- 如果 ASBIE 为**共享**关联（**聚合类型 = 共享**），则表示在相关 ASBIE 类型的范围内，ASBIE 将作为全局元素（**xsd：元素**）；声明全局元素（**xsd：元素**）与相关的 ABIE 位于同一命名空间，且为同一类型（**xsd：复杂类型**）。

c）基本业务信息实体（BBIE）

声明，BBIE 在 xsd：复杂类型定义范围内作为局部元素代表父类别 ABIE。BBIE 为其 BDT 的 xsd：简单类型或 xsd：复杂类型。

d）业务数据类型

BDT 表示 BBIE 的值域，其类型可定义为 xsd：复杂类型或 xsd：简单类型。如果 BDT 值域可用 XML Schema 内置数据类型的面片表示，则 BDT 可被定义为 xsd：简单类型，其基类型为 XML Schema 内置类型。

如果 BDT 要求更鲁棒的表达式，则 BDT 可被定义为 xsd：复杂类型；该类型的内容模型完全定义了其值域。

e）语境类别

CCTS 确定了一套语境类别，如业务流程、地理政治、系统能力或业务流程角色。这些类别已定义的值全部表示特定的 BIE 语境。本 NDR 规范通过使一个注释应用信息元素（<xsd：注释> <xsd：应用程序信息>）附随于每个元素声明来表示语境。

9.3 UN/CEFACT XML SCHEMA 形式的代码和标识符标准

在第 8 章中曾介绍过基于 XML 报文所使用的数据放弃了数据元理论，而是使用了信息技术中新创立的核心构件理论。UN/CEFACT 为它专门研制了 UN/CEFACT 核心构件技术规范。这套理论与数据元理论既有相似之处，但又有很大区别，核心构件在使用上比数据元更为灵活，且避免了烦琐的限制，减少了数据的冗余，因此，目前基于互联网的电子商务广泛采用了这套理论。

20 世纪 80 年代末与 90 年代初 UN/CEFACT 为 EDI 报文发布了一套代码表（UNCL），它由 271 项代码和标识符组成，其中包括了 UN/CEFACT 专门为单证标准化发布的全部代码。基于 XML 电子商务标准化理论在这方面专门为基于 XML 电子商务准备了一套代码、数据、以及标识符标准，并且以 XML Schema 的形式给出。目前 UN/CEFACT 专门为基于 XML 电子商务研制了 154 个 XML Schema 形式的代码和标识符标准。它们主要采用了欧洲 EDI 协会（EDIFICASEU）和联合国欧经会（UNECE）的代码和标识符标准。这 154 个 XML Schema 形式的代码和标识符有的与用于贸易单证的联合国建议书一致，有的与 EDIFACT 代码表中的代码一致。下面给出这 154 个 XML Schema 形式的代码和标识符标准的具体名称：

- EDIFICASEU_ AccessRightsType_ D10A. xsd
- EDIFICASEU_ AccountingAccountBalanceReopeningType_ D10A. xsd
- EDIFICASEU_ AccountingAccountClassification_ D10A. xsd
- EDIFICASEU_ AccountingAccountNatureType_ D10A. xsd
- EDIFICASEU_ AccountingAccountStatus_ D10A. xsd
- EDIFICASEU_ AccountingAccountType_ D10A. xsd
- EDIFICASEU_ AccountingAmountType_ D10A. xsd
- EDIFICASEU_ AccountingContact_ D10A. xsd
- EDIFICASEU_ AccountingDocumentType_ D10A. xsd
- EDIFICASEU_ AccountingEntryCategory_ D10A. xsd
- EDIFICASEU_ AccountingEntryLineCategory_ D10A. xsd
- EDIFICASEU_ AccountingEntryLineSource_ D10A. xsd
- EDIFICASEU_ AccountingEntryProcessing_ D10A. xsd
- EDIFICASEU_ AccountingJournalCategory_ D10A. xsd
- EDIFICASEU_ AccountingJournal_ D10A. xsd
- EDIFICASEU_ AccountingPerquisite_ D10A. xsd
- EDIFICASEU_ AccountingVoucherMedium_ D10A. xsd
- EDIFICASEU_ AdditionalPostponement_ D10A. xsd
- EDIFICASEU_ AddressFormatType_ D10A. xsd
- EDIFICASEU_ AlternateCurrencyAmount_ D10A. xsd
- EDIFICASEU_ AmortizationMethod_ D10A. xsd
- EDIFICASEU_ AmountWeightType_ D10A. xsd
- EDIFICASEU_ CertificateType_ D10A. xsd
- EDIFICASEU_ FinancialAccountType_ D10A. xsd
- EDIFICASEU_ FinancialInstitutionRole_ D10A. xsd
- EDIFICASEU_ LifetimeEndCost_ D10A. xsd
- EDIFICASEU_ OrganizationFunctionType_ D10A. xsd
- EDIFICASEU_ PartyType_ D10A. xsd
- EDIFICASEU_ RefundMethod_ D10A. xsd
- EDIFICASEU_ ScenarioType_ D10A. xsd
- EDIFICASEU_ SoftwareUserType_ D10A. xsd
- EDIFICASEU_ TaxExemptionReason_ D10A. xsd
- IANA_ CharacterSetCode_ 20101104. xsd
- IANA_ MIMEMediaType_ 20110216. xsd
- ISO_ ISO2AlphaLanguageCode_ 20070618. xsd
- ISO_ ISO3AlphaCurrencyCode_ 20110218. xsd

- UNECE_ ActionCode_ D10A. xsd
- UNECE_ AddressType_ D10A. xsd
- UNECE_ AdjustmentReasonDescriptionCodeFinancial_ D10A. xsd
- UNECE_ AdjustmentReasonDescriptionCode_ D10A. xsd
- UNECE_ AgencyIdentificationCodeCargoOperationalCategory_ D10A. xsd
- UNECE_ AgencyIdentificationCodeGoodsTypeCode_ D10A. xsd
- UNECE_ AgencyIdentificationCodeTransportEquipmentSizeTypeCode_ D10A. xsd
- UNECE_ AgencyIdentificationCode_ D10A. xsd
- UNECE_ AllowanceChargeReasonCode_ D10A. xsd
- UNECE_ AllowanceOrChargeIdentificationCode_ D10A. xsd
- UNECE_ AutomaticDataCaptureMethodCode_ D10A. xsd
- UNECE_ CargoOperationalCategoryCode_ D10A. xsd
- UNECE_ CargoTypeClassificationCode_ D10A. xsd
- UNECE_ CargoTypeCode_ 1996Rev2Final. xsd
- UNECE_ CharacterSetEncodingCode_ 40106. xsd
- UNECE_ CommodityIdentificationCode_ D10A. xsd
- UNECE_ CommunicationMeansTypeCode_ D10A. xsd
- UNECE_ ContactFunctionCode_ D10A. xsd
- UNECE_ ContractorType_ D10A. xsd
- UNECE_ ContractTypeCode_ D10A. xsd
- UNECE_ CostManagementCode_ D10A. xsd
- UNECE_ CostReportingCode_ D10A. xsd
- UNECE_ CustomsDutyRegimeTypeCode_ D10A. xsd
- UNECE_ DangerousGoodsPackingCode_ D10A. xsd
- UNECE_ DangerousGoodsRegulationCode_ D10A. xsd
- UNECE_ DateTimePeriodFunctionCode_ D10A. xsd
- UNECE_ DeliveryPlanCommitmentLevelCode_ D10A. xsd
- UNECE_ DeliveryTermsCode_ 2000. xsd
- UNECE_ DeliveryTermsFunctionCode_ D10A. xsd
- UNECE_ DimensionTypeCode_ D10A. xsd
- UNECE_ DocumentNameCodeAccounting_ D10A. xsd
- UNECE_ DocumentNameCodeBilling_ D10A. xsd
- UNECE_ DocumentNameCodeInvoice_ D10A. xsd
- UNECE_ DocumentNameCodeQuotation_ D10A. xsd
- UNECE_ DocumentNameCodeRemittance_ D10A. xsd
- UNECE_ DocumentNameCodeScheduling_ D10A. xsd
- UNECE_ DocumentNameCode_ D10A. xsd
- UNECE_ DocumentStatusCode_ D10A. xsd

- UNECE_ DutyorTaxorFeeCategoryCode_ D10A. xsd
- UNECE_ DutyTaxFeeTypeCode_ D10A. xsd
- UNECE_ EarnedValueCalculationMethod_ D10A. xsd
- UNECE_ EquipmentSizeTypeDescriptionCode_ D10A. xsd
- UNECE_ EquipmentSupplierCode_ D10A. xsd
- UNECE_ EventTimeReferenceCodePaymentTermsEvent_ D10A. xsd
- UNECE_ EventTimeReferenceCode_ D10A. xsd
- UNECE_ FreightChargeQuantityUnitBasisCode_ D10A. xsd
- UNECE_ FreightChargeTariffCode_ D10A. xsd
- UNECE_ FundingTypeCode_ D10A. xsd
- UNECE_ GoodsTypeCode_ D10A. xsd
- UNECE_ GoodsTypeExtensionCode_ D10A. xsd
- UNECE_ GovernmentActionCode_ D10A. xsd
- UNECE_ HierarchicalStructureTypeCode_ D10A. xsd
- UNECE_ LocationFunctionCode_ D10A. xsd
- UNECE_ MarkingInstructionCode_ D10A. xsd
- UNECE_ MeasuredAttributeCode_ D10A. xsd
- UNECE_ MeasurementUnitCommonCodeDuration_ 4. xsd
- UNECE_ MeasurementUnitCommonCodeLinear_ 4. xsd
- UNECE_ MeasurementUnitCommonCodeTemperature_ 4. xsd
- UNECE_ MeasurementUnitCommonCodeVolume_ 4. xsd
- UNECE_ MeasurementUnitCommonCodeWeight_ 4. xsd
- UNECE_ MeasurementUnitCommonCode_ 7. xsd
- UNECE_ MessageFunctionCodeAcknowledgement_ D10A. xsd
- UNECE_ MessageFunctionCode_ D10A. xsd
- UNECE_ ObligationGuaranteeCode_ D10A. xsd
- UNECE_ PackageTypeCode_ 2006. xsd
- UNECE_ PackagingLevelCode_ D10A. xsd
- UNECE_ PackagingRelatedDescriptionCode_ D10A. xsd
- UNECE_ PartyRoleCodeChargePaying_ D10A. xsd
- UNECE_ PartyRoleCode_ D10A. xsd
- UNECE_ PaymentGuaranteeMeansCode_ D10A. xsd
- UNECE_ PaymentMeansChannelCode_ D10A. xsd
- UNECE_ PaymentMeansCode_ D10A. xsd
- UNECE_ PaymentMethodCode_ D10A. xsd
- UNECE_ PaymentTermsTypeCode_ D10A. xsd
- UNECE_ PlanningLevel_ D10A. xsd
- UNECE_ PriceTypeCode_ D10A. xsd

- UNECE_ PriorityDescriptionCode_ D10A. xsd
- UNECE_ ProcessTypeCode_ D10A. xsd
- UNECE_ ProjectTypeCode_ D10A. xsd
- UNECE_ ReferenceTypeCode_ D10A. xsd
- UNECE_ ReportingThresholdTriggerType_ D10A. xsd
- UNECE_ ResourceCostCategory_ D10A. xsd
- UNECE_ ResourcePlanMeasureType_ D10A. xsd
- UNECE_ ResponseTypeCode_ D10A. xsd
- UNECE_ ResponsibleAgencyCode_ D10A. xsd
- UNECE_ ResponsibleAgencyInvolvementCode_ D10A. xsd
- UNECE_ ScheduleTaskRelationshipType_ D10A. xsd
- UNECE_ ScheduleTaskType_ D10A. xsd
- UNECE_ ScheduleTypeCode_ D10A. xsd
- UNECE_ SealConditionCode_ D10A. xsd
- UNECE_ SealingPartyRoleCode_ D10A. xsd
- UNECE_ SealTypeCode_ D10A. xsd
- UNECE_ SecurityClassificationType_ D10A. xsd
- UNECE_ StatusCode_ D10A. xsd
- UNECE_ StatusDescriptionCodeAccountingDebitCredit_ D10A. xsd
- UNECE_ StatusDescriptionCodeWorkflow_ D10A. xsd
- UNECE_ TemperatureTypeCode_ D10A. xsd
- UNECE_ TransportEquipmentCategoryCode_ D10A. xsd
- UNECE_ TransportEquipmentFullnessCode_ D10A. xsd
- UNECE_ TransportEquipmentHaulageArrangementsCode_ D10A. xsd
- UNECE_ TransportMeansDirectionCode_ D10A. xsd
- UNECE_ TransportMeansTypeCode_ 2007. xsd
- UNECE_ TransportModeCode_ 2. xsd
- UNECE_ TransportMovementStageCode_ D10A. xsd
- UNECE_ TransportMovementTypeCode_ D10A. xsd
- UNECE_ TransportPaymentArrangementCode_ D10A. xsd
- UNECE_ TransportServiceCategoryCode_ D10A. xsd
- UNECE_ TransportServiceConditionCode_ D10A. xsd
- UNECE_ TransportServicePriorityCode_ D10A. xsd
- UNECE_ TransportServiceRequirementCode_ D10A. xsd
- UNECE_ TransportStatusCode_ 4. xsd
- ISO_ ISOAlpha2LanguageCode_ 20061027. xsd
- ISO_ ISOTwoletterCountryCode_ SecondEdition2006VI – 8. xsd
- UNECE_ FreightCostCode_ 4. xsd

- UNECE_ PaymentTermsDescriptionIdentifier_ D10A. xsd

9.4 UN/CEFACT XML SCHEMA 形式的数据标准

UN/CEFACT 除了给出了上面 154 个代码和标识符标准之外还给出了 78 种 XML 报文中使用的 UN/CEFACT XML SCHEMA 形式的数据标准。UN/CEFACT 给出的 78 个数据标准实际上就是使用 CCTS 和 XML SCHEMA 理论把报文中所需要的关键数据做成 SCHEMA 模块。这些标准模块的名称如下：

- AAAAccountingJournalListMessage_ 1p0. xsd
- AAAAccountingMessage_ 1p0. xsd
- AAAChartOfAccountsMessage_ 1p0. xsd
- AAALedgerMessage_ 1p0. xsd
- AAAReportingMessage_ 1p0. xsd
- AccountingEntryMessage_ 1p0. xsd
- Acknowledgement_ 7p0. xsd
- AnimalInspectionMessage_ 2p0. xsd
- ContractSummaryData_ 7p0. xsd
- CoreComponentType_ 2p0. xsd
- CostData_ 7p0. xsd
- CostSchedule_ 4p0. xsd
- CropDataSheetMessage_ 5p0. xsd
- CrossBorderLivestock_ 2p0. xsd
- CrossIndustryCatalogue_ 2p0. xsd
- CrossIndustryDemandForecastResponse_ 1p0. xsd
- CrossIndustryDemandForecast_ 1p0. xsd
- CrossIndustryDespatchAdvice_ 2p0. xsd
- CrossIndustryInventoryForecast_ 1p0. xsd
- CrossIndustryInvoice_ 3p0. xsd
- CrossIndustryOrderChange_ 2p0. xsd
- CrossIndustryOrderResponse_ 2p0. xsd
- CrossIndustryOrder_ 2p0. xsd
- CrossIndustryQuotationProposalResponse_ 1p0. xsd
- CrossIndustryQuotationProposal_ 1p0. xsd
- CrossIndustryRemittanceAdvice_ 1p0. xsd
- CrossIndustryRequestForQuotationResponse_ 1p0. xsd
- CrossIndustryRequestForQuotation_ 1p0. xsd
- CrossIndustrySupplyInstruction_ 1p0. xsd
- CrossIndustrySupplyNotification_ 1p0. xsd
- DataSpecificationProfile_ 2p0. xsd

- DataSpecificationQuery_ 2p0. xsd
- DataSpecificationRequest_ 2p0. xsd
- DataSpecification_ 2p0. xsd
- ElectronicAnimalPassportMessage_ 2p0. xsd
- ElectronicDataExchangeProxy_ 1p0. xsd
- ExaminationResultNotification_ 7p0. xsd
- FundingData_ 7p0. xsd
- InvitationToTender_ 7p0. xsd
- LetterOfInvitationToTender_ 7p0. xsd
- LodgingHouseInformationRequest_ 7p0. xsd
- LodgingHouseInformationResponse_ 7p0. xsd
- LodgingHouseTravelProductInformation_ 3p0. xsd
- MaterialSafetyDataSheet_ 5p0. xsd
- MSIRequest_ 2p0. xsd
- MSI_ 2p0. xsd
- NetworkSchedule_ 7p0. xsd
- PrequalificationApplication_ 7p0. xsd
- ProjectArtefactProfile_ 2p0. xsd
- ProjectArtefactQuery_ 2p0. xsd
- ProjectArtefactRequest_ 2p0. xsd
- ProjectArtefact_ 2p0. xsd
- QualificationApplication_ 7p0. xsd
- QualificationResultNotice_ 7p0. xsd
- QualifiedDataType_ 9p0. xsd
- ReceptionOfPrequalificationApplication_ 7p0. xsd
- ReceptionOfQualificationApplication_ 7p0. xsd
- ReceptionOfRegistrationApplication_ 7p0. xsd
- ReceptionOfRequestForTenderInformation_ 7p0. xsd
- ReceptionOfResponseOfTenderGuarantee_ 7p0. xsd
- ReceptionOfTenderGuarantee_ 7p0. xsd
- ReceptionOfTender_ 7p0. xsd
- RegistrationApplication_ 7p0. xsd
- ReportingCalendarData_ 7p0. xsd
- ReportStructure_ 7p0. xsd
- RequestForTenderInformation_ 7p0. xsd
- ResourcingData_ 7p0. xsd
- ResponseOfTenderGuarantee_ 7p0. xsd
- ReusableAggregateBusinessInformationEntity_ 9p0. xsd

- ScheduleCalendarData_ 7p0. xsd
- SPSAcknowledgement_ 5p0. xsd
- SPSCertificate_ 5p0. xsd
- TenderGuarantee_ 7p0. xsd
- TenderInformation_ 7p0. xsd
- TenderResultNotice_ 7p0. xsd
- Tender_ 7p0. xsd
- Thresholds_ 7p0. xsd
- UnqualifiedDataType_ 10p0. xsd

当编写上述形式的 XML 报文时应当使用上述标准。下面给出费用数据标准模块的例子，即：CostData_ 7p0. xsd。

示例：

```
<? xml version = " 1. 0" encoding = " UTF - 8" ? >
- <! - - = = = = = = = = = = = = = = = = = = = = = = = = = = = = = = = = - - >
- <! - - = = = = = CostData Schema Module                      = = = = = - - >
- <! - - = = = = = = = = = = = = = = = = = = = = = = = = = = = = = = = = - - >
= <! - -
    Schema agency:   UNCEFACT
    Schema version: 8. 0
    Schema date:     5 March 2012
```

basis and UN/CEFACT DISCLAIMS ALL WARRANTIES, EXPRESS OR IMPLIED, INCLUDING BUT NOT LIMITED TO ANY WARRANTY THAT THE USE OF THE INFORMATION HEREIN WILL NOT INFRINGE ANY RIGHTS OR ANY IMPLIED WARRANTIES OF MERCHANTABILITY OR FITNESS FOR A PARTICULAR PURPOSE.

```
  -->
= <xsd:schema xmlns:xsd="http://www.w3.org/2001/XMLSchema"
  xmlns:rsm="urn:un:unece:uncefact:data:standard:CostData:8"
  xmlns:ccts="urn:un:unece:uncefact:documentation:standard:
  CoreComponentsTechnicalSpecification:2"
  xmlns:udt="urn:un:unece:uncefact:data:standard:Unqualified-
  DataType:10" xmlns:qdt="urn:un:unece:uncefact:data:Standard:
  QualifiedDataType:10"
  xmlns:ram="urn:un:unece:uncefact:data:Standard:ReusableAg-
  gregateBusinessInformationEntity:10"
  targetNamespace="urn:un:unece:uncefact:data:standard:CostDa-
  ta:8"
  elementFormDefault="qualified"      attributeFormDefault="unqualified"
  version="8.0" >
  - <!-- ================================ -->
  - <!-- ===== Imports                 ===== -->
  - <!-- ================================ -->
  - <!-- ================================ -->
  - <!-- === Import of Unqualified DataType Schema Module ==== -->
  - <!-- ================================ -->
<xsd:import
   namespace="urn:un:unece:uncefact:data:standard:Unqualified-
DataType:10"
   schemaLocation="http://www.unece.org/uncefact/data/standard/Un-
   qualifiedDataType_11p0.xsd" />
  - <!-- ================================ -->
  - <!-- ===== Import of Qualified DataType Schema Module
     ===== -->
  - <!-- ================================ -->
<xsd:import
   namespace="urn:un:unece:uncefact:data:Standard:QualifiedData-
Type:10"
```

```
    schemaLocation =" http://www.unece.org/uncefact/data/Standard/Qual-
    ifiedDataType_10p0.xsd" />
  - <!-- ================================== -->
  - <!-- ===== Import of Reusable Aggregate Business Information Entity
Schema Module === -->
  - <!-- ================================== -->
<xsd:import
    namespace =" urn:un:unece:uncefact:data:Standard:ReusableAg-
gregateBusinessInformationEntity:10"
    schemaLocation = " http://www.unece.org/uncefact/data/Standard/Re-
    usableAggregateBusinessInformationEntity_10p0.xsd" />
  - <!-- ================================== -->
  - <!-- ===== Element Declarations                ===== -->
  - <!-- ================================== -->
  - <!-- ===== Root Element Declarations           ===== -->
  - <!-- ================================== -->
= <xsd:element name =" CostData" type =" rsm:CostDataType" >
= <xsd:annotation >
= <xsd:documentation xml:lang =" en" >
  <ccts:UniqueID > 81101e88 - 8105 - 4aaa - 80d6 - 93fe418131c6 </ccts:
UniqueID >
  <ccts:Acronym > RSM </ccts:Acronym >
  <ccts:Name > CostData </ccts:Name >
  <ccts:Version > 3.2 </ccts:Version >
  <ccts:Definition > This data exchange includes the cost information for the
    project whether at the detail level or summarized to any intermediate or
    summary level using one or more reporting structure such as the work
    breakdown structure. </ccts:Definition >
                                      <ccts:BusinessProcessContextValue >
    Project Management </ccts:BusinessProcessContextValue >
                             <ccts:GeopoliticalOrRegionContextValue > In    All
    Contexts </ccts:GeopoliticalOrRegionContextValue >
  <ccts:OfficialConstraintContextValue > None </ccts:OfficialConstraintContex-
    tValue >
    <ccts:ProductContextValue > In All Contexts </ccts:ProductContextValue >
    <ccts:IndustryContextValue > In All Contexts </ccts:IndustryContextValue >
                              <ccts:BusinessProcessRoleContextValue > In All
    Contexts </ccts:BusinessProcessRoleContextValue >
```

```
<ccts: SupportingRoleContextValue >In All Contexts</ccts: SupportingRoleContextValue >
<ccts: SystemCapabilitiesContextValue >In All Contexts</ccts: SystemCapabilitiesContextValue >
</xsd: documentation >
</xsd: annotation >
</xsd: element >
- <! -- ======================================= -->
- <! -- ===== Type Definitions ===== -->
- <! -- ======================================= -->
- <! -- ===== Type Definition: CostDataType ===== -->
- <! -- ======================================= -->
= <xsd: complexType name = " CostDataType" >
= <xsd: annotation >
= <xsd: documentation xml: lang = " en" >
<ccts: UniqueID >81101e88 -8105 -4aaa -80d6 -93fe418131c6 -2 </ccts: UniqueID >
<ccts: Acronym >MA </ccts: Acronym >
<ccts: DictionaryEntryName >Cost Data. Details </ccts: DictionaryEntryName >
<ccts: Version >3. 2 </ccts: Version >
<ccts: Definition >This data exchange includes the cost information for the project whether at the detail level or summarized to any intermediate or summary level using one or more reporting structure such as the work breakdown structure. </ccts: Definition >
<ccts: ObjectClassTerm >Cost Data </ccts: ObjectClassTerm >
<ccts: BusinessProcessContextValue >Project Management </ccts: BusinessProcessContextValue >
<ccts: GeopoliticalOrRegionContextValue >In All Contexts </ccts: GeopoliticalOrRegionContextValue >
<ccts: OfficialConstraintContextValue > None </ccts: OfficialConstraintContextValue >
<ccts: ProductContextValue >In All Contexts </ccts: ProductContextValue >
<ccts: IndustryContextValue >In All Contexts </ccts: IndustryContextValue >
<ccts: BusinessProcessRoleContextValue >In All Contexts </ccts: BusinessProcessRoleContextValue >
<ccts: SupportingRoleContextValue >In All Contexts </ccts: SupportingRoleContextValue >
```

```
<ccts: SystemCapabilitiesContextValue > In All Contexts </ccts: SystemCapabilitiesContextValue >
</xsd: documentation >
</xsd: annotation >
= <xsd: sequence >
= <xsd: element name = " CostReportDocument"
type = " ram: CostReportDocumentType" minOccurs = " 0" >
= <xsd: annotation >
= <xsd: documentation xml: lang = " en" >
<ccts: UniqueID > UN01001698 </ccts: UniqueID >
<ccts: Acronym > ASMA </ccts: Acronym >
<ccts: DictionaryEntryName > Cost Data. Cost Report_ Document </ccts: DictionaryEntryName >
<ccts: Version > 1. 0 </ccts: Version >
<ccts: Definition > A report detailing the costs to date, costs for a specific period such as a week, and an estimate of the costs to complete a project. </ccts: Definition >
<ccts: Cardinality > 0. . 1 </ccts: Cardinality >
<ccts: ObjectClassTerm > Cost Data </ccts: ObjectClassTerm >
<ccts: AssociationType > composition </ccts: AssociationType >
<ccts: PropertyTerm / >
< ccts: AssociatedObjectClassTerm > Document </ccts: AssociatedObjectClassTerm >
< ccts: AssociatedObjectClassQualifierTerm > Cost Report </ccts: AssociatedObjectClassQualifierTerm >
< ccts: BusinessProcessContextValue > Project Management </ccts: BusinessProcessContextValue >
< ccts: GeopoliticalOrRegionContextValue > In All Contexts </ccts: GeopoliticalOrRegionContextValue >
< ccts: OfficialConstraintContextValue > None </ccts: OfficialConstraintContextValue >
<ccts: ProductContextValue > In All Contexts </ccts: ProductContextValue >
<ccts: IndustryContextValue > In All Contexts </ccts: IndustryContextValue >
< ccts: BusinessProcessRoleContextValue > In All Contexts </ccts: BusinessProcessRoleContextValue >
< ccts: SupportingRoleContextValue > In All Contexts </ccts: SupportingRoleContextValue >
```

```
<ccts: SystemCapabilitiesContextValue >In All
Contexts </ccts: SystemCapabilitiesContextValue >
</xsd: documentation >
</xsd: annotation >
</xsd: element >
= <xsd: element name = " ReportedHierarchicalStruc-
ture"
type = " ram: ReportedHierarchicalStructureType" minOccurs = " 0"
maxOccurs = " unbounded" >
= <xsd: annotation >
= <xsd: documentation xml: lang = " en" >
<ccts: UniqueID >UN01001994 </ccts: UniqueID >
<ccts: Acronym >ASMA </ccts: Acronym >
<ccts: DictionaryEntryName > Cost Data. Reported_ Hierar-
chical Structure </ccts: DictionaryEntryName >
<ccts: Version >1. 0 </ccts: Version >
<ccts: Definition >A ranking structure used to organize work and to summa-
rize data that is being reported on. </ccts: Definition >
<ccts: Cardinality >0. . n </ccts: Cardinality >
<ccts: ObjectClassTerm >Cost Data </ccts: ObjectClassTerm >
<ccts: AssociationType >composition </ccts: AssociationType >
<ccts: PropertyTerm / >
<ccts: AssociatedObjectClassTerm >Hierarchical Struc-
ture </ccts: AssociatedObjectClassTerm >
< ccts: AssociatedObjectClassQualifierTerm > Reported </ccts: AssociatedOb-
jectClassQualifierTerm >
< ccts: BusinessProcessContextValue > Project
Management </ccts: BusinessProcessContextValue >
<ccts: GeopoliticalOrRegionContextValue >In All
Contexts </ccts: GeopoliticalOrRegionContextValue >
< ccts: OfficialConstraintContextValue > None </ccts: OfficialConstraintContex-
tValue >
<ccts: ProductContextValue >In All Contexts </ccts: ProductContextValue >
<ccts: IndustryContextValue >In All Contexts </ccts: IndustryContextValue >
<ccts: BusinessProcessRoleContextValue >In All
Contexts </ccts: BusinessProcessRoleContextValue >
<ccts: SupportingRoleContextValue >In All
Contexts </ccts: SupportingRoleContextValue >
```

```
<ccts: SystemCapabilitiesContextValue>In All
Contexts</ccts: SystemCapabilitiesContextValue>
</xsd: documentation>
</xsd: annotation>
</xsd: element>
= <xsd: element name=" ProgressMonitoredContract" type=" ram: ProgressMonitoredContractType" minOccurs=" 0" >
= <xsd: annotation>
= <xsd: documentation xml: lang=" en" >
<ccts: UniqueID>UN01001714</ccts: UniqueID>
<ccts: Acronym>ASMA</ccts: Acronym>
<ccts: DictionaryEntryName>Cost Data. Progress Monitored_ Contract</ccts: DictionaryEntryName>
<ccts: Version>1.0</ccts: Version>
<ccts: Definition>An agreement between two or more parties, especially one
  that is written or spoken and enforceable by law and whose progress is mo-
  nitored on a regular basis. </ccts: Definition>
<ccts: Cardinality>0..1</ccts: Cardinality>
<ccts: ObjectClassTerm>Cost Data</ccts: ObjectClassTerm>
<ccts: AssociationType>composition</ccts: AssociationType>
<ccts: PropertyTerm/>
<ccts: AssociatedObjectClassTerm>Contract</ccts: AssociatedObjectClassTerm>
<ccts: AssociatedObjectClassQualifierTerm>
Progress Monitored</ccts: AssociatedObjectClassQualifierTerm>
<ccts: BusinessProcessContextValue>Project
Management</ccts: BusinessProcessContextValue>
<ccts: GeopoliticalOrRegionContextValue>In All Contexts</ccts:
GeopoliticalOrRegionContextValue>
<ccts: OfficialConstraintContextValue>None</ccts: OfficialConstraintContextValue>
<ccts: ProductContextValue>In All Contexts</ccts: ProductContextValue>
<ccts: IndustryContextValue>In All Contexts</ccts: IndustryContextValue>
<ccts: BusinessProcessRoleContextValue>In All Contexts</ccts:
BusinessProcessRoleContextValue>
<ccts: SupportingRoleContextValue>In All Contexts</ccts: SupportingRoleContextValue>
<ccts: SystemCapabilitiesContextValue>In All Contexts</ccts:
```

```
SystemCapabilitiesContextValue >
  </xsd: documentation >
  </xsd: annotation >
  </xsd: element >
= <xsd: element name = " ProjectPerson" type = " ram: ProjectPersonType" minOccurs = " 0" >
= <xsd: annotation >
= <xsd: documentation xml: lang = " en" >
  <ccts: UniqueID > UN01001909 </ccts: UniqueID >
  <ccts: Acronym > ASMA </ccts: Acronym >
  <ccts: DictionaryEntryName > Cost Data. Project_ Person </ccts: DictionaryEntryName >
  <ccts: Version > 1. 0 </ccts: Version >
  <ccts: Definition > An individual human being in a project. </ccts: Definition >
  <ccts: Cardinality > 0. . 1 </ccts: Cardinality >
  <ccts: ObjectClassTerm > Cost Data </ccts: ObjectClassTerm >
  <ccts: AssociationType > composition </ccts: AssociationType >
  <ccts: PropertyTerm / >
  <ccts: AssociatedObjectClassTerm > Person </ccts: AssociatedObjectClassTe-rm >
  <ccts: AssociatedObjectClassQualifierTerm > Project </ccts: AssociatedObject-ClassQualifierTerm >
  <ccts: BusinessProcessContextValue > Project Management </ccts: BusinessProcessContextValue >
  <ccts: GeopoliticalOrRegionContextValue > In All Contexts </ccts: GeopoliticalOrRegionContextValue >
  <ccts: OfficialConstraintContextValue > None </ccts: OfficialConstraintContex-tValue >
  <ccts: ProductContextValue > In All Contexts </ccts: ProductContextValue >
  <ccts: IndustryContextValue > In All Contexts </ccts: IndustryContextValue >
  <ccts: BusinessProcessRoleContextValue > In All Contexts </ccts: BusinessProcessRoleContextValue >
  <ccts: SupportingRoleContextValue > In All Contexts </ccts: SupportingRoleContextValue >
  <ccts: SystemCapabilitiesContextValue > In All Contexts </ccts: SystemCapabilitiesContextValue >
  </xsd: documentation >
```

```
  </xsd: annotation>
  </xsd: element>
= <xsd: element name=" ProjectPeriod" type=" ram: ProjectPeriodType"
minOccurs=" 0" >
= <xsd: annotation>
= <xsd: documentation xml: lang=" en" >
  <ccts: UniqueID>UN01001900</ccts: UniqueID>
  <ccts: Acronym>ASMA</ccts: Acronym>
              <ccts: DictionaryEntryName>Cost Data. Project_ Period</
ccts: DictionaryEntryName>
  <ccts: Version>1. 0</ccts: Version>
  <ccts: Definition>A specific period of time such as the length of time be-
    tween two known date/time points, from a start date onwards, or up to an
    end date for a project. </ccts: Definition>
  <ccts: Cardinality>0. . 1</ccts: Cardinality>
  <ccts: ObjectClassTerm>Cost Data</ccts: ObjectClassTerm>
  <ccts: AssociationType>composition</ccts: AssociationType>
  <ccts: PropertyTerm/>
  <ccts: AssociatedObjectClassTerm>Period</ccts: AssociatedObjectClassTerm
>
  <ccts: AssociatedObjectClassQualifierTerm>Project</ccts: AssociatedObject-
    ClassQualifierTerm>
                   <ccts: BusinessProcessContextValue>Project Manage-
ment</ccts: BusinessProcessContextValue>
            <ccts: GeopoliticalOrRegionContextValue>In All Contexts</ccts:
GeopoliticalOrRegionContextValue>
  <ccts: OfficialConstraintContextValue>None</ccts: OfficialConstraintContex-
tValue>
  <ccts: ProductContextValue>In All Contexts</ccts: ProductContextValue>
  <ccts: IndustryContextValue>In All Contexts</ccts: IndustryContextValue>
                        <ccts: BusinessProcessRoleContextValue>In All
 Contexts</ccts: BusinessProcessRoleContextValue>
                      <ccts: SupportingRoleContextValue>In All Contexts
  </ccts: SupportingRoleContextValue>
                      <ccts: SystemCapabilitiesContextValue>In All Con-
 texts</ccts: SystemCapabilitiesContextValue>
  </xsd: documentation>
  </xsd: annotation>
```

```
</xsd: element>
= <xsd: element name=" ProjectCost" type=" ram: ProjectCostType" minOccurs=" 0" maxOccurs=" unbounded" >
= <xsd: annotation>
= <xsd: documentation xml: lang=" en" >
  <ccts: UniqueID>UN01001828</ccts: UniqueID>
  <ccts: Acronym>ASMA</ccts: Acronym>
  <ccts: DictionaryEntryName>Cost Data. Project_ Cost</ccts: DictionaryEntryName>
  <ccts: Version>1. 0</ccts: Version>
  <ccts: Definition>The time, effort, or monetary expenditure necessary to achieve a specified goal within a project. </ccts: Definition>
  <ccts: Cardinality>0. . n</ccts: Cardinality>
  <ccts: ObjectClassTerm>Cost Data</ccts: ObjectClassTerm>
  <ccts: AssociationType>composition</ccts: AssociationType>
  <ccts: PropertyTerm/>
  <ccts: AssociatedObjectClassTerm>Cost</ccts: AssociatedObjectClassTerm>
  <ccts: AssociatedObjectClassQualifierTerm>Project</ccts: AssociatedObjectClassQualifierTerm>
  <ccts: BusinessProcessContextValue>Project Management</ccts: BusinessProcessContextValue>
  <ccts: GeopoliticalOrRegionContextValue>In All Contexts</ccts: GeopoliticalOrRegionContextValue>
  <ccts: OfficialConstraintContextValue>None</ccts: OfficialConstraintContextValue>
  <ccts: ProductContextValue>In All Contexts</ccts: ProductContextValue>
  <ccts: IndustryContextValue>In All Contexts</ccts: IndustryContextValue>
  <ccts: BusinessProcessRoleContextValue>In All Contexts</ccts: BusinessProcessRoleContextValue>
  <ccts: SupportingRoleContextValue>In All Contexts</ccts: SupportingRoleContextValue>
  <ccts: SystemCapabilitiesContextValue>In All Contexts</ccts: SystemCapabilitiesContextValue>
  </xsd: documentation>
  </xsd: annotation>
  </xsd: element>
= <xsd: element name=" ProjectNote" type=" ram: ProjectNoteType" minOccurs=" 0" maxOccurs=" unbounded" >
```

```
= <xsd: annotation>
= <xsd: documentation xml: lang=" en" >
  <ccts: UniqueID>UN01001871</ccts: UniqueID>
  <ccts: Acronym>ASMA</ccts: Acronym>
  <ccts: DictionaryEntryName>Cost Data. Project_ Note</ccts: DictionaryEntryName>
  <ccts: Version>1. 0</ccts: Version>
  <ccts: Definition>A means to capture general text information for a project.
    </ccts: Definition>
  <ccts: Cardinality>0. . n</ccts: Cardinality>
  <ccts: ObjectClassTerm>Cost Data</ccts: ObjectClassTerm>
  <ccts: AssociationType>composition</ccts: AssociationType>
  <ccts: PropertyTerm/>
  <ccts: AssociatedObjectClassTerm>Note</ccts: AssociatedObjectClassTerm>
  <ccts: AssociatedObjectClassQualifierTerm>Project</ccts: AssociatedObjectClassQualifierTerm>
  <ccts: BusinessProcessContextValue>Project Management</ccts: BusinessProcessContextValue>
  <ccts: GeopoliticalOrRegionContextValue>In All Contexts</ccts: GeopoliticalOrRegionContextValue>
  <ccts: OfficialConstraintContextValue>None</ccts: OfficialConstraintContextValue>
  <ccts: ProductContextValue>In All Contexts</ccts: ProductContextValue>
  <ccts: IndustryContextValue>In All Contexts</ccts: IndustryContextValue>
  <ccts: BusinessProcessRoleContextValue>In All Contexts</ccts: BusinessProcessRoleContextValue>
  <ccts: SupportingRoleContextValue>In All Contexts</ccts: SupportingRoleContextValue>
  <ccts: SystemCapabilitiesContextValue>In All Contexts</ccts: SystemCapabilitiesContextValue>
  </xsd: documentation>
  </xsd: annotation>
  </xsd: element>
  </xsd: sequence>
  </xsd: complexType>
  </xsd: schema>
```

本章小结

1. UN/CEFACT XML 命名和设计规则技术规范定义了 XML 的架构以及定义、描述和使用 XML 必要的规则，以便在一致性的基础上明确表述业务信息交换。制定本技术规范的目的是提供基于 XML 标准的语义数据模型表达式，用来表示业务信息交换。

2. 基于 XML 电子商务标准化理论在代码和标识符上采用了欧洲 EDI 协会以及欧洲经济委员会发布的标准，它们由 154 个代码和标识符组成。这些代码和标识符以 UN/CEFACT XML 命名和设计规则技术规范为基础，采用 XML Schema 的形式来表示，每个 XML Schema 形式的代码或标识符作为一个标准。

3. UN/CEFACT 给出了 78 种 XML 报文中使用的 UN/CEFACT XML Schema 形式的数据标准。UN/CEFACT 给出的 78 个数据标准实际上就是使用 CCTS 和 XML Schema 理论把报文中所需要的关键数据做成 SCHEMA 模块。

思考题

1. 你是否比较过 XML Schema 形式的代码或标识符标准与 UN/CEFACT 为贸易单证中的数据而发布的建议书之间的区别与联系?

2. 你是否比较过 XML Schema 形式的代码或标识符标准与 UN/EDIFACT 代码表之间的区别与联系?

3. 如何将 UN/CEFACT XML Schema 标准与 UN/CEFACT 核心构件库结合起来使用?

第10章 以UN/CEFACT UML建模方法技术规范为基础建立起来的标准

本章学习目标

◆了解 UN/CEFACT UML 建模方法技术规范；
◆了解 UN/CEFACT 业务需求规范标准；
◆了解 UN/CEFACT 需求规范映射标准。

10.1 UN/CEFACT UML 建模方法基本概念

UN/CEFACT 的建模方法（UMM）是一种设计商业服务的 UML 建模方法，用于设计业务服务，为进行协作，每个业务伙伴都必须提供业务服务。它为在面向服务的协作构架中进行的服务提供了商业论证。因此，UN/CEFACT 主要旨在获取能够开发低成本软件（以面向服务的构架（SOA）为基础）的商业知识，以帮助中小型企业（SME）和新兴经济体从事电子商务实践。UMM 集中开发全球组织间业务流程及其信息交换的编排。UMM 模型用符号 UML 语法表示，并且为平台独立模型。平台独立 UMM 模型可以确定面向服务的框架中需要执行业务协作的服务。这种方法为防止技术过时提供了保障。

UN/CEFACT 开发 UMM 的目的是：

•具有一个综合的业务流程和业务信息元 - 模型，以及一种综合的流程分析方法。

•保留了业务敏锐度，可在多代实施技术中重复使用。

•提供了一种方法和支持构件，用于收集业务流程知识，与以下实施技术相互独立。

•协助发现并定义一套可重复使用的流程和信息描述。该模式可协助从 UMM - MM 中越过业务域及其业务域专家和分析师获取一致和可重现的结果。

•执行流程，协助确保从软件项目中获得可预测的结果。

•UML 的延伸。

•将开放式电子数据交换参考模型的业务操作观点（BOV）构建成分层“观点”。

业务分析师可使用 UMM 定义外部和内部业务协作框架。UMM 还可用于定义在双方或多方间执行的业务协作框架。可采用自上而下或自下而上或两者并用的方法使用 UMM。整体使用 UMM 最终将会生成一个明确的业务协作框架。

UMM 是一种描述所有开放式电子数据交换情境的正式方法，如 ISO/IEC 14662 开放式 EDI 参考模型中所定义。开放式 EDI 参考模型在图 10－1 中进行了描述。开放式 EDI 环境实例与采购和库存管理有关。UMM 主要作用是提供“限于人们进行商业决策和承诺的商业交易视点，需要用于对商业交易的描述。”UMM 提供一种程序，以技术中立、独立执行的方法规定（建模）包含信息交换的协作业务流程（＝业务协作）。

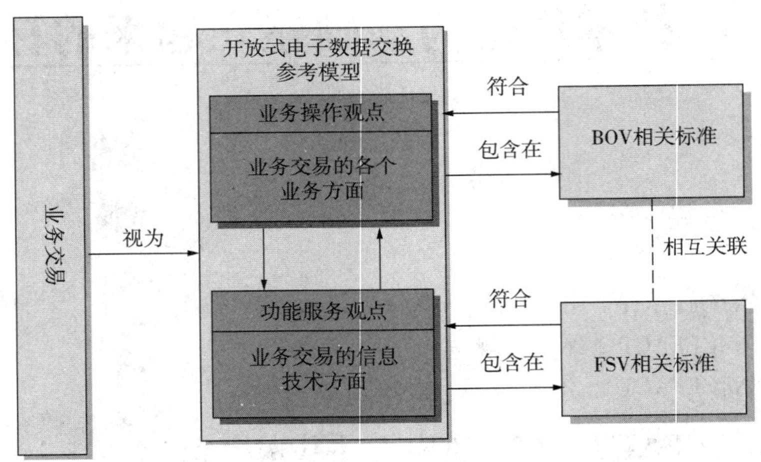

图 10－1　开放式 EDI 参考模型

与开放式电子数据交换功能服务观点相关的规范大多在 UMM 范围之外。因此，一个流程的 BOV 定义了对信息技术产品和服务的要求，选择这些产品和服务用于执行开放式电子数据交换情境中描述的流程。

UMM 使用 4 种主要观点构建模型活动，所有这些活动都包含在 BOV 中。UMM 贯穿于以下观点中，以便可多视角观察每个业务流程和信息模型。各观点简要介绍如下：

- 业务域观点（BDV）——业务域可以分为业务区、流程区和业务流程区。此观点建立了业务的流程环境，是评估在 UMM 库中寻找可重复使用，先前定义的流程描述或术语可能性的先决条件。
- 业务需求观点（BRV）——是一种可为业务流程和业务流程协作之间的相互关系收集业务情景、输入、输出、约束条件和边界的业务流程模型观点。此观点为业务域专家观察和描述待建流程模型的方式。BRV 使用业务域专家指定的语言和概念表示。
- 业务交易观点（BTV）——是一种收集业务信息实体语义和进行商业活动时各角色之间信息交换流量的业务流程模型观点。此观点是业务分析师对业务需求观点的细化，也是业务分析师用于观察待建流程模型的方式。此观点使用业务分析师规定的语言和概念，向软件设计师和业务域专家传达要求。
- 业务服务观点（BSV）——是一个指定构件服务和代理以及其作为交互方进行消息（信息）交换的业务流程模型观点，这在执行和验证业务协作中很有必要。BSV 使用软件开发师指定的语言和技术概念表示。

建模师观察所有的观点，负责记录 UML 中的每个观点，并准备将一个观点的输出输入下一个观点中。每个 UMM 观点产生一套 UMM 模型（可交付），作为后续工作流程的输入。

4 个 UMM 观点中的参与者识别如下。根据观点，不同的参与者可担任不同的角色。

1. 业务域观点（BDV）建模：

- 业务利益相关者：行政管理、企业主
- UMM 建模师：业务分析师、业务架构师

2. 业务需求观点（BRV）建模：

- 业务利益相关者：行政管理、企业主、信息建模师、流程建模师
- UMM 建模师：业务分析师、业务建模师

3. 业务交易观点（BTV）建模：

- 业务利益相关者：业务分析师、系统架构师、实施者
- UMM 建模师：信息建模师、流程建模师

4. 业务服务观点（BSV）建模：

- UMM 建模师：从 BTV UMM 模型导出。

10.2 UN/CEFACT UML 建模方法技术规范概述

UN/CEFACT 于 2006 年推出第一版 UN/CEFACTUML 建模方法（UMM）技术规范，在 2011 年推出第二版 UMM 技术规范。第一版的 UMM 技术规范由两个部分组成，第一部分为 UMM 基础模块，第二部分为 UMM 基本模块。第二版的 UMM 技术规范由 3 个部分组成，第一部分为 UMM 基础模块，第二部分为 UMM 基本模块，第三部分为 UMM 用户指南。第一部分为 UMM 基础模块主要包括固定格式缩写，以及固定格式和标记定义。第二部分为 UMM 基本模块主要包括基本模块管理，业务需求观点，业务交易观点，以及业务信息观点。第三部分为 UMM 用户指南主要指出如何使用第一部分和第二部分。由于 UN/CEFACT UMM）技术规范的篇幅很大，这里不进行描述，当用户需要时可以登陆 UN/CEFACT 官方网站获取所需要的内容。

UN/CEFACT UML 建模方法技术规范为业务需求的规范化和标准化奠定了基础。

10.3 UN/CEFACT 业务需求规范（BRS）

UN/CEFACT 目前已经为业务需求规范研制了 21 个标准，下面是这些标准的具体名称：

- Accounting in Supply Chain Process
- Accounting Journal List
- Accounting Ledger
- Accounting Message
- Accounting Reprting
- Chart of Accounts
- Crop Data Shee Process
- Cross Industry Invoice

- Cross Industry Quoation
- Cross Industry Remittance Advice
- Electronic Data Exchange Proxy
- e – Tendering
- Export Specification
- International Forwarding And Transfer
- Project Schedule and Cost Performance Management
- Material Safety Data Sheet（MSDS）Information
- Small Scaled Lodging House Travel Product Information
- Sourcing of Market Survey information
- Transfer of Digital Records
- Transfrontier Movement of Waste
- Universal Accounting Journal Process

在 UN/CEFACT 研制的上述标准中，使用了规范化的描述方法。其主要内容“业务需求”都是由业务流程描述、信息流定义、信息模型定义、业务规则、术语定义等组成。由于每个标准的篇幅都较大，在此就不给出具体的示例。有兴趣的读者可以登陆 UN/CEFACT 网站获取相关内容。

10.4　UN/CEFACT 需求规范映射

UN/CEFACT 目前已经为需求规范映射研制了 5 个标准，下面是这些标准的具体名称：

- Requirements Specification Mapping（RSM）of Accounting Entry v. 1. 2. 1
- Requirements Specification Mapping（RSM）of eTendering v. 2. 8
- Requirements Specification Mapping（RSM）of Cross Industry Invoice v. 2. 0
- Requirements Specification Mapping（RSM）of Export Specification（eCert）v. 1. 4. 1
- Requirements Specification Mapping（RSM）of Crop Data Sheet process（eDAPLOS）v. 0. 3

在 UN/CEFACT 研制的上述标准中，使用了规范化的描述方法。由于每个标准的篇幅都较大，在此就不给出具体的示例。有兴趣的读者可以登陆 UN/CEFACT 网站获取相关内容。

本章小结

1. UN/CEFACT UML 建模方法技术规范为业务需求的规范化和标准化奠定了基础。

2. UN/CEFACT 目前已经为业务需求规范研制了 21 个标准，UN/CEFACT 在研制它们时使用了规范化的描述方法。其主要内容“业务需求”都是由业务流程描述、信息流定义、信息模型定义、业务规则、术语定义等组成。有兴趣的读者可以登陆 UN/CEFACT 网站获取相关内容。

3. UN/CEFACT 目前已经为需求规范映射研制了 5 个标准，UN/CEFACT 在研制它们时使用了规范化的描述方法。有兴趣的读者可以登陆 UN/CEFACT 网站获取相关内容。

思考题

1. 你以前是否了解电子商务建模理论?

第11章
电子商务自律办法与电子商务协议

本章学习目标

◆了解和掌握电子商务行为守则；

◆了解和掌握电子商务协议的内容。

11.1　电子商务自律办法

11.1.1　概述

使用电子商务发展和促进国际贸易就必须建立法规框架。过去一段时间以来，在开放电子化商业交易方面取得巨大增长，包括此前参与方彼此之间在商业业务中从来不加考虑的跨境交易。因此需要制定法律框架，与国际贸易使用电子技术新需求的步调保持一致。有必要消除有关新流程出现的不确定性以及与基于单证进行数据交换的传统国际贸易惯例的差异，并建立电子商务的信用。

为在法律上提供必要的可靠性和安全性并建立信用，大致有4种类型的法律解决方案：

- 国家立法；
- 国际法律文件，如协定、条约、规定或替代解决机制；
- 契约性解决方案，如UN/CEFACT第26号建议书和第31号建议书；
- 自律的方法，包括共同行为守则。

许多参与国际贸易的国家都已为发展电子商务通过了适应自身法律体系的立法，这就为电子商务建立了一个法律框架。1996年，联合国国际贸易法委员会（UNCITRAL）通过电子商务示范法，建议联合国成员国在制定或修订本国法律时对这部示范法给予优先考虑。这也反映出对法律进行调整的需求，以适应取代基于纸张的信息交流与存储方法。UNCITRAL此后又进一步制定了电子签名示范法。

一些国家已经提出有必要用一部国际公约来确保电子商务适用法规的一致性。到现在为止，无论在总体方面还是对具体问题（比如对电子签名的法律认定），都还尚未采取专门措施启动有关电子商务国际公约的制定工作。认识到制定和采纳国际公约必然会是一个缓慢的过程，因为这需要在广泛的国际范围建立信任并认同基本原则。在地区层面以国际法律文件的方式制定电子商务法律框架计划就会更容易一点。

例如欧洲联盟，现在就已经为建立电子商务的法律框架通过了若干规定，如关于电子商务的规定和关于电子签名的规定。欧盟成员国必须于规定期间（通常是 2 年）在其本国法规中使这些规定生效。

除了国家和国际的立法，通过电子商务交易参与方之间以契约关系对一对一关系制定规则是提高参与方各自法律地位确定性的必要机制。国家和国际层面都已采取多项措施开发合同模板。其中有交换协议模板，用于国际电子数据交换，1991 年 3 月被 UN/ECE 第 4 工作组作为第 26 号建议书采纳；以及电子商务协议模版，2000 年 3 月作为第 31 号建议书被 UN/CEFACT 采纳。2001 年 3 月在 UN/CEFACT 第 7 次会议上通过了第 32 号建议书第 1 版“电子商务自律机制”。与第 26 号和第 31 号建议书不同，行为规范并非是一个契约性解决方案，而是一项自律机制，可与电子商务交易的其他辅助措施协调配合。

11.1.2 自律

在彼此从未进行过交易的参与方之间开展电子商务，信任是必不可少的。一些政府、国际组织、国际电子商务平台、国家机构和消费者组织，如经济合作与发展组织（OECD）、欧洲联盟、英国信托（Trust UK）、全球企业电子商务论坛等，都将自律机制作为在电子商务中建立信任的一个强有力的手段予以认可。

自律指涉及电子商务的企业在与他方进行电子交易时为遵循某种行为规范而作出的自我约束。自律可以采取不同的方式，例如采用一种行为规范或加入国家或国际的信誉分级计划。

国家通过推动和促进自律机制的开发可在建立这一机制方面扮演重要角色，并且还可通过自身采纳电子商务行为规范，从而按照企业与政府之间电子通信所遵循的某种行为规范进行自我约束。

像行为规范和信誉分级计划这样的自律机制能否满足某些基本要求并具有基本一致的标准，对国际电子商务利害攸关。而且国际电子商务也将会通过对自律机制的国际认证获益。

11.1.3 荷兰电子商务平台行为规范样本

荷兰电子商务平台的电子商务行为规范模板于 1999 年定稿。制定行为规范的这项计划由荷兰经济事务大臣于 1998 年在加拿大渥太华的一个 OECD 会议上宣布，并于 1999 年的 OECD 会议提交了这一规范模板。其他国际组织如欧盟委员会和国际商会，都对这一行为规范模板表示出强烈的兴趣。

不应该忘记 UN/CEFACT 法律工作组为推动跨境商业交易而致力于现实可行解决方案所起到的作用，特别是在如行为规范这样的契约和协议方面。如果企业用户能够自愿采纳自律方案（各国政府的鼓励当然不可或缺），就会增强用户的信心，随之就有希望发展出一个自我监督、责任感强，并得到所有系统用户拥护的环境。

应当要理解 UN/CEFACT 并非特意提出采纳荷兰模板。这里只是这种模板的一个解释性范例，可以用一览表方式进行这种规范的开发。

国家立法必然会比任何预期都要花费更多的时间。而行为规范明显就会更加灵活，在仍然保留公平对待所有参与方的基本原则的情况下，进行适当修改后就可为单项交易所采用。本建议书对 UN/CEFACT 成员的行为规范概念是一个提升，可以作为模板在国家、部门、行业或个人层面进行适当的基础开发。使之能够发展一个新的环境，其中认为在商务或法律上对行为规范所确立准则的违反都是不可接受的行为。如果实现这一目标，有关立法机关的法官就会对达不到行为规范所制订标准的电子商务作出不利的判决。

11.1.4　强制性

不建议将本建议书作为仅有的一项强制执行机制。必须依靠特定司法制度进行相关法律的制定与实施。但替代诉讼的争议解决（ADR）程序则可能会被纳入强制执行的范围，并且 UN/CEFACT 法律工作组（LWG）希望在其将来的工作计划中设法解决这一问题。

11.1.5　建议

联合国贸易便利化和电子业务中心（UN/CEFACT）同意如下建议。

- 联合国成员国应当在其他解决方案之外，认识到开发、支持和颁布自愿的电子商务行为规范的必要性，以支持国际贸易的发展。
- 联合国成员国应当推动和促进发展电子商务自律机制，如行为规范和本国及国际贸易组织的信誉分级计划。
- 联合国成员国应当推动和促进发展自律机制的国家和国际认证计划。
- 各国与国际组织开发电子商务行为规范应将本建议书中荷兰电子商务平台开发的《电子商务行为规范模板》加以考虑。

以下仅为行为规范的例子，开发类似机制时不要忘记对其中的各种问题均需加以明确。

11.1.6　荷兰电子商务平台电子商务行为规范模板

1. 前言

荷兰电子商务平台（ECP. NL）是荷兰国家电子商务研究和协调中心。ECP. NL 与用户、供应商、中介机构、政府部门和教育机构之间是一种合作关系，是一个承担电子商务公共信息、预处理、技术及标准、以及国际合作相关事务的专业机构。

1998 年，ECP. NL 进行了一项电子商务相关法律问题以及自律机制在消除这些问题潜在作用的研究。在该项研究及两次会议的基础上，ECP. NL 草拟了一份电子商务示范法。在示范法中提出的准则是在与荷兰有关各方磋商后草拟的，涉及的有关方面包括企业界和科研机构、政府机构和消费者组织。

在这部荷兰法规的起草过程中，对于这一领域国内国际现有的一系列自行规范行为给予了特别的关注。

荷兰的这一自行规范方案已经作为一种范例提交给一些相关的国际组织，如 OECD、联合国以及欧盟委员会。部分导致其中一些组织将遵循电子商务相关的自律机制列入其议程，将 ECP. NL 规范模板作为样本。

呈现在您面前的是一份初步的规范模板草案，至少会有 1 年要作为样本。在这 1 年的期间内，将会对这部规范模板收集所获得的经验，必要时将对规范模板进行轻微调整。国际上的讨论也可能对这部规范模板的进一步改进有所贡献。因此，这部规范模板还是一种发展进步和灵活变通的机制。

2. 信用是电子商务的关键

电子商务为经济、就业、新业务的发展、各个企业与行业间的新型合作、以及最后同样重要的还有消费者，都带来了重大机会。至今还有许多机构和消费者仍然不情愿以电子方式（如互联网）进行交易。一个重要的原因就是对这一体系、对其他企业（通常是未知的）、以及对法律保障缺乏足够的信任。

因此，在电子商务中建立信任关系是许多方面的共同需要。在消费者中间、并在工商业参与方中间，还有在政府内部取得信任。

3. 建立信任机制

一个有效的跨境法律体系结构是法律和技术协调配合的保证，因而首要的就是能够建立法律保障。在欧盟内部，通过制定规章（仍为草案形式）对某些方面的电子商务加以约束的协调体系结构的工作就正在开展。

但荷兰在国家层面就已经有一个现成的相当完备的法律框架。已经确认的电子高速公路的法律白皮书明确指出荷兰的法律体系具有足够的能力支持电子交易。白皮书还指出，自律机制将会起到重要作用。

根据具体情况，在这个快速变化的世界，自律是一种有效的机制，能够作为现行法规的补充，有时甚至能够起到临时替代法律的作用。同时，在“离线状态”下，供应商（商业界）自行为建立信誉而努力的成果也会起到重要作用。要做到这一点，就要规定供应商会遵守某一业务规范。这种做法可以通过像立法之类的方式进行规定，并且也可以通过签署行为规范或政策声明加以明确。

自律机制与法律相结合，最终就能产生一个有效的信任水平。由行为规范承诺的电子商务交易为遵从这一规范，就要能够经得起客户的考验。不能排除基于行为规范的准则会被普遍接受，以至于还可能通过法律强制实施。

4. 框架

作为对法律的补充，ECP. NL 规范模板针对行为规范的关键条款规定了一个通用的框架，使之满足在电子商务中增加信任的设计要求。同时，这一模板还对一些典型规定提出建议，适于在起草行为规范时作为构件使用。

ECP. NL 规范模板的通用性质使之在为社会上一系列分支和领域草拟行为规范（与技术无关）的一开始就能够使用。该模板本身可被认为是一种一览表，审视企业之间、或企业与消费者之间的电子商务，也可为政府所用。模板的起草依据法律（惯例法），并以实际业务为中心。

5. 原则

如上所述，规范模板的目的是增加信任，无论是基于离线应用还是必须在线应用的概念。制定的条款要被纳入某一特定规范，适用于下列原则。

- **可靠性**：伙伴方是否能够信任所提供信息的正确性和完整性？通讯和交易系统是否可靠？能否确保电子订立的契约会真正得到相应兑现？电子商务的可靠性有赖于参与方自身对真实信息负有的责任和通讯系统。通过对所有交换信息的可靠组织和保护，使这一原则得到进一步支持。

- **透明性：**“所说的就是所做的”。对于所有参与方而言，谁在与其进行哪方面的交易、按照的是何种条件、何种信息与此有关或要为此而使用，都必须是清楚的、明白的、符合逻辑的，并最好是可验证的。透明度是构成信任的基础。
- **保密和隐私权：**参与方应当规定信任等级，按照这种等级对保密信息进行实际处理。必须确保隐私权。

6. 规范模板的结构

模板从阐明行为规范的基本原则开始。这并不意味着本模板就毫无遗漏地将各项行为规范都纳入了清单。

例如，现有行业或专业相关的行为规范形态的规则可能已经出现，而且也与电子商务有关。在这种情况下，可以考虑将这类现有规则添加到电子商务行为规范之中。

此外，规范模板对一些主要属于国家电子商务法律方面的问题不会加以考虑。例如发送或接收时间、或者是参与方涉及电子通信故障所造成后果的法律责任。

普遍认为模板中优先排列的项目，无论在其上下文关系中，还是对其进行的表述，都应当是针对电子商务贸易伙伴的一套完整规范，作为最低限度的自我保证，使其在其他参与方中间形成足够的信任。

ECP. NL 建议将整套优先项目编入行为规范。

除了优先项目，还要在模板中列入一些例行条款，适于作为起草具体行为规范的标准构件使用。每一项例行条款自身就是一项模版，可以根据起草人自己的情况进行使用或修改。

例行条款不会列入适用优先项目的“强制性”范围。但在注释说明中会提出一些可能的强制性机制。在起草具体行为规范时，贸易伙伴应以适当方式确定自己的优先项目。具有吸引力的一项选择或许是在相关专业团体或行业中使用适用的争议解决机制或者其他适当的强制性机制。最后，会对一些问题加上注释说明。

11.1.7　行为规范的结构

11.1.7.1　总则

11.1.7.1.1　声明

签约方应当声明其愿意遵从行为规范。

例行条款：

我们郑重声明，为最大限度地将我方的电子商务活动纳入正轨，我们自愿接受并遵守这一规范。

注释说明

接受规范的一方应当向其（潜在的）交易对象明确传达其遵从规范的承诺；仅仅签署这份声明还不足以使签约方的意向公之于他方。

例如，签约方可以在其电子通信中引用这一规范。后续阶段就可以将对规范的某一引用列入其一般性条款之中。另一种选择就是在某一由第三方建立的、公众易于查询的登记制度中予以公布。

11.1.7.1.2 定义

签约方为增强规范的条理性和可读性，对行为规范中多次出现的某些条款加以定义。

例行条款：

*电子商务活动：*具有商业目的或具有电子化实施背景的各种活动、通信和交易。同义词：电子商务。

*其他参与方：*本规范引用“其他参与方”之处，也意味着某一潜在的其他参与方以及与我方电子商务活动有直接联系的任何其他的收件方、个人或组织。

注释说明

电子商务活动的定义与 ECP. NL 和经济事务部所使用的定义相一致，并与技术无关。而且，它并非仅仅与业务条款有关，而且还适用于其他类型的商业交易和通信。这一定义能够最大范围地涵盖应用。

11.1.7.1.3 电子商务行为规范的范围

签约方将清楚表明其规范的范围。

例行条款：

除非另有明确规定，本规范整体均适用于我方所有的电子商务活动。如果有针对行为规范条款的某一例外产生，我方将确保其他参与方能够事先就此得到通知，对电子商务方式和可能涉及的法律要求加以考虑。

11.1.7.1.4 客户关系问题

签约方应重点关注客户关系。

例行条款：

对于客户对我方货物和/或服务的要求、查询和疑问，我们保证会及时进行研究核查，并保证会采取所有的合理措施回答询问并解决疑难。

我方承诺或已经与之进行交易的客户应该会明确要求我方提供信息接收的确认或信息更正的确认，我们会及时向其提供此类确认文件。

对于客户对我方货物和/或服务的要求、查询和疑问，我们保证会在 14 天之内予以回复，并保证随后就会毫不拖延地进行处理。

11.1.7.1.5 强制性

签约方应重点关注行为规范的执行方式。

例行条款：

优先项目的“强制性”并未列入例行条款。但可能在以下的注释说明中提到强制执行的机制。签约方在起草各自的行为规范时，应以适当方式自行规定这一优先项目。具有吸引力的一种选择或许是在相关的专业性团体或行业中使用适用的争议解决机制或者其他适当的强制性机制。

注释说明

行为规范可能涉及将规定强制列入规范的方式。重要的是电子商务行为规范的权威取决于强制执行可能达到的力度。这种强制性可能部分基于电子商务处理业务的法律背景、而部分则基于一套自律的机制。

可以考虑一种证明体系，一种具体的规范争议调查和/或规范登记体系，可以有也可以没有惩戒性规定。这还能够编制一份登记册，使之能够核实何人接受了这一规范。另一种选择就是在相关的专业性团体或行业中使用适用的争议解决机制。电子商务行为规范强制性结构的若干实例均已公布。

11.1.7.2　可靠性

信息的可靠性

签约方应当对误导和/或不当信息的发送予以制止。

例行条款：

我们将尽全力保证我方发出所有信息的真实性——包括关于我方自身组织、合作伙伴、产品和服务的信息，不得以我方的电子商务活动来提供误导或不当信息。

11.1.7.2.1　承认电子通信的效力

签约方应当声明：

1. 对电子通信予以认可；

2. 在法律程序中（法庭或其他场合）承认电子通信的效力。

例行条款：

我方一旦收取电子化信息，就不会仅仅因为其为电子信息这一事实而拒绝其有效性、法律效力和/或强制性，并且（也）不会以硬拷贝方式接收信息。

一旦准备通过电子通信方式达成一项协议，我方就不会仅仅因为没有（也）以硬拷贝方式发送报价或接受确认这一事实而拒绝达成这样一项协议。

一旦电子信息被作为证据提交进入法律诉讼程序（法庭或其他场合），我们不会仅仅因为我方无法（也）以硬拷贝形式获取信息而主张这一信息不足以构成证据。

注释说明

荷兰法律总体上对法定缔约行为（如合同性的契约）并无正规要求的强制措施。契约不需要以书面形式订立，这就是说通过电子方式也可以使之生效。对法律行为实行法定正规要求的情况十分有限（例如对书面文件、法定有效的或经过公正的文书的要求），参与方不可能违背这样的要求。认定电子通信有效的条款有助于在其他参与方中间建立信任。

11.1.7.2.2　系统和组织的可靠性

签约方应当确保系统和组织的可靠性。

例行条款：

我们将最大限度地严格履行自己关于我方组织以及关于我方系统和信息的责任。为此，我们将尽可能使用常规并易于获取的标准。

我们确保将以我们对于电子背景下所承担的责任和所作出的承诺都确实能够予以履行的方式，在我方组织内统一协调我方的电子商务活动、并设计我方的信息和通信系统。

我们将确保在我方电子商务活动环境中所使用的信息和通信系统充分适用和健全，使之得以有效提供我方的服务和/或产品、遵从适用法规与合同责任、并与公平准则相一致。

签约方应当澄清信息和管理机构的相关需求。

例行条款：

对与任何参与方进行的交易，我们将注明我方是否要保留交易数据，如果是，则还要指定保留期间，以便使其他参与方需要从我方（以电子方式）接收此类数据的需求成为可能。我们还将注明传送此类信息是否会对其他参与方产生（合理的）费用。

除此之外，我们将以在任何时间对由此而产生的我方权利和责任都能予以确定、并针对相关法令和/或商定的保存期限在合理期限内易于获取的方式安排我方的处理。

注释说明

在某些情况下，其他参与方自己不愿记录交易数据。在这种情况下，该项业务在很大程度上要靠电子商务进行交易，并要以来其管理系统在传送交易信息方面的可靠性。为在这一点上增加信任，一宗电子商务交易应当包括其行为规范中关于这一事项的规章。

签约方应当制止可能危及电子信息和通信系统有效性的行为。

例行条款：

我们将制止可能在相当程度上危及电子信息和通信系统有效性、性能和/或速度的行为。

注释说明

这一理性条款指出签约方将确保组织以及进行电子商务所使用的信息和通信系统的可靠性。逻辑上，这总是以对实际成本的合理评估为基础的。这一评估将会对风险和正当利益加以权衡。成本规模不应过大，否则电子商务活动就没有经济意义。而且应当认识到，绝对安全的信息和通讯系统是不现实的，而在组织方面，任何时候都存在人为因素的影响，无法通过技术手段进行管理。所使用的信息和通讯系统的可靠性、适用性、风险抵抗能力和及时性也可能要取决于签约方外包的第三方（的服务）。很明显，选择这样的第三方，给予应有的审慎和达成可靠的协议是必不可少的。

11.1.7.2.3 电子签名类型的可靠性

关于电子签名，签约方应当约定：

1）确实为其所接受的电子签名方法和技术；

2）确实为其所使用的电子签名方法和技术；

3）对电子签名的验证；

4）强制要求第三方达到的质量标准；

5）电子签名的保密责任。

例行条款：

我们将及时并以合理的方式向其他参与方表明我方所接受和/或使用的电子签名方法和技术。

如果我们在我方的电子商务活动中使用电子签名，我们保证其确实是可以验证的。我方可能为此而使用第三方的服务，对其所遵循的各自设定的质量标准，也会要求予以证实。

电子签名的用户应当负责对这一方式进行严格管理，尤其是对密钥的保密。

注释说明

在电子商务背景下，参与方会频繁地使用电子签名。其他参与方可能会想知道电子签名是否可靠以及对其所赋予的实际功能。为增加其他参与方对电子签名及其技术构成的信任，电子商务参与方应当在其行为规范中列入上述有关电子签名的规则。

在第三方质量标准的背景下，有一种考虑就是可以将质量标准作为可信第三方（TTP’s）的必要条件。

11.1.7.3　透明度

11.1.7.3.1　优化信息的透明度

签约方应当表明要向其他参与方所提供的信息。

对以下各项应予明确论述：

1）一般性条款的适用性（如果有的话）；

2）身份和完整地址；工商登记的登记号和增值税编号（如果有的话）；

3）电子通讯地址；

4）任何有关服务/产品证书/和或核准的相关信息；以及颁发此类资质的机构；

5）所提供服务和/或产品的主要特性；

6）所适用的最短履约期限及其终止的可能性；

7）适当的定价和/或价格成分；以及该报价是否含税；

8）任何其他的费用和应付账款，如交付、保险、业务费用等，以及应当针对哪家账户记账；

9）开具发票的方式，发票应在何时并如何发送；

10）有关产品交付日期的信息，及其所适用的服务条款开始和持续期限的信息；

11）各项责任限制或可以适用的担保；

12）支付方式和向谁支付，以及各项支付条款；

13）报价持续的有效期限；

14）是否应当针对相关交易发送（接收或其他事项的）确认、应当在何时并如何进行发送；

15）其他参与方可以何种方式记录交易数据；

16）必须收到接受或其他声明文件的最后期限；

17）如果合同条款未予满足，其他参与方是否可以并可以何种方式退回订购的产品和/或服务，以及有关采购总额的支付信息；

18）其他参与方撤销合同的可能性以及必须采用的方式（如果出现）；

19）交易所适用的法律；

20）争议事项所适用的机制。

例行条款：

我们将尽力确保其他参与方可以及时获取针对某一订立（意向中）的电子交易内容和条款的所有相关信息，对电子商务方式给予应有的重视。特别是给予电子商务方式所应有的重视，在达成协议之前，我们至少将：

- 会以电子方式通知其他参与方各项一般性交易条款，除非有正当理由不可能做

到这一点。而在这种情况下，则将会以其他方式通知其他参与方，

- 此外，对于超出我方一般性交易条款范围的各项，将会提供下列信息：

注释说明（针对上述20 项的完整声明）

在电子商务中，参与方都是远程处理交易。在这种背景下，往往没有机会获取是否决定达成交易的各类信息。因此，为在电子商务中建立信任，有把握通过简单方式获取所需信息对于其他参与方而言就极为重要，以便其作出深思熟虑的决定。

欧洲议会和欧盟理事会针对内部市场电子商务某些法律问题的草案第 5 款及其针对远程订约消费者保护的第 97/7/EC 号规定第 4 款都对信息使用进行了总结归纳。

有关电子商务的法律适用均未列入一般性条款。对荷兰参与方之间的使用而言，原则上交易都受荷兰法律管辖。但如其适用多重法律体系，应对所应适用的法律进行研究，在达成交易之前先要达成共识。国际私法认为企业自身原则上可以自由选择其所希望的法律。该项选择应当加以明确规定，将其记录在案是十分明智的。要注意，在某些情况下，国际私法对弱势公共利益会有保护倾向，如消费者。

11.1.7.3.2 明确商务通信

1. 签约方应重点关注其商务通信的可识别性及来源。

例行条款：

可以电子方式进行使用和/或传播的我方电子通信应当随时可以按其名义并自身来源加以确定。如果我们以电子方式使用和/或传播的电子通信来源于第三方，我们将确保这些资料可以按第三方的名义及其自身来源加以确定。

2. 签约方一旦应用征订/退订机制，就应立刻给予明确的信息。

例行的退订条款：

我方通过电子邮件传输电子通信的收件方一旦明确通知我方或由我方指定的第三方，称其不希望或不再希望接收那些资料时，我方就会尊重这一愿望。在我方的电子通信中，我方将会以直接并快速的方式加以注明。

例行的征订条款：

我们将不会通过电子邮件发送电子通信，除非这些资料的收件人事先就明确通知我方或由我方指定的第三方他们愿意接收这类资料。我方将会以直接并快速的方式加以注明。

注释说明

对于不喜欢接收电子通信的参与方，签约方可以考虑建立一个体系，使那些参与方能够了解。这一体系被称之为退订体系。征订体系也是存在的。这些体系不向参与方传输电子通信，除非其明确声明他们愿意接收。如果这一体系可为其所用，电子商务的参与方就可以将相关条例列入其行为规范。

在荷兰，在本规范模板中所推荐的这一例行条款可能已被荷兰广告法所取代。

11.1.8 保密和隐私权

11.1.8.1 隐私权

签约方应当尊重其他参与方的隐私权并应表明其为此所采取的处理方式。

例行条款：

1）良好的隐私权管理是我方商务合同管理的一项基本要素，而有鉴于此，我方的隐私权政策会以明确的方式予以公布。我们认为个人数据应为机密信息，因此应当仅在以下情况下对其进行处理：

①在常规业务操作背景下合法；

②对其他相关参与方透明；

③数据与电子商务问题相关并属合理范围；

④数据正确并完整；

⑤其处理方式公平合法。

2）至于向第三方传递个人数据，则只有获得其他参与方准许或出于某一法定义务的情况下方可进行。

3）对于不再需要用于电子商务的个人数据，将加以处理使之无法辨认或将其销毁。

4）只要与我方工作范围尚属对称，参与方对其数据进行检查或更正的要求就应予以兑现。

注释说明

本条款的签约方承诺遵守和服从适用于其电子商务活动的国家和国际法规。这对于处理具体个人资料的任何情况都适用。管辖有关个人数据处理具体保护措施的 1995 年 10 月 24 日的 95/46/EC 号规定就适用这种情况。该规定很快就会通过数据保护法在荷兰实施。在某些情况下（例如 1997 年 12 月 15 日关于个人数据处理的欧洲议会和欧盟委员会 97/66/EC 号规定，并于 1997 年 12 月 15 日在电信行业实施这一隐私权保护措施的情况），对于法人数据也必须使用与个人数据同样的方式进行处理。

某些数据处理的分支、用户或格式可能要遵从特定的准则和/或法规。签约方也可以声明其遵循某一具体的管理标准。

11.1.8.2　保密信息

为在其电子商务活动中增加信任，签约方应当表明其会尊重从其他参与方接收机密信息的保密要求，并将采取措施确保其保密性。

例行条款：

只要我们收到来自其他参与方或第三方的信息，一旦被我方认为或合理推定为需要作为保密信息进行处理时，我们保证将对由我方负责的信息和通信系统采取有效措施，以确保其保密可靠。为维护保密性，我们将尽可能注明信息的传输和/或接收是否会蒙受额外风险。

11.1.8.3　知识产权

签约方应当不侵犯知识产权。

例行条款：

当我们以电子方式提供的产品和/或服务含有第三方权利时，我们将合理地尽力确保知识产权不受侵犯，并充分履行从中产生的法定责任。

我们一旦或可能意识到我方以电子化方式获取的信息受到这种权利的约束时，我们将确保我方仅以合法的方式对这类信息加以使用。如果我们意识到侵犯了第三方的这类权利，我们将尽可能通知相关持有人。

11.1.9 优先项目汇总

11.1.9.1 总则

签约方应当声明其愿意遵从行为规范。

签约方为增强规范的条理性和可读性，对行为规范中多次出现的某些条款加以定义。

签约方将清楚表明其规范的范围。

签约方应重点关注客户关系。

签约方应重点关注行为规范的执行方式。

11.1.9.2 可靠性

签约方应当对误导和/或不当信息的发送予以制止。

签约方应当声明：

1. 对电子通信予以认可；
2. 在法律程序中（法庭或其他场合）承认电子通信的效力。
3. 签约方应当确保系统和组织的可靠性。
4. 签约方应当澄清信息和管理机构的相关需求。
5. 签约方应当制止可能危及电子信息和通信系统有效性的行为。

关于电子签名，签约方应当约定：

1. 确实为其所接受的电子签名方法和技术；
2. 确实为其所使用的电子签名方法和技术；
3. 对电子签名的验证；
4. 强制要求第三方达到的质量标准；
5. 电子签名的保密责任。

11.1.9.3 透明度

签约方应当表明要向其他参与方所提供的信息。

对以下各项应予明确论述：

1. 一般性条款的适用性（如果有的话）；
2. 身份和完整地址；工商登记的登记号和增值税编号（如果有的话）；
3. 电子通讯地址；
4. 任何有关服务/产品证书/和或核准的相关信息；以及颁发此类资质的机构；
5. 所提供服务和/或产品的主要特性；
6. 所适用的最短履约期限及其终止的可能性；
7. 适当的定价和/或价格成分；以及该报价是否含税；
8. 任何其他的费用和应付账款，如交付、保险、业务费用等，以及应当针对哪家账户记账；
9. 开具发票的方式，发票应在何时并如何发送；

10. 有关产品交付日期的信息，及其所适用的服务条款开始和持续期限的信息；
11. 各项责任限制或可以适用的担保；
12. 支付方式和向谁支付，以及各项支付条款；
13. 报价持续的有效期限；
14. 是否应当针对相关交易发送（接收或其他事项的）确认、应当在何时并如何进行发送；
15. 其他参与方可以何种方式记录交易数据；
16. 必须收到接受或其他声明文件的最后期限；
17. 如果合同条款未予满足，其他参与方是否可以并可以何种方式退回订购的产品和/或服务，以及有关采购总额的支付信息；
18. 其他参与方撤销合同的可能性以及必须采用的方式（如果出现）；
19. 交易所适用的法律；
20. 争议事项所适用的机制。

签约方应重点关注其商务通信的可识别性及来源。

签约方一旦应用征订/退订机制，就应立刻给予明确的信息。

11.1.9.4　保密和隐私权

签约方应当尊重其他参与方的隐私权并应表明其为此所采取的处理方式。

为在其电子商务活动中增加信任，签约方应当表明其会尊重从其他参与方接收机密信息的保密要求，并将采取措施确保其保密性。

签约方应当不侵犯知识产权。

11.1.10　例行条款汇总

11.1.10.1　总则

11.1.10.1.1　声明

我们郑重声明，为最大限度地将我方的电子商务活动纳入正轨，我们自愿接受并遵守这一规范。

11.1.10.1.2　定义

电子商务活动：具有商业目的或具有电子化实施背景的各种活动、通信和交易。同义词：电子商务。

其他参与方：本规范引用“其他参与方”之处，也意味着某一潜在的其他参与方以及与我方电子商务活动有直接联系的任何其他的收件方、个人或组织。

11.1.10.1.3　电子商务行为规范的范围

除非另有明确规定，本规范整体均适用于我方所有的电子商务活动。如果有针对行为规范条款的某一例外产生，我方将确保其他参与方能够事先就此得到通知，对电子商务方式和可能涉及的法律要求加以考虑。

11.1.10.1.4　客户关系问题

对于客户对我方货物和/或服务的要求、查询和疑问，我们保证会及时进行研究核查，并保证会采取所有的合理措施回答询问并解决疑难。

我方承诺或已经与之进行交易的客户应该会明确要求我方提供信息接收的确认或信息更正的确认，我们会及时向其提供此类确认文件。

对于客户对我方货物和/或服务的要求、查询和疑问，我们保证会在 14 天之内予以回复，并保证随后就会毫不拖延的进行处理。

11.1.10.1.5 强制性

优先项目的“强制性”并未列入例行条款。但可能在以下的注释说明中提到强制执行的机制。签约方在起草各自的行为规范时，应以适当方式自行规定这一优先项目。具有吸引力的一种选择或许是在相关的专业性团体或行业中使用适用的争议解决机制或者其他适当的强制性机制。

11.1.10.2 可靠性

11.1.10.2.1 信息的可靠性

我们将尽全力保证我方发出所有信息的真实性——包括关于我方自身组织、合作伙伴、产品和服务的信息，不得以我方的电子商务活动来提供误导或不当信息。

11.1.10.2.2 承认电子通信的效力

我方一旦收取电子化信息，就不会仅仅因为其为电子信息这一事实而拒绝其有效性、法律效力和/或强制性，并且（也）不会以硬拷贝方式接收信息。

一旦准备通过电子通信方式达成一项协议，我方就不会仅仅因为没有（也）以硬拷贝方式发送报价或接受确认这一事实而拒绝达成这样一项协议。

一旦电子信息被作为证据提交进入法律诉讼程序（法庭或其他场合），我们不会仅仅因为我方无法（也）以硬拷贝形式获取信息而主张这一信息不足以构成证据。

11.1.10.2.3 系统和组织的可靠性

我们将最大限度地严格履行自己关于我方组织以及关于我方系统和信息的责任。为此，我们将尽可能使用常规并易于获取的标准。

我们确保将以我们对于电子背景下所承担的责任和所作出的承诺都确实能够予以履行的方式，在我方组织内统一协调我方的电子商务活动、并设计我方的信息和通信系统。

我们将确保在我方电子商务活动环境中所使用的信息和通信系统充分适用和健全，使之得以有效提供我方的服务和/或产品、遵从适用法规与合同责任、并与公平准则相一致。

对与任何参与方进行的交易，我们将注明我方是否要保留交易数据，如果是，则还要指定保留期间，以便使其他参与方需要从我方（以电子方式）接收此类数据的需求成为可能。我们还将注明传送此类信息是否会对其他参与方产生（合理的）费用。

除此之外，我们将以在任何时间对由此而产生的我方权利和责任都能予以确定、并针对相关法令和/或商定的保存期限在合理期限内易于获取的方式安排我方的处理。

我们将制止可能在相当程度上危及电子信息和通信系统有效性、性能和/或速度的行为。

11.1.10.2.4 电子签名种类的可靠性

我们将及时并以合理的方式向其他参与方表明我方所接受和/或使用的电子签名方

法和技术。

如果我们在我方的电子商务活动中使用电子签名，我们保证其确实是可以验证的。我方可能为此而使用第三方的服务，对其所遵循的各自设定的质量标准，也会要求予以证实。

电子签名的用户应当负责对这一方式进行严格管理，尤其是对密钥的保密。

11.1.10.3 透明度

11.1.10.3.1 优化信息的透明度

我们将尽力确保其他参与方可以及时获取针对某一订立（意向中）的电子交易内容和条款的所有相关信息，对电子商务方式给予应有的重视。特别是给予电子商务方式所应有的重视，在达成协议之前，我们至少将：

- 会以电子方式通知其他参与方各项一般性交易条款，除非有正当理由不可能做到这一点。而在这种情况下，则将会以其他方式通知其他参与方，
- 此外，对于超出我方一般性交易条款范围的各项，将会提供下列信息：

针对上述20 项的完整声明。

11.1.10.3.2 明确商务通信

可以电子方式进行使用和/或传播的我方电子通信应当随时可以按其名义并自身来源加以确定。如果我们以电子方式使用和/或传播的电子通信来源于第三方，我们将确保这些资料可以按第三方的名义及其自身来源加以确定。

退订条款：

我方通过电子邮件传输电子通信的收件方一旦明确通知我方或由我方指定的第三方，称其不希望或不再希望接收那些资料时，我方就会尊重这一愿望。在我方的电子通信中，我方将会以直接并快速的方式加以注明。

征订条款：

我们将不会通过电子邮件发送电子通信，除非这些资料的收件人事先就明确通知我方或由我方指定的第三方他们愿意接收这类资料。我方将会以直接并快速的方式加以注明。

11.1.10.4 保密和隐私权

11.1.10.4.1 隐私权

- 良好的隐私权管理是我方商务合同管理的一项基本要素，而有鉴于此，我方的隐私权政策会以明确的方式予以公布。我们认为个人数据应为机密信息，因此应当仅在以下情况下对其进行处理：

在常规业务操作背景下合法；

对其他相关参与方透明；

数据与电子商务问题相关并属合理范围；

数据正确并完整；

其处理方式公平合法。

- 至于向第三方传递个人数据，则只有获得其他参与方准许或出于某一法定义务的情况下方可进行。

• 对于不再需要用于电子商务的个人数据，将加以处理使之无法辨认或将其销毁。

• 只要与我方工作范围尚属对称，参与方对其数据进行检查或更正的要求就应予以兑现。

11.1.10.4.2 保密信息

只要我们收到来自其他参与方或第三方的信息，一旦被我方认为或合理推定为需要作为保密信息进行处理时，我们保证将对由我方负责的信息和通信系统采取有效措施，以确保其保密可靠。为维护保密性，我们将尽可能注明信息的传输和/或接收是否会蒙受额外风险。

11.1.10.4.3 知识产权

当我们以电子方式提供的产品和/或服务含有第三方权利时，我们将合理地尽力确保知识产权不受侵犯，并充分履行从中产生的法定责任。

我们一旦或可能意识到我方以电子化方式获取的信息受到这种权利的约束时，我们将确保我方仅以合法的方式对这类信息加以使用。如果我们意识到侵犯了第三方的这类权利，我们将尽可能通知相关持有人。

11.1.11 参考资料

1998 年 3 月 30 日欧盟委员会关于消费者争议庭外解决责任机构适用原则的 OJ EC 1998 L 115 号建议书。

1997 年 11 月 7 日阿尔迪亚（Aldea）通信公司互联网行为规范。

1994 年荷兰标准化协会/经济事务部信息保护法，政策及实施指南（以荷兰语发布）。

Department of Policy Commissions 用于涉及跨境数据流合同的示范条例。

1997 年 2 月 15 日欧洲议会和欧盟委员会关于在电信行业个人数据处理的 97/66/EC 号规定以及 1998 年 1 月 30 日关于隐私权保护的 OJ EC L 024 号规定第 1－8 页。

欧洲消费者法律小组：消费者跨境投诉的法律管辖及适用—关于欧洲联盟内部消费者－国民有效法律保护持续困境的社会法律观点，DG XXIV，ECLG/157/98－29/04/98，www. europa. eu. int/comm/dg24/policy/eclg/rep01_ en. html

Girot，C. A：信息通讯技术（ICT）最终用户的法律保护：消费者保护法是一个充分的解决方案吗？发表于 1998 年第 5 期消费者法律杂志，p. 395 sqq。

国际商会（ICC）数据存取服务提供商和网站经营人关于隐私权保护约定准则草案。

国际商会（ICC）电子贸易及结算规则草案第一版。1998 年 10 月 12 日

国际商会（ICC）/欧洲民意和市场研究协会（ESOMAR）关于市场与社会研究事务的国际行为规范。

国际电子商务中心 1998 电子交易法。1998 年 4 月

比利时 ISPA 行为规范 1.0 版，www. ispa. be/nl/c040201. html。

经济事务部：1998 年 3 月 1 日电子商务行动计划（以荷兰语发布），VOS No. 05R38

关于统一国家法律的全国委员会 1998 年 9 月 18 日的统一电子交易法。

经济合作组织（OECD）1980 年关于隐私权保护和个人数据跨境流通的准则。

OECD：1998 年 10 月　关于在电子商务环境中消费者保护准则的委员会建议书草案，DSTI/CP/（98）4/REVI。

欧洲议会和欧盟委员会 1999 年 4 月 25 日第 7015/99 号关于电子签名共同框架的规定草案。

欧洲议会和欧盟委员会 1997 年 5 月 20 日第 97/7/EC 号关于远程签约消费者保护的规定。

SPA1996 年 1 月 10 日　互联网服务提供商（ISP）行为规范。

国家消费者事务咨询委员会 1998 年 4 月电子商务消费者保护法：原则和关键问题。

联合国贸易法委员会（UNCITRAL）1996 年 12 月 16 日第 51/162 号决议电子商务示范法。

适用于合同责任的法律管辖条约（罗马条约），最新出版的修订版编号为 OJ EC 1998 C 27/34。

荷兰产业和雇主联合会（VNO－NCW）/消费者委员会：1998 年 12 月 22 日版消费者隐私权法草案。

欧洲议会和欧盟委员会关于内部市场电子商务某些法律问题的规定草案，1999/C 30/04，COM（1998）586 def. －98/0325（COD）。

欧洲议会和欧盟委员会关于远程经营消费者金融业务的规定草案，以及经修订的委员会第 90/619/EC 97/7/EC 号和第 98/27/EC，98/C 385. /10 号规定。

众议院议事录中关于电子高速公路的立法，1997－1998，25880 Nos. 1 & 2。

11.1.12　ECP. NL 组织

在本规范起草过程中，有 2 个组织起到了舆论传播的作用，ECP. NL 和政府咨询委员会。

ECP. NL 论坛：

R. E. van Esch 教授，拉博银行/莱顿大学

A. Eisner，NLIP

A. M. Ch. Kemna MBA，普华永道会计师事务所

S. H. Katus，VNO－NCW

W. Koole，荷兰消费者委员会

P. J. M. van Osch，DSEMCO

C. Stuurman，普华永道会计师事务所/阿姆斯特丹自由大学

G. J. van der Ziel 教授，埃拉姆斯大学

A. J. M. van Bellen，ECP. NL

N. R. Docter，ECP. NL

政府咨询委员会：

H. H. de Brabander－Ypes，经济事务部

M. Wesselink，法律事务部

H. D. Ruyter，经济事务部

ECP. NL：中立的电子商务研究和协调中心

1998 年初由商业社团与经济事务部共同建立荷兰全国性电子商务研究和协调中心：荷兰电子商务平台（ECP. NL）。ECP. NL 是一个独立的、非盈利性的、意在加速引进电子商务的各方合作组织。参与的有用户、供应商、政府机构、中介机构、以及教育机构。ECP. NL 的目标是共同努力发展和采纳电子商务；并非在技术上进行信息技术的开

发，而是发展荷兰经济和竞争力的战略基础。所进行的活动都有公共信息、预设条件、国际合作、以及倡导和宣传相关典型项目的背景。

11.2 电子商务协议

11.2.1 概述

电子商务为提高商业运作效率、降低与贸易过程相关的成本提供了新的机遇，同时也使利用这种新的经营和贸易方式的企业增强了竞争优势。

电子商务平台的出现和互联网的使用，为用户传输数据、以电子形式签约以及管理可发展为新型业务模式的业务流程提供了一系列新技术。

传统的、基于纸质的业务手续和诸如手工签名之类的业务要求的法律框架，目前正处于适应这些新技术的进程之中。就全球范围而言，1996 年联合国国际贸易法委员会（UNCITRAL）所通过的《电子商务示范法》（*Model Law*）为制修订相关法律提供了一个框架。一些国际组织，如世界贸易组织（WTO）、联合国贸易简化与电子业务委员会（UN/CEFACT）、经济合作与发展组织（OECD）、联合国贸易和发展委员会（UNCTAD）、国际商会（ICC）等都在积极地就全球电子商务市场的出现而产生的一些关键法律问题与政府和企业进行商讨。就区域或地方而言，针对这些问题而新制订的法律正在提出或颁布。

尽管有关全球电子商务市场的法律框架正在形成和完善，并对建立更好的电子商务市场的诚信环境起着极为重要的作用，但是，在电子商务应用中出现的许多问题，采用契约的形式解决仍然是一个较好的解决办法。

为了建立商务实体之间的信任环境，在借鉴制订 EDI 交换协议（UN/CEFACT 第 26 号建议，GB/T 17629—2010）所获得的经验的基础上，UN/CEFACT 于 2000 年 3 月通过了本建议，并作为 UN/CEFACT 的第 31 号建议书。

UN/CEFACT 建议用本建议书作为以契约形式运作电子商务的协议样本。该样本考虑了有待商务实体商定的基本条款的框架，并结合了处理日常商务交易所需的灵活性。

电子商务协议旨在满足企业与企业间的电子商务伙伴的商务需求，它包括一套基本条款，这些条款能够保证商务伙伴间的一项或多项电子商务交易在健全的法律框架下完成。电子商务协议着重于表述可供电子商务交易的所有电子通信方式。建议仅在 EDI 基础上订立合同关系的商业伙伴继续采用 EDI 交换协议；建议在包括 EDI 在内的一系列电子商务技术的基础上订立合同关系的商业伙伴采用电子商务协议，必要时，全部用电子商务协议取代 EDI 交换协议。

11.2.2 范围与术语和定义

11.2.2.1 范围

该标准规定了以契约形式管理电子商务的协议样本。

该标准适用于企业与企业间（B2B）的电子商务。

11.2.2.2 术语和定义

下列术语和定义适用于该标准。

1. 要约方　proposer

发出要约通知的一方。

2. 接受要约方　accepter

发出接受要约通知的一方。

3. 要约通知　instrument of offer

一个参与方通过电子方式提出订立商业契约关系而向另一参与方发送或开出的据此进行交易的契约。要约通知也可供不接受最初所提条款的参与方所用，并在对其修改后，向原发送方发出一份新的要约通知。

4. 接受要约通知　instrument of acceptance

要约通知的接收方在接受要约通知中所规定的条款后，返回给要约方的通知。

11.2.3　电子商务协议样本的结构与符号约定

11.2.3.1　电子商务协议样本的结构

电子商务协议样本由要约通知和接受要约通知两部分组成。要约通知和接受要约通知均由电子商务协议和电子商务交易组成。

11.2.3.2　符号约定

电子商务协议样本包含若干供参与方在两个或多个选项中进行选择的条款。这些选项被标注在括号（［ ］）内，并被斜线（/）分割。如果参与方未对选项进行选择，则以带有下划线的选项作为默认项，忽略没有下划线的选项。

11.2.4　电子商务协议样本

11.2.4.1　参与方间约定

当签署本协议的参与方之间出现争议时，应以签署本协议的约定为准。

11.2.4.2　要约通知

11.2.4.2.1　概述

要约方向接受要约方提议订立下述协议。此后，参与方间任何受本协议约束的通信均应通过［<u>“电子商务协议”字样</u>/指定其他标识代码或以其他方式指称本协议］来引用本协议。

要约契约的接受和电子商务协议的订立，并不意味着参与方间有义务订立任何进一步的合同关系。

要约契约的接受应由接受要约方发送正式填写的接受要约契约、并被要约方在［<u>接受要约方接收到要约契约 24h</u>/另行指定接收到的时间］之内接收（见 11.2.4.2.3.3a））到后才能成立。如果要约通知在此时间期限内被接受，以下条款即构成参与方间的协议。

11.2.4.2.2　电子商务协议

11.2.4.2.2.1　要约方标识

要约方和接受要约方间采用 11.2.4.2.3.1 规定的电子方式进行报文交换而订立的任何合同应由下列法人实体完成：

［插入要约方完整的和准确的：

- 公司名称;
- 公司地址
- 标识号/公司注册号/专业登记号（选择适合的项）;
- 增值税或税务登记号;
- 电话号码、传真号码和电子邮件地址或网站地址]。

11.2.4.2.3 通信

11.2.4.2.3.1 通信方式

参与方应规定通信方式。

要约方提议参与方均采用表11-1列出的通信方式进行通信:

[任何电子通信方式/具体商定的通信方式]

表11-1 通信方式

报文类型	通信方式			
	网站	电子数据交换（EDI）	电子邮件	其他方式[指定]
邀请要约/磋商				
要约				
接受要约				
撤销				
确认				
通知				
[添加其他适宜的报文]				

在接受要约通知中，接受要约方应阐明可接受的通信方式。

11.2.4.2.3.2 通信标准、软件和第三方提供商

要约方提议参与方间使用下列通信标准、软件和第三方提供商（必要时）:

- 通信标准名称;
- 软件产品/版本号;
- 第三方提供商。

每一参与方在对系统运行、硬件或软件进行可能影响参与方之间的通信或改变11.2.4.2.3.1和11.2.4.2.3.2所规定的信息的任何变更之前，都应通知另一参与方。在这一通知中，通知方应要求另一参与方告知通知方是否能够接受这些变更。仅当另一参与方接受这些变更时，该变更才能生效。

11.2.4.2.3.3 接收和对接收的确认

a） 接收的定义

当报文[可由接收方从其所用电子地址获取/其他定义的接收方式]时，才被认为是接收。

b） 对接收的确认

[除非发送方要求确认]，否则接收方[有/无]义务对报文的接收进行确认。

确认可以通过［规定报文类型/接收方以自动或其他方式进行的任何通信，或接收方任何足以向发送方表明报文已经收到的行为］完成。

在发送方已指明或法律已规定报文受接收确认约束的情况下，在收到确认前，该报文被视为从未发送过。

在接收方有责任对接收提供确认且发送方并未指明该报文受接收确认约束的情况下，如果发送方在［规定确认时间/合理的时间］范围内未收到确认，发送方：

a）可以通知接收方，声明没有收到确认并规定一个合理收到确认的时间期限；

b）如果在 a）规定的时间内仍未收到确认，则向接收方发送通知，并视为从未发送过该报文，行使发送方所具有的任何其他权力。

当发送方收到接收方的接收确认时，即认定该报文已被接收方接收。但这并不意味着该报文与收到的报文相符。如果该确认给出对收到的报文的相关说明，则该说明被认定为是正确的。

11.2.4.2.3.4 通信错误

参与方［应/不应］把那些阻碍对报文进行进一步处理的情况（包括所收到的传输中的技术错误）通知其他参与方。这一通知应［尽快/在规定的时间期限内］发出。

接收方有权视每一份收到的报文为一份独立的报文，并据此认定进行运作，除非该报文是另一报文的副本且接收方通过谨慎的处理或采用商定的程序获知或应已获知该报文是一个副本。

接收方有权视收到的报文为按发送方意愿发送的报文，并据此认定进行运作。但接收方通过谨慎的处理或采用商定的程序知晓或应已知晓该传输有错误或被延迟时，则无权据此认定进行运作。

11.2.4.2.4 电子商务交易的有效性和电子商务交易的达成

11.2.4.2.4.1 有效性

本条款应以书面形式呈现并/或经签署。

参与方商定，报文通信可生成有效的和强制的义务。当参与方间的通信均采用电子方式进行时，就意味着参与方明确放弃反对电子商务协议和任何电子商务交易的有效性和/或可接受性的权力。

11.2.4.2.4.2 电子商务交易的达成

a）概述

当接受要约的报文按以下 e）的规定被接受后，即形成一项电子商务交易。

b）要约的定义

如果一个报文包含着向特定的一方或多方提议订立一个合同的建议，而且该建议足够明确并表明发送方要约的意图，则该报文即构成一个要约。

除非另有声明，否则以电子形式广泛发送的报文不能构成一个要约。

c）撤销

除非另有协议或在要约中明确规定，否则任何要约均［可/不可］撤销。如果是可撤销的，只有当撤销通知在［要约方接收到/接受要约方向要约方发出］接受之前被［接受要约方接收到/要约方向接受要约方发出］时，要约才能被撤销。

任何接受均［可/不可］撤销。如果是可撤销的，只有当撤销通知在拟被撤销的接受被收到之前收到才能有效。

d）接受期限

一个要约应在该要约被接收到［24h/规定其他时间期限］后失效，除非在该要约中另有规定或该要约在前述的时间期限内已被接受。如果在要约失效后收到对该要约的接受，接收方可视该接受为一个新的要约。

e）接受

当要约方在规定的时间期限内收到一个对要约（见 b）的无条件接受时，该要约即被接受。

11.2.4.2.5 其他条款

11.2.4.2.5.1 法律的选择

除了相互冲突的法律条款外，本电子商务协议应受［指定国家/要约方所在地/符合国际司法适用规则］的法律管辖。

电子商务交易应受［指定国家/要约方所在地，不包括相互冲突的法律条款/符合国际司法规则或符合电子商务交易所选择的国家］的法律管辖。

11.2.4.2.5.2 可分割性

当电子商务协议的某一条款由于某种原因而无效或无约束力时，其他所有条款仍应保持完整的约束力和效力。

11.2.4.2.5.3 终止

任何参与方均可发出终止通知终止本协议，但终止通知至少应提前［30d/其他时间期限］发出。终止应不影响终止之前发生的任何通信或有关交易的履行。本质上具有持续性责任的条款应不受终止的影响并继续具有对参与方的约束力。

11.2.4.2.5.4 完整的协议

本电子商务协议在主要内容上构成参与方的完整协议。

11.2.4.2.5.5 司法选择

本条款应以书面形式呈现并/或经签署。参与方可选择适合本地的选项作为争议解决办法。

［选项 1：司法条款：任何由本电子商务协议引起的或与本电子商务协议有关的争议，应提交到 11.2.2.4.1 中规定的地点的法庭解决/指明国家和城市或地区的法庭解决］。但是，参与方仍有权在对方所在地的法庭提出诉讼。

［选项 2：仲裁条款：任何由本电子商务协议引起的或与本电子商务协议有关的争议，包括有关协议的存在性、有效性或其终止问题，应提交给由参与方商定的一个或三个仲裁人作最终解决，若无法就仲裁人人选达成协议，应按照和遵从…………的程序规则由…………. . 指定。］

任何由电子商务交易引起的或与电子商务交易有关的争议应提交到［能够按照国际司法相关规则审理的法庭/上款提到的法庭或仲裁法庭/指明国家和城市的法庭］解决。

参与方应在争议发生后的 30d 期限内，尽其所能解决争议。

11.2.4.3　电子商务交易

电子商务交易应受下列条款和条件的约束：

［如果需要，在此处根据拟开展的电子商务交易类型列出适用于电子商务交易条款的特别条款，包括交货条款、支付类型和条款、产权和所有权、风险转移、权利等/列出适用条款的参考］。

适用于电子商务交易的条款应按照本电子商务协议解释。在发生冲突的情况下，应以［本协议 11.2.2 所述条款/本协议 11.2.3 所述条款，包括所引用的通用条款］为优先选择。

11.2.5　接受要约通知

11.2.5.1　电子商务协议

电子商务协议［插入要约通知中规定的其他标识代码］。

据此接受要约方接受［插入日期］来自［插入要约方名称］的要约通知。

11.2.5.2　接受要约方的标识

要约方和接受要约方间的电子商务交易应由下列法人实体完成：

［插入接受要约方完整的和准确的：

- 公司名称；
- 公司地址；
- 标识号/公司注册号/专业登记号（选择适合的项）；
- 增值税或税务登记号；
- 电话号码、传真号码和电子邮件地址或网站地址］；

11.2.5.3　通信

参与方应规定通信方式。

接受要约方同意通过 11.2.4.2.2.1 所述的全部或部分通信方式进行通信：

［任何电子通信/具体商定的通信方式］。

本章小结

1. 联合国贸易便利化和电子业务中心（UN/CEFACT）建议如下：

- 联合国成员国应当在其他解决方案之外，认识到开发、支持和颁布自愿的电子商务行为规范的必要性，以支持国际贸易的发展。
- 联合国成员国应当推动和促进发展电子商务自律机制，如行为规范和本国及国际贸易组织的信誉分级计划。
- 联合国成员国应当推动和促进发展自律机制的国家和国际认证计划。
- 各国与国际组织开发电子商务行为规范应将本建议书中荷兰电子商务平台开发的《电子商务行为规范模版》加以考虑。开发类似机制时不要忘记对其中的各种问题均需加以明确。

2. 电子商务协议旨在满足企业与企业间的电子商务伙伴的商务需求，它包括一套基本条款，这些条款能够保证商务伙伴间的一项或多项电子商务交易在健全的法律框架下完成。

电子商务协议着重于表述可供电子商务交易的所有电子通信方式。建议仅在EDI基础上订立合同关系的商业伙伴继续采用EDI交换协议；建议在包括EDI在内的一系列电子商务技术的基础上订立合同关系的商业伙伴采用电子商务协议。

思考题

1. 在学习本章之前你是否知道电子商务有法律，并且它以标准的形式出现？

第12章 电子商业发票

本章学习目标

◆了解和掌握电子商业发票数据元和业务需求；

◆了解电子发票所需的数据。

12.1 概述

电子商业发票对大企业以及中小企业都会产生节省成本的效果。它改善了发票数据的质量，精简了商务流程，并且便于向无纸贸易转化。随着时间的积累，发票数据还能就公司以及公司之间的有关交易历史产生大量的业务资料，而在将来即可告知各公司所能选择与其他公司进行商务接洽的方式。此外，该项技术还有能力确保税收准确、提高监管能力、降低成本、改善各国的贸易便利化环境。

尽管电子商业发票所具有的益处，但是，普遍接受该项技术仍有障碍。这主要来自于不同法律和规则的要求。例如在欧洲，主要障碍来自各种国家法规。多样性、复杂性以及对现行法律及其在跨境场合的制约缺乏实施相关的官方解释，造成一种犹疑的倾向，这对企业界在电子商业发票解决方案的投入产生了负面的影响。反过来又减缓了提高电子商业发票跨地域和跨行业互操作性所需的标准化进程。

考虑到这一点，关于国际贸易发票规范格式的UN/CEFACT第6号建议书附件及指南为将电子商业发票纳入其中而进行了调整，其目的是：

• 为协调与电子商业发票相关的国家和地区法律、法规、业务流程和官方手续而制定指导原则。

• 基于UN/CEFACT核心部件库（CCL）、业务信息实体（BIE）以及UN贸易数据元目录（UNTDED）确定数据元，企业和政府两个方面对商业发票的需求都要得到满足。

• 阐明电子商业发票在完整性和可靠性方面所必需的业务要求，以满足企业界和监管当局的需要。

12.2 指导原则

各国的法律和规章则应只谋求必须以有效监管为目的的强制执行的需求。政府、海关以及税务当局应当允许企业在现行法律框架之内决定实现电子商业发票方案的最佳方式，除非是因为要将特定的技术或流程强加于政府政策（包括关税和税务）之上。

各国的政府和税务机关应当对电子商业发票应用的增长情况进行监控，并对市场开发的各种反响进行协调。需要一种基于对法律最少干预和不断协调的方式，将现行拼凑的国家法规体系转变为促使境内及跨境的法律实施和贸易便利两方面都更加有效的法律框架之中。

各国的政府、行政管理机构和当局还应当以其作为发票发行人和发票接收人的身份，采用并推荐电子商业发票为其首选的发送和接收发票的方式。因此，政府和业界应当相互配合，积极促进、培育和发展主动精神，帮助营造一个电子商业发票的“网络效应”，这样交易群体才会感受到对采用这一流程的支持。在这一方面，税务机关及其他监管机构应当采取积极主动，鼓励投入和支持竞争的方式对待电子商业发票。

12.3 电子商业发票的业务需求和数据元

12.3.1 电子商业发票的效益

书面发票往来涉及可视的操作、核对及核准支付的费用；实际上，这笔费用可能会超过发票金额。信息和通讯技术的发展为业务单证的往来提供了一种新的方式。因此，大批量处理书面单证的公司正在寻求依靠信息技术的有效运用重新简化程序的良机。

处理书面发票的主要成本产生于多次并且容易出错的数据录入、在出现误差和矛盾时的解释、对内对外的单证传递以及书面单证的归档和查找。

在现行企业中，还有一些与书面发票处理相关的问题：

- 因为发票内容和数据元不标准，收到信息的透明度和可比性水平都比较低；
- 发票接收、登记及支付核准时间的拖延；
- 大量的书面单证副本。

标准的电子商业发票将在数据的及时性和准确性方面使交易方和政府监管方都能受益。交易方将能提前传输数据，在出口和进口之前就能送审和确定，从而使处理流程得以加快和简化。使用原始商务数据将最大程度的降低对数据进行调整的需求，从而使数据的准确性更高。

标准的电子商业发票可以为公司和机构带来实质性的节省，可以提高发票数据质量和简化业务流程。在国际和国内贸易中使用电子商业发票还可以为电子商务体系结构奠定基础，使客户和供应商（以卖方或发货人、及买方或收货人的身份）安全并更有效率的对交易进行操作和结算。

电子商业发票可以提供特定的增值功能和积极的成效，例如：

- 可以使发票、各自的订单、发票付款申请、支付准备报文和支付之间的核对作业实现自动化；
- 减少发票的单证传递和处理时间及相关费用；
- 增强传递的安全性（单证和/或数据无损）；
- 从业务应用软件自动进行数据的输入和输出；
- 能够使数据规范化并自动匹配单证；
- 改善支付的信息流和现金流预测；
- 能够提供电子归档和检索，从而降低检索成本；

- 能够获得增值服务。

为了获得这些成效，发票数据必须以“机器可读”的形式构成，例如 XML 或 UN/EDIFACT。这就使发票数据得以自动放入业务信息系统并触发自动化的工作流进行处理。

为降低所涉当事各方电子商业发票处理的复杂程度，在客户和供应商两端，专业服务提供商和网络都可提供增值服务，使中小企业也能用得起电子商业发票。这些服务可以是：

- 将数据格式转换为所涉当事方的首选格式；
- 为电子商业发票的完整性和可靠性提供保障；
- 提供电子商业发票常人可读的副本；
- 发票核对及自动结算；
- 为电子商业发票的归档提供必要的数据和单证；
- 保障针对其他电子商业发票服务提供商和网络的互用性。

另一方面的好处体现为银行业和金融界有机会提供增值服务，使营运资本的效能得以增强。

12.3.2　电子商业发票的业务需求

关于优化现行“基于纸张的”发票处理流程的要求同样基于定义针对电子商业发票的通用业务需求：

- 通过使用标准数据元增强电子商业发票所含信息的透明度；
- 降低电子商业发票解决方案的复杂度并使之简单易用；
- 对于所用电子商业发票解决方案的投入能够有所回报；
- 确保符合电子商业发票生成、传输、处理和归档等流程的相关法律规定。

事实上，通过使针对客户和供应商双方的自动核对作业得以实现，电子商业发票解决方案就有可能对供应链和资金链处理流程的集成提供更加强有力地支持。这可以减少“以人工为基础的”工作，所有涉及这一流程的利益相关方（客户、供应商、银行等）的成本节约都会极为可观。

为了支持在不同标准之间的互用性，电子商业发票应当使用标准数据元。这些数据元将确保从企业 ERP（企业资源规划）系统开始就进行发票的自动处理（如输入和输出）。

在一宗国际或国内的商业交易中使用电子商业发票进行交换，可能要确定两个主要的当事人：

- 客户：在成功完成商业交易后拥有产品的个人或组织；
- 供应商：在商业交易的最初阶段拥有产品、进行产品发送或使之可供出售的个人或组织。

根据其在供应链中各个节点的作用或行为，这些当事人可在商业交易中以多种身份出现。在 UN/CEFACT 开发的“国际供应链参考模型（ISCM）”中对这些身份进行了定义。UN/CEFACT 还建立了供应链业务流程的模型（如传统的买方—卖方发票处理流程、自开发票等），并针对跨行业发票的需求设计了一套数据结构。

图 12－1 使用来自 ISCM 图形化的表示列出了客户和供应商及其他可能出现的角色之间的关系。

图 12－1　客户和供应商以及其他可能出现的角色之间的关系

电子商业发票是作为国际商业交易的组成部分在两个当事人（或参与方）之间所进行的数据交换。通常在供应商和客户之间进行交换，但发票信息越来越多地与其他当事人（如海关）进行交换并为其所用。像签发、记账或技术处理等职能可能被外包给某一居间的第三方，以不同的身份和操作代表客户（买方）或供应商（卖方）办理业务。书面发票上限制当事人明细数据是出于对实际篇幅的考虑，在电子商业发票则不受约束，按照报文格式的参数范围，当事人及角色的数量不受限制。第 6 号建议书正文中基于纸张的发票格式版本可被认为与这些规则相符，针对供应商有“卖方”的角色、而客户则有“收货人”及可选的“买方”角色。然而，供应商和客户各自均应至少以一种角色出现，并且出现重复的角色。

12.3.2.1　客户的电子商业发票业务需求

从客户的角度来看，主要目标是与进货电子商业发票相关的自动处理。它包括（但不限于）以下功能：

- 为电子商业发票指定正确的处理流程；

- 核对发票；
- 对发票进行费用分摊和记账；
- 核准支付；
- 发票存档。

因为这一原因，客户会有以下需求：

- 以结构化和准确定义的格式接受发票数据，根据公认的业务规则，业务信息系统可以自动归并和理解；
- 如果信息系统中已经输入采购订单所约定的价格，发票价格应与其相符；
- 接收的数量与发票所记载的数量相符；
- 为启动包括支付在内的自动处理流程，供应商要在发票上提供相关的参照信息。

12.3.2.2　供应商的电子商业发票业务需求

从供应商的角度来看，主要目标是进行支付与发票的自动核对。供应商的主要需求为：

- 在业务应用软件支持下，为生成电子商业发票准备好标准数据元；
- 发票内容符合法律规定；
- 通过完整的资金汇付流程使用所告知的支付参照；
- 发票存档。

综上所述，与书面发票相比，电子商业发票将重点从面向销售和市场的单证转为支持整个业务流程的信息交换。供应商通过使发票处理流程实现自动化为其客户提供附加值。另一方面，供应商则可从强化业务对话和改善客户保有中受益。

12.3.3　电子商业发票的数据元

12.3.3.1　简介和总体考虑

部署电子商业发票（并取得上述成效）的一个关键问题是在电子商业发票中使用通用数据元。这些数据元本质上与书面发票的内容和第 6 号建议书正文中的陈述并无差异。其表示的基础都是针对电子商业发票的标准（UN/CEFACT 标准）定义。况且，定义标准的电子商业发票就必须使用“标准化的”数据元，例如联合国贸易数据元目录（UNTDED 和 ISO7372：2005）以及 UN/CEFACT 的核心部件库和业务信息实体中规定的数据元。

所应纳入电子商业发票的数据元均已确定，以支持公司和机构之间在国际和国内贸易中都可进行电子商业发票的有效交换，包括政府为此制订指导原则。此外，发票数据元必须符合国家法规的具体要求。

第 6 号建议书的本附件注重在公司和机构之间进行产品交易的跨行业发票，即针对国内贸易，也针对跨境贸易。为满足具体“行业门类”（如航空航天、汽车、化工、石油、钢铁、零售等）的业务需求，可能还要补充纳入专门信息；行业专用数据元不属于本附件的范围。

为了对发票进行自动处理或核对，在后续段落中列出的数据元确定了应当在发票中所列的相关信息。发票数据元分为发票标题部分和发票交易行项目部分。

12.3.3.2　发票标题的数据元

所有适用于整张发票的数据元都归属于发票标题部分；这些信息包括但不限于单

证所需履行的法律、商务和管理功能。图 12 - 1 明确了在规范的发票格式中所使用的数据元，并显示出与 UNTDED 唯一的 4 位标记和数据元定义之间的关系，还将明细延伸至 UN/EDIFACT 联合国标准发票报文 INVOIC 的 NAD 数据段。该表的目的就是帮助电子商务解决方案提供方、软件供应方和实施方识别基于纸张的发票数据元并在电子商业发票的工作平台进行对应。

其他数据元可能主要针对电子商业发票的自动处理。

当事人标识，所有信息（如标识代码）都需要确保并指定接收发票在接收方系统中的某一种业务关系。通常在接收方系统中要用到供应商的标识信息，但根据业务关系，就可能还会涉及其他当事方，例如买方就运行某一关键生产设备的制造商的标识信息。在发票的签发方和接收方之间要对所需使用的专门信息进行规定。UN/CEFACT 鼓励采用：

ISO/IEC 6523 信息技术——机构和机构分支（通常由政府或国家标准化机构提出）的标识结构；

ISO 13616：2003 金融业务——国际银行账户号码（IBAN）；

国际公认的商务实体标识体系，例如 GS1 通用地点编码（基于 ISO/IEC 6532 的 GLN）或邓白氏通用数据编码体系（DUNS）。

买方采购订单的引用传输到卖方，就使发票得以通过正确的采购订单进行转换和对应。

在买方业务软件中尚未存放订单的情况下，就需要按照相应的处理流程为发票指定替代的引用（例如个人编号、成本对象编号、合同号等）。

为支持自动化的支付准备与核对报文的支付或相互参照的数据元。

12.3.3.3 电子发票的数据项

发票主体由一项或多项“交易行项目”组成，数据元的构成包括发票行项目所需的全部信息。在附录 A 中对这些指南提供了一张标出用于规范发票格式数据元的表格，并显示出与 UNTDED 唯一的 4 位标记和数据元定义之间的关系，还将明细延伸至 UN/EDIFACT 联合国标准发票报文 INVOIC 的 NAD 数据段。该表的目的就是帮助电子商务解决方案提供方、软件供应方和实施方识别基于纸张的发票数据元并在电子商业发票的工作平台进行对应。UN/CEFACT 鼓励使用国际公认的贸易商品标识体系，如 GS1 通用商品编号（GTIN）。

其他数据元可能主要针对电子商业发票的自动处理。

买方采购订单的行项目编号，发票中需要准确对应买方所传递的信息。这一信息需要使发票行项目与采购订单的对应行项目协调一致。计量单位和销售的单位数量，使客户得以按发票行项目核对收到的数量。按照法定（如海关）要求可能需要额外的信息，例如包装明细、重量数据、运费和保险费及其他明细。

这些指南中对于发票标题和行项目层面所含数据元仅作了举例说明，且并未穷举。使发票成为具有效力的贸易单证所需的实际信息量会在贸易伙伴（客户和供应商或出现在交易中的其他角色）之间商定，或者按照法律、规章或行政管理规定确定。这对于基于纸张的发票或对于电子商业发票环境都是适用的。

表 12 - 1 给出了电子商业发票所需的数据元（UNTDED）和 UN/EDIFACT 中的段、

复合数据元以及数据元。通过表 12－1 给出的 UNTDED 和 UN/EDIFACT 可以很容易地生成基于 XML 的电子商业发票报文和基于 EDI 的商业发票报文，也可以生成电子单证。

表 12－1　电子发票所需的数据

栏目编号	数据描述	UNTDED 4 位唯一标记和字典条目名称	UN/EDIFACT （INVOIC）
BN01	向买方出售商品或服务的当事人的标识、名称和地址	3346：Seller. Party Identification. Text （卖方．当事人标识．文本） 3347：Seller. Party. Identifier （卖方．当事人．标识）	NAD 数据段 3035 C082/3039 C058/3124 C080/3036 C059/3042 3164，C819/3229 3251，3207
BN02	向其发送货物的当事人的标识、名称和地址	3132：Consignee. Party Identification. Text （收货人．当事人标识．文本） 3133 – Consignee. Party. Identifier （收货人．当事人．标识）	NAD 数据段 3035 C082/3039 C058/3124 C080/3036 C059/3042 3164，C819/3229 3251，3207
BN03	其他关联方的地址和参照： • 发票签发方的标识、名称和地址 • 发票受票方的标识、名称和地址 • 作为另一方授权代理人的标识、名称和地址 • 为进行交易作为卖方代表的标识、名称和地址	3028：Invoice Issuer. Party Identification. Text （发票签发人．当事人标识．文本） 3029：Invoice Issuer. Party Identifier （发票签发人．当事人标识） 3006：Invoicee. Party Identification. Text （发票受票人．当事人标识．文本） 3007：Invoicee. Party Identifier （发票受票人．当事人标识） 3196：Agent. Party Identification. Text（Business Term：Authorized representative's name，Authorized agent for principal） [代理人．当事人标识．文本（业务术语：授权代表名称、委托人授权代理）] 3197：Agent. Party. Identifier （代理人．当事人标识） 3254：Seller Agent. PartyIdentification. Text （卖方代理人．当事人标识．文本） 3255：Seller Agent. Party Identifier （卖方代理．当事人标识）	NAD 数据段 3035 C082/3039 C058/3124 C080/3036 C059/3042 3164，C819/3229 3251，3207

续表 12－1

栏目编号	数据描述	UNTDED 4 位唯一标记和字典条目名称	UN/EDIFACT (INVOIC)
BN04	商用运输信息（通用术语）	8012：Consignment. Transport. Text (Business Term：Transport Information) [托运货物．运输．文本（业务术语：运输信息）]	TOD 数据段 C100/4053/1131
BN05	发票信息，如： • 指定发票类型的代码 • 标识形式发票的编号 • 标识发票的编号 • 以数字和文字表示的发票签发日期 • 以数字和文字表示的形式发票签发日期	1027：Invoice Document. Type. Code (发票．类型．代码) 1088：Proforma Invoice Document. Identifier (Business Term：Proforma Invoice No) [形式发票．标识(业务术语:形式发票编号)] 1334：Invoice Document. Identifier (Business Term：Invoice Number) [发票．标识（业务术语：发票编号）] 2376：Invoice Document. Issue Date Time. Text (发票．签发日期时间．文本) 2377：Invoice Document. Issue. Date Time (Business Term：Billing Date) [发票．签发．日期时间（业务术语：开票日期）] 2404：Proforma Invoice Document. Issue Date Time. Text (形式发票．签发日期时间．文本) 2405：Proforma Invoice Document. Issue. Date Time (形式发票．签发．日期时间)	BGM 数据段 C002/1001/1000 C106/1005 DTM 数据段 C507/2005/2380/2379
BN06	其他参照，如： • 标识特定托运货物的唯一编号 • 当事人（如买方和卖方）之间达成合同的标识 • 买方针对订单指定的标识 • 其他单证的编号（通用和综合术语）	1202：Consignment. Identifier (Business Term：Unique Consignment Reference UCR) [托运货物．标识（业务术语：托运货物唯一标识）] 1296：Contract Document. Identifier (Business Term：Contract Number) [合同．标识（业务术语：合同号）] 1022：Order Document. Buyer Assigned. Identifier (Business Term：Purchase Order Number) [订单．买方指定．标识（业务术语：采购订单编号）]	RFF 数据段 C506/1153/1154 DOC 数据段 C002/1001/1131 C503/1004

续表12－1

栏目编号	数据描述	UNTDED 4位唯一标记和字典条目名称	UN/EDIFACT (INVOIC)
BN07	向其出售商品或服务的当事人的标识、名称和地址	3002：Buyer. Party Identification. Text（Business Term：Purchaser） ［买方．当事人标识．文本（业务术语：购买方）］ 3003：Buyer. Party. Identifier （买方．当事人．标识）	NAD数据段 3035 C082/3039 C058/3124 C080/3036 C059/3042 3164，C819/3229 3251，3207
BN08	生产或制造货物的国家名称和代码，根据适用于海关税则、配额限制、或任何其他贸易相关措施所设定的标准	3238：Consignment. Origin Country Name. Text（Business Term：Country of Origin） ［托运货物．国家名称．文本（业务术语：原产地国家）］ 3239：Consignment. Origin Country. Identifier （托运货物．原产地国家．标识）	ALI数据段 3239
BN09	支付信息，例如： •交易双方之间支付条款的无格式文本说明 •交易双方之间交易条款的标识（通用术语） •限定交易条款类型的代码 交付条款信息，例如： •交付或运输条款的无格式文本说明 •指定交付或运输条款的代码 •买卖双方之间约定应当交付商品的期间，日期格式数字和文字都要使用	4276：Payment Term. Text（支付条款．文本） 4277：Payment Term. Code （支付条款．代码） 4279：Payment Term. Type. Code （支付条款．类型．代码） 4052：Trade Term. Description. Text（Business Term：Incoterms） ［贸易条款.名称.文本(业务术语:Incoterms)］ 4053：Trade Term. Conditions. Code（Business Term：Incoterms Code） ［贸易条款．条款．代码（业务术语：Incoterms代码）］ 2310 Delivery. Period Date Time. Text （交付．期间日期时间．文本） 2311 Delivery. Period. Date Time （交付．期间．日期时间）	PYT数据段 4279， C019/4277/4276 TOD数据段 4055， 4215， C100/4053/1131 DTM数据段 C507/2005/2380/2379
BN010	运输设备或包装上对标志和件号的无格式文本说明，以及某一运输设备（如集装箱或成组载货设备）的标识	7102：Goods Item. Shipping Marks. Text（Business Term：Marks and numbers） ［单件货物．运输标志．文本（业务术语：标志和件号）］ 8260：Transport Equipment. Identifier （运输设备．标识）	PCI数据段 C210/7102 EQD数据段 8053， C237/8260

续表 12-1

栏目编号	数据描述	UNTDED 4 位唯一标记和字典条目名称	UN/EDIFACT (INVOIC)
BN011	包装信息，例如： •包装种类和代码 •单件货物的数量，不首先解除包装就无法分开的封装整体 •以普通语言对单件货物性质的描述，足以用于海关、统计或运输	7064：Package. Type. Text （包装．种类．文本） 7065：Package. Type. Code （包装．种类．代码） 7224： Package. Quantity （Business Term：Number of packages） [包装．数量（业务术语：件数）] 7002：Goods Item. Description. Text（Business Term：Nature of goods） [单件货物．名称．文本（业务术语：货物性质）]	PAC 数据段 7224， C202/7065/7064 FTX 数据段 4451， C108/4440
BN012	货物重量（质量），包括包装但不包括承运人的设备	6292：Goods Item. Gross Weight. Measure（Business Term：Actual gross weight（mass）） [单件货物重量计量（业务术语：实际毛重（质量））]	MEA 数据段 6311， C502/6313， C174/6411/6314
BN013	通常将单件货物、包装或运输设备的最大长度、宽度和高度相乘所取得的测量结果。也被认为是体积	6322：Goods Item. Gross Measurement Cube. Measure （Business Term：Volume；Gross Measure Cube [GMC]） [单件货物．丈量体积．计量（业务术语：体积、外部丈量体积（GMC））]	MEA 数据段 6311， C502/6313， C174/6411/6314
BN014	针对某一项服务所约定收取的货币金额及其货币代码	5000：Service. Charge. Amount （服务．费收．金额） 6343：Currency. Type. Code （货币．种类．代码） 6344：Currency. Text （货币．文本） 6345：Currency. Identifier （货币．标识）	MOA 数据段 C516/5025/5004/ 6345 /6343
BN015	托运人根据运输合同条款以任何方式将货物从一处运往另一处中所发生的费用。除了运输费用，还可能包括如包装、制单、装货、卸货以及保险等费用要素（属于运输费用的范围）	5290 Consignment. Freight Charge. Amount（Business Term：Freight cost（Customs），Freight and charges total amount） [托运货物．运输费用．金额（业务术语：运费（海关）、运费及附加费总额）] 6343：Currency. Type. Code （货币．种类．代码） 6344：Currency. Text （货币．文本） 6345：Currency. Identifier （货币．标识）	MOA 数据段 C516/5025/5004/ 6345/6343

续表12-1

栏目编号	数据描述	UNTDED 4位唯一标记和字典条目名称	UN/EDIFACT (INVOIC)
BN016	除包装、运输和保险费之外的费用，单独指明	5346：Consignment. Other Cost. Amount （托运货物．其他费用．金额） 6343：Currency. Type. Code （货币．种类．代码） 6344：Currency. Text （货币．文本） 6345：Currency. Identifier （货币．标识）	MOA 数据段 C516/5025/5004/ 6345/6343
BN017	为货物投保而应向保险公司支付的保险费	5486：Consignment. Insurance. Amount （托运货物．保险．金额） 6343：Currency. Type. Code （货币．种类．代码） 6344：Currency. Text （货币．文本） 6345：Currency. Identifier （货币．标识）	MOA 数据段 C516/5025/5004/ 6345/6343
BN018	由卖方借记的某一商业发票相关各明细项目金额的合计数	5214：Invoice. Total. Amount （发票．合计．金额）	CNT 数据段 6069，6066，6411

发票主体由一项或多项“发票行项目”组成，数据元的构成包括发票行项目所需的全部信息，主要有：

单元格编号	数据描述	UNTDED 4位唯一标记和字典条目名称	UN/CEFACT (INVOIC)
BN019	从一连串行项目区分某一单独行项目的标识	1082：Line Item. Sequence. Identifier (Business Term：Line item number) [行项目．顺序．标识（业务术语：行项目编号）]	LIN 数据段 1082
BN020	对某一行项目及其编号的无格式文本说明，例如用于标识某一行项目的部件编号	7008：Line Item. Text （行项目．文本） 7140：Line Item. Identifier （行项目．标识）	PIA 数据段 4347， C212/7140 IMD 数据段 C273/7008

续表 12-1

单元格编号	数据描述	UNTDED 4 位唯一标记和字典条目名称	UN/CEFACT (INVOIC)
BN021	税务信息，例如： • 以文本表示和代码指定的某一税费的费率 • 对发票金额以适当税率按照适用税种运算得出增值税（或类似税种）的本国货币金额	5278：Tax Or Fee. Rate. Text （税费．费率．文本） 5279：Tax Or Fee. Rate. Code （税费．费率．代码） 5490：Value Added Tax. Amount （增值税．金额）	TAX 数据段 5283， C241/5153/1131 C243/5279/5278 5305 MOA 数据段 C516/5025/5004/6345 /6343
BN022	生产或制造货物的国家名称和代码，根据适用于海关税则、配额限制、或任何其他贸易相关措施所设定的标准	3238：Consignment. Origin Country Name. Text (Business Term：Country of Origin) [托运货物．国家名称．文本（业务术语：原产地国家）] 3239：Consignment. Origin Country. Identifier （托运货物．原产地国家．标识）	ALI 数据段 3239
B023	对其他单证的参照，例如： • 标识某一份交付通知单的编号 • 标识某一发送通知单的编号 • 标识某一发运单的编号 • 指定某一参照种类及其编号的代码（通用术语）	1033：Delivery Note Document. Identifier （交付通知单．标识） 1035：Despatch Advice Document. Identifier （发送通知单．编号） 1128：Despatch Note Document. Identifier （发运通知．标识） 1153：Reference. Type. Code （编号．种类．代码） 1154：Reference. Identifier （编号．标识）	RFF 数据段 C506/1153/1154
BN024	数量信息，例如： • 以数字和文字表示的应税数量 • 对数量值得数字表示 • 限定数量种类的代码	6060：Quantity. Quantity. Text （数量．数量．文本） 6061：Quantity. Quantity （数量．数量） 6063：Quantity. Type. Code （数量．种类．代码）	QTY 数据段 C186/6063/6060/6411

续表 12－1

单元格编号	数据描述	UNTDED 4 位唯一标记和字典条目名称	UN/CEFACT (INVOIC)
BN025	据以按照数量单位对某一单项物品计算金额的件数及其货币代码	5110：Line Item. Unit Price. Amount （行项目．单价．金额） 6343：Currency. Type. Code （货币．种类．代码） 6344：Currency. Text （货币．文本） 6345：Currency. Identifier （货币．标识）	PRI 数据段 C509/5125/5118/6411
BN026	从某一页向下一页、或从补充单据结转的金额及其货币代码	5068：Invoice. Line Item. Amount （发票．行项目．金额） 6343：Currency. Type. Code （货币．种类．代码） 6344：Currency. Text （货币．文本） 6345：Currency. Identifier （货币．标识）	MOA 数据段 C516/5025/5004/6345

联合国贸易商业发票样式

INVOICE LAYOUT KEY

<table>
<tr><td colspan="3">卖方
Seller B01</td><td colspan="3">发票时间和编号
Invoice date and N° B05
其他参考
Other references B06</td></tr>
<tr><td colspan="3">收货人
Consignee B02</td><td colspan="3">买方（非收货人）
Buyer（if other than consignee）B07</td></tr>
<tr><td colspan="3" rowspan="2">B03</td><td colspan="3"></td></tr>
<tr><td colspan="3">货物原产国
Country of origin of goods B08</td></tr>
<tr><td colspan="3">运输事项
Transport details B04</td><td colspan="3">交货和支付条款
Terms of delivery and payment B09</td></tr>
<tr><td>运输标志，集装箱号
Shipping marks;
Container N°
B10</td><td colspan="3">包装种类和数量；货物品种（完整和/或代码）
N° and kind of package; Goods description（in full and/or in code）
B11</td><td>毛重．kg
Gross weight. kg
B12</td><td>体积．m^3
Cube. m^3
B13</td></tr>
<tr><td colspan="3">货物说明（代码和/或完整描述）
Specification of commodities（in code and/or in full）
B19，B20，B21，B22，B23
（B25，B26）</td><td>数重量
Quantity
B24</td><td>单价
Unit price
B25</td><td>金额
Amount
B26</td></tr>
<tr><td colspan="2" rowspan="5">自由处置区
Free disposal</td><td colspan="2">包装
Packing B14</td><td>上面已包括
Included above</td><td>上面未包括
Not incl. above</td></tr>
<tr><td colspan="2">货运 Freight B15</td><td></td><td></td></tr>
<tr><td colspan="2">其他费用（指定）Other costs（Specify）B16</td><td></td><td></td></tr>
<tr><td colspan="2">保险
Insurance B17</td><td></td><td></td></tr>
<tr><td colspan="3">总发票金额
Total invoice amount</td><td>B18</td></tr>
</table>

图 12-2 国际贸易商业发票样式

本章小结

1. 本章重点给出了电子商业发票的业务需求和数据元。
2. 本章重点解析了电子发票的数据。

思考题

1. 电子发票与通常的发票有什么异同?

附录A　国际贸易数据交换国家标准目录

A.1　通用信息类国家标准目录

序号	标准名称	标准号
1	国际贸易方式代码	GB/T 15421—2008
2	世界各国和地区名称代码	GB/T 2659—2000
3	数据和交换格式信息交换日期和时间表示法	GB/T 7408—2005
4	表示货币和资金的代码	GB/T 12406—2008
5	国际贸易术语字母代码	GB/T 29193—2012
6	运输方式代码	GB/T 6512—2012
7	国际贸易运输船舶名称与代码编制原则	GB/T 18366—2001
8	国际贸易用标准运输标志	GB/T 18131—2010
9	中华人民共和国口岸及相关地点代码	GB/T 15514—2008
10	中国及世界主要海运贸易港口代码	GB/T 7407—2008
11	国际贸易付款方式分类与代码	GB/T 16962—2010
12	国际贸易付款条款的缩略语—PAYTERMS	GB/T 18126—2010
13	国际贸易合同代码编制规则	GB/T 16963—2010
14	国际贸易计量单位代码	GB/T 17295—2008
15	货物类型、包装类型和包装材料类型代码	GB/T 16472—2013
16	运费代码（FCC）运费和其他费用的统一描述	GB/T 17152—2008
17	运输工具类型代码	GB/T 18804—2010

A.2　单证类国家标准目录

序号	标准名称	标准号
1	国际贸易单证样式	GB/T 14392—2009
2	贸易单证中代码的位置	GB/T 14393—2008
3	格式设计 基本样式	GB/T 16832—2012
4	国际贸易单证格式标准编制规则	GB/T 17298—2009

续表

序号	标准名称	标准号
5	国际贸易出口单证格式 第1部分：商业发票	GB/T 15310.1—2009
6	国际贸易出口单证格式 第2部分：装箱单	GB/T 15310.2—2009
7	国际贸易出口单证格式 第3部分：装运通知	GB/T 15310.3—2009
8	国际贸易出口单证格式 第4部分：中华人民共和国出口货物原产地证书	GB/T 15310.4—2012
9	中华人民共和国进出口许可证格式 第1部分：进口许可证格式	GB/T 15311.1—2008
10	中华人民共和国进出口许可证格式 第2部分：出口许可证格式	GB/T 15311.2—2008
11	贸易数据交换 贸易数据元目录 数据元	GB/T 15191—2010

A.3 电子数据交换（EDI）国家标准目录

序号	标准名称	标准号
1	用于行政、商业和运输业电子数据交换的应用级语法规则第1部分 公用的语法规则	GB/T 14805.1—2007
2	用于行政、商业和运输业电子数据交换的应用级语法规则第2部分：批式电子数据交换专用的语法规则	GB/T 14805.2—2007
3	用于行政、商业和运输业电子数据交换的应用级语法规则第3部分：交互式电子数据交换专用的语法规则	GB/T 14805.3—2007
4	用于行政、商业和运输业电子数据交换的应用级语法规则第4部分：批式电子数据交换语法和服务报告报文（报文类型为CONTRL）	GB/T 14805.4—2007
5	用于行政、商业和运输业电子数据交换的应用级语法规则第5部分：批式电子数据交换安全规则（真实性、完整性和源抗抵赖性）	GB/T 14805.5—2007
6	用于行政、商业和运输业电子数据交换的应用级语法规则第6部分：安全鉴别和确认报文（报文类型为AUTACK）	GB/T 14805.6—2007
7	用于行政、商业和运输业电子数据交换的应用级语法规则第7部分：批式电子数据交换安全规则（保密性）	GB/T 14805.7—2007
8	用于行政、商业和运输业电子数据交换的应用级语法规则第8部分：电子数据交换中的相关数据	GB/T 14805.8—2007
9	用于行政、商业和运输业电子数据交换的应用级语法规则第9部分：密钥和证书管理报文（报文类型为KEYMAN）	GB/T 14805.9—2007
10	用于行政、商业和运输业电子数据交换的应用级语法规则第10部分：语法服务目录	GB/T 14805.10—2005

续表

序号	标准名称	标准号
11	用于行政、商业和运输业电子数据交换的报文设计规则	GB/T 15947—2011
12	行政、商业和运输业电子数据交换　复合数据元目录	GB/T 15635—2008
13	行政、商业和运输业电子数据交换　段目录	GB/T 15634—2008
14	行政、商业和运输业电子数据交换　数据元目录	GB/T 17699—2008
15	行政、商业和运输业电子数据交换　代码表	GB/T 16833—2011
16	船图/积载图报文	GB/T 17184—1997
17	收货通知报文	GB/T 17231—1998
18	发货通知报文	GB/T 17232—1998
19	订购单报文	GB/T 17233—1998
20	中华人民共和国进口许可证报文	GB/T 17302. 1—2008
21	中华人民共和国出口许可证报文	GB/T 17302. 2—2008
22	发票报文 第 1 部分 联合国标准发票报文	GB/T 17303. 1—2010
23	发票报文 第 2 部分 国际贸易商业发票报文	GB/T 17303. 2—2010
24	订购单变更请求报文	GB/T 17536—1998
25	订购单应答报文	GB/T 17537—1998
26	国际物流政府管理报文	GB/T 17703. 2—1999
27	销售数据报告报文	GB/T 17705—1999
28	参与方信息报文	GB/T 18130—2000
29	应用错误与确认报文	GB/T 18128 - 2000
30	一般用途报文	
31	EDI 交换协议样本	GB/T 17629—2010

A.4　电子商务国家标准目录

序号	标准名称	标准号
1	基于 XML 的电子商务 技术体系结构	GB/T 19256. 1—2003
2	基于 XML 的电子商务 协同规程轮廓与协议规范	GB/T 19256. 2—2006
3	基于 XML 的电子商务 消息服务规范	GB/T 19256. 3—2006
4	基于 XML 的电子商务 注册系统信息模型规范	GB/T 19256. 4—2006
5	基于 XML 的电子商务 注册服务规范	GB/T 19256. 5—2006
6	基于 XML 的电子商务 业务过程规范模式	GB/T 19256. 6—2006
7	基于 XML 的电子商务 业务过程构件设计规则	
8	基于 XML 的电子商务 报文设计规则	GB/T 19256. 8—2009
9	基于 XML 的电子商务 核心构件与业务信息实体规范	GB/T 19256. 9—2006

附录B　贸易便利化涉及的国际公约、法律、法规、指南

1. 国际公约

- 国际海上运输便利化公约（FAL 公约 1975）
- 统一国际航空运输某些规则的公约（蒙特利尔公约 1999）
- 国际货物运输海关公约（TIR 公约 1975）
- 边境货物管理协调国际公约（1982）
- 商品名称及编码协调制度（HS）国际公约（HS 公约 1988）
- 海关程序简化与协调国际公约（RKC 公约 1999）
- 在国际合同中使用电子通信的联合国公约（UN 电子通信公约 2005）
- WTO 海关估价协议（GATT 第 7 章 1994）

2. 法律、法规

- ARUSHA 申报
- UNCITRAL 电子商务示范法
- UNCITRAL 电子签名示范法
- WCO 数据模型
- WCO 促进贸易与安全的标准框架

3. 指南

- EFTA 贸易便利化手册
- ICC 海关指南
- ICC 国际贸易术语解释通则（INCOTERMS）
- ICC 国际销售合同样本
- ICC 行为守则
- ICC 相互承认建议书
- ICC 跟单信用证统一惯例
- UNCTAD 贸易便利化措施技术注释
- UNNEXT 数据协调与建模指南
- UNNEXT 业务过程分析指南
- UNNEXT 单证基准指南
- UNNEXT 电子单一窗口与无纸贸易法律指南
- UNNEXT 单一窗口实施指南
- WB 贸易和运输便利化评价指南
- WCO 经授权经营者实施指南

- WCO 建立单一窗口纲要
- WCO 相互承认协议指南
- WCO 立即放行指南
- WCO 京都信息技术指南
- WCO 行为示范准则
- WCO 国家基本设施指南

附录C　UN/CEFACT简介

C.1　概述

UN/CEFACT成立于1960年，它是联合国下属的标准化机构。最初的名称为“联合国欧经会国际贸易单证简化与标准化工作组”，1972年更名为“联合国欧经会国际贸易便利化工作组”，1996年正式更名为联合国欧经会贸易便利化与电子业务中心（UN/CEFACT）。其职权范围也从国际贸易纸面单证的简化与标准化扩大到国际贸易过程、程序和信息流的标准化与规范化，以及用于贸易数据自动处理和传输的统一系统的开发上。目前UN/CEFACT的主要任务是通过发布和推荐使用国际贸易便利化建议书、电子业务标准以及技术规范来提高发达国家发展中国家以及经济转型国家的行政、商业和运输业的能力，以促进国际贸易的发展。同时UN/CEFACT还负责研制和维护这些建议书、标准以及技术规范。而这些建议书、标准、以及技术规范主要涉及国际贸易中过程、程序和交易时的信息交换。

UN/CEFACT从20世纪60年代初就开始从事国际贸易便利化和标准化工作。经过多年的努力研制出第一个国际贸易便利化标准：“联合国贸易单证样式。”并于1981年以建议书的形式在联合国框架内推荐使用。同年，又以建议书的形式推荐了第二个标准：“国际贸易单证中代码的位置”。随后，又陆续研制、发布并以建议书的形式推荐了许多标准。到目前为止，UN/CEFACT一共给出了35个建议书。除了建议书29、建议书30以及建议书34是为特定的标准预留的，还未给出之外，其他32个建议书都已发布并在联合国框架内推广使用。除了发布建议书之外，UN/CEFACT还推出了7套标准和5套技术规范。在陆续推出这些建议书、标准和技术规范的同时，UN/CEFACT还对它们进行维护和修订工作。这些建议书、标准和技术规范极大地规范了国际贸易程序、电子商务，促进了国际贸易的发展，节省了大量资金，同时提高了效益。

与UN/CEFACT的合作对联合国各成员国、政府间组织和经联合国经济和社会委员会（ECOSOC）认可的非政府组织都完全开放。通过来自全世界政府和企业代表的参与，UN/CEFACT已经制订了一系列贸易便利化和电子商务标准、建议和方法，在政府间事务处理方面得到广泛认可并在全球范围实施。

C.2　UN/CEFACT的目标与任务

UN/CEFACT的目标是帮助发达国家、发展中国家以及经济转型国家有效地提高商品和服务交换的交换能力。其原则是通过简化和协调国际和国内交易的流程、程序以及信息流来实现国际贸易的便利化，促进国际贸易的增长，提高效率。

它的工作任务主要包括以下几个方面：

1. 分析和了解国际贸易流程、程序以及交易，消除其中的限制；

2. 研发包括与信息技术相关的贸易流程、程序以及交易便利化方法；

3. 通过政府、行业协会以及服务协会等渠道来促进上述便利化方法的使用；

4. 协调与其他国际组织的工作，这些国际组织包括：世界贸易组织（WTO）、世界海关组织（WCO）、经济合作与发展组织（OECD）、联合国国际贸易法委员会（UNCITRAL）、联合国贸发会（UNCTAD），通过协调达成谅解备忘录。

5. 通过与其他政府间的和非政府的机构合作来共同研发用于国际贸易便利化的建议书、标准和技术规范。

C.3　UN/CEFACT 的组织结构

UN/CEFACT 的结构如图 C－1 所示，它由全会筹委会、秘书处、论坛管理组、召集人以及常设机构组成。其中常设机构由 5 个常设工作组组成，它们分别是贸易与业务流程工作组、法律工作组、技术与方法工作组、信息内容管理工作组以及应用技术工作组。应用技术工作组是最大的工作组，它又由 20 多个分工作组组成。这些常设工作组的任务就是研发建议书、标准以及技术规范。论坛管理组负责每年组织召开 1 到 2 次全球性的贸易论坛。秘书处负责 UN/CEFACT 的各种事务性的工作，包括各种会议的准备，资料的发放，建议书、标准以及技术规范的起草程序中的投票以及征求意见等。全会筹委会负责每年组织召开 1 次 UN/CEFACT 年会。各种召集人负责各个小型会议的组织、协调以及会议议程等。

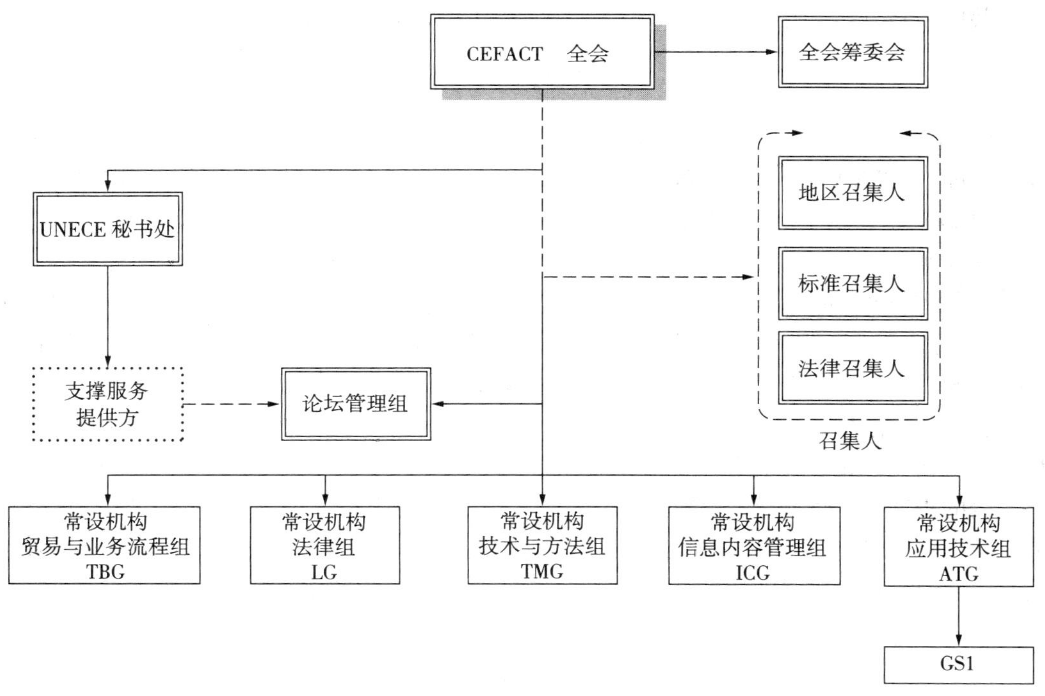

图 C－1　UN/CEFACT 结构图

C.4　UN/CEFACT 的政策、程序以及职权范围

UN/CEFACT 有一套严格的政策、管理程序以及它的职权范围。UN/CEFACT 的政策在其制定的下列文件中给出：《UN/CEFACT 知识产权政策》、《知识产权政策执行概要》、《UN/CEFACT 战略》以及《翻译成俄文和法文的知识产权政策》等。UN/CEFACT 的管理程序在其制定的下列文件中给出：《UN/CEFACT 工作程序》、《UN/CEFACT 常设工作组运作程序》、《UN/CEFACT 机构程序规则》、《UN/CEFACT 论坛程序规则》以及《UN/CEFACT 召集人程序规则》等。UN/CEFACT 的职权范围在其制定的下列文件中给出：《UN/CEFACT 职权范围手册》、《UN/CEFACT 召集人职权范围》、《UN/CEFACT 常设工作组职权范围》等。UN/CEFACT 在与各国交流和联络时只与该国的政府机构打交道，通常不与企业联系，也不接受企业的赞助。

C.5　UN/CEFACT 行政机构

UN/CEFACT 行政机构包括：各国代表团团长、全会筹委会、有贡献的代表、论坛管理组以及常设工作组。在行政机构的详细信息中给出了各国代表团团长的姓名和国家，以及联系方式。在全会筹委会的信息中给出了近年 UN/CEFACT 年会的信息和成果，以及谅解备忘录。在有贡献的代表信息中给出了这些代表的姓名和国家，以及联系方式。论坛管理组给出了论坛负责人的个人信息，以及论坛管理的职责。在常设工作组中给出了业务流程工作组、法律工作组、技术与方法工作组、信息内容管理工作组以及应用技术工作组等的工作政策、管理程序以及它的职权范围。

C.6　UN/CEFACT 建议书

UN/CEFACT 从 1981 年到目前为止共发布了 35 个建议书、7 套标准和 5 套技术规范。目前，UN/CEFACT 正准备发布第 34 和 35 号建议书，同时正在研究第 36、37 和 38 号建议书。UN/CEFACT 根据这些标准化理论和措施的重要性不同将它们分为建议书、标准和技术规范。就相当于我国国家标准有强制性标准（GB）、推荐性标准（GB/T）以及指导性文件技术（GB/Z）。UN/CEFACT 建议书具有较强的约束力，它相当于“GB”，标准就相当于 GB/T，技术规范就相当于“GB/Z”。这样大家就能理解为什么 UN/CEFACT 要以建议书、标准和技术规范的形式给出它们。

表 C－1 给出了 UN/CEFACT 发布的 35 个建议书的中文名称、英文名称以及根据这些建议书研制出的国家标准对照表。表 C-1 中“英文名称”栏给出了建议书的英文名称；表的中间“中文名称”是按照建议书的英文名称翻译来的；表的右边“国家标准”是对应于该建议书的国家标准号。读者应当清楚对应于建议书的国家标准的重要程度应当比所对应的 UN/CEFACT 标准或技术规范的国家标准的重要程度高。

表 C-1 UN/CEFACT 建议书以及对应的国家标准

序号	英文名称	中文名称	国家标准
1	United Nations Layout Key for Trade Documents	联合国贸易单证样式	GB/T 14392—2009
2	Location of codes in trade documents	贸易单证中代码的位置	GB/T 14393—2008
3	Codes for representation of names of countries	国家名称的代码表示	GB/T 2659—2000
4	NATIONAL TRADE FACILITATION BODIES	全国性贸易便利化机构	中国国家贸易便利化机构成立于 1993 年
5	Abbreviations of INCOTERMS	国际贸易术语字母代码	GB/T 29193—2012
6	Aligned invoice Layout Key for international Trade	国际贸易套合式发票样式	GB/T 15310. 1—2009
7	Numerical representation of date, time, and periods of time	日期、时间和时间期限的数字表示	GB/T 7408—2005
8	Unique identification code methodology	统一标识编码方法（UNIC）	
9	Alphabetical code for representation of currencies	表示货币的字母代码	GB/T 12406—2008
10	Codes for ship' s name	船舶名称代码	GB/T 18366—2001
11	Documentary aspects of the international transport of dangerous goods	国际危险品运输文件	
12	Measures facilitate maritime transport documents procedures	海运单证简化程序措施	
13	Facilitation of identified legal problems in import clearance procedures	在进口清关程序中确定法律问题的简化措施	
14	Authentication of Trade Documents by means other than signature	用非签署方式对贸易单证认证	
15	Simpler shipping marks	简单运输标志	GB/T 18131—2010
16	Codes for ports and other locations	口岸及相关地点代码	GB/T 15514—2008
17	Payterms - - Abbreviations for terms of payment	付款条款缩写	GB/T 18126—2010
18	Facilitation Measures related to international Trade procedures	有关国际贸易便利化措施	
19	Code for modes of transport	运输方式代码	GB/T 6512—2012
20	Codes for units of measure used in international Trade	国际贸易计量单位代码	GB/T 17295—2008

续表 C-1

序号	英文名称	中文名称	国家标准
21	Codes for types of cargo, packages and packaging materials	货物、包装以及包装类型代码	GB/T 16472—2013
22	Layout Key for standard consignment instructions	标准托运指示单证样式	
23	Freight cost code	运费代码	GB/T 17152—2008
24	Trade and transport status codes	贸易和运输状态代码	
25	UN/EDIFACT	行政、商业和运输业电子数据交换	已研制 30 多项国家标准
26	Commercial use of interchange agreements for EDI	电子数据交换用商用交换协议	GB/T 17629—2010
27	Pre - shipment inspection	装运前检验	
28	Codes for types of means of transport	运输工具类型代码	GB/T 18804—2010
29			
30			
31	Electronic commerce agreement	电子商务协议	GB/T 19252—2010
32	E - commerce self - regulatory instrument	电子商务自律办法	
33	Establishing a single window	建立单一窗口	
34	Data Simplification and Standardization for International Trade	国际贸易数据简化与标准化	
35	Establishing a legal framework for international trade Single Window	建立国际贸易单一窗口的法律框架	

C.7 UN/CEFACT 标准

表 C-2 给出了 UN/CEFACT 发布的 7 套标准的中文名称、英文名称以及根据这些标准研制出的国家标准对照表。表的左边“英文名称”栏给出了标准的英文名称；表的中间“中文名称”是按照标准的英文名称翻译来的；表的右边“国家标准”是对应于该标准的国家标准号。读者应当清楚对应于 UN/CEFACT 标准的国家标准的重要程度应当比所对应的 UN/CEFACT 技术规范的国家标准的重要程度高，但低于对应于建议书的国家标准。

表 C-2　UN/CEFACT 发布的标准以及对应的国家标准

序号	英文名称	中文名称	国家标准
1	UN/EDIFACT - ISO 9735 Electronic data interchange for administration, commerce and transport (EDIFACT) - - Application level syntax rules - - Part 1…. . Part10.	行政、商业和运输业电子数据交换（EDIFACT）应用级语法规则第 1 部分…第 10 部分	GB/T14805. 1—2007 GB/T14805. 10—2005
2	UN/EDIFACT Directories (UNTDID)	联合国贸易数据交换目录	GB/T 15947, GB/T 15635, GB/T 15634, GB/T 16833, GB/T 17699, GB/T 17629
3	Business Requirement Specification (BRS)	业务需求规范	
4	Requirement Specification Mapping (RSM)	需求规范映射	
5	Core Components Library (UN/CCL)	核心构件库	
6	UNTDED - ISO7372 Trade data elements directory	贸易数据元目录	GB/T 15191—2010
7	XML Schema	XML Schema	

UN/EDIFACT - ISO 9735“行政、商业和运输业电子数据交换（EDIFACT）应用级语法规则”由 10 个标准组成，它们已经全部转换成了国标。UN/EDIFACT“联合国贸易数据交换目录”由 6 个标准和 280 个标准报文组成，这 6 个标准已经转换成了国标，另外还将 16 个报文转换成了国标，满足了国内的需求。UN/CEFACT 近些年研制了“业务需求规范”标准，它由 26 个具体的“业务需求规范”标准组成。目前，我们还在研究这些业务需求规范标准。UN/CEFACT 最近研制了“需求规范映射”标准，它由 5 个具体的“需求规范映射”标准组成。目前，我们正准备研究这些需求规范映射标准。UN/EDIFACT 在上个世纪末开始研制“核心构件库”标准，从 2000 年开始每年发布一版新的“核心构件库”标准。“贸易数据元目录”是 UN/CEFACT 在 1985 年最早给出的标准，后来被 ISO 采纳为国际标准。该标准主要用于单证，目前已经更新了 3 次。UN/CEFACT 最近研制的“XML Schema”标准由 60 个代码表组成，我们正准备研究这些标准。

C.8　UN/CEFACT 技术规范

表 C-3 给出了 UN/CEFACT 发布的 5 套技术规范的中文名称、英文名称、以及根据这些技术规范研制出的国家标准对照表。表的左边“英文名称”栏给出了技术规范的英文名称；表的中间“中文名称”是按照技术规范的英文名称翻译来的；表的右边“国家标准”是对应于该技术规范的国家标准号。读者应当清楚对应于 UN/CEFACT 技术规范的国家标准的重要程度应当低于对应于 UN/CEFACT 建议书和标准的国家标准。

表 C-3　UN/CEFACT 发布的技术规范以及对应的国家标准

序号	英文名称	中文名称	国家标准
1	UN/CEFACT Modelling Methodology	UN/CEFACT 建模方法	GB/Z 20539—2006
2	Core Components Technical specifications	核心构件技术规范	GB/T 19256. 9—2006
3	XML Naming and Design Rules	XML 命名和设计规则	GB/T 19256. 8—2009
4	UML Profile for Core Components	核心构件的 UML 轮廓	
5	CCTS Data Type Catalogue	核心构件数据类型目录	GB/T 20538. 1—2006

“建模方法、核心构件技术规范、XML 命名和设计规则、核心构件的 UML 轮廓、以及核心构件数据类型目录”5 套技术规范都是 UN/CEFACT 近些年研制出来的用于互联网上的电子数据交换标准。随着互联网技术的成熟，用户已经开始使用它们。目前主要是中小企业在进行国际贸易时使用它们。

C.9　UN/CEFACT 贸易代码

UN/CEFACT 为了使国际贸易更加便利化和标准化，给出了许多与贸易相关的代码。这些代码大部分都相对稳定，但是也有一部分代码由于政治等原因经常发生变化。UN/CEFACT 贸易代码主要就是要解决上述问题，以满足用户需求。UN/CEFACT 主要给出了联合国口岸与相关地点代码、国家名称代码、货币名称代码以及国际贸易用计量单位代码。由于各国的口岸、国家名称、货币名称以及各国的计量单位等信息经常变化，而 ISO 标准无法跟上这些变化，因此，UN/CEFACT 负责对上述 4 个代码实施动态维护。每年给出两个版本的代码，如：2010A 版，以及 2010B 版。

C.10　UN/CEFACT 的研究机构

UN/CEFACT 的研究机构主要由业务流程工作组、技术与方法工作组以及应用技术工作组 3 个工作组构成。所有的 UN/CEFACT 的建议书、标准、以及技术规范均出自这 3 个工作组。上述 3 个工作组各自下面还设有许多子工作组，如：ATG 下设有 ATG1、ATG2、... ATG20。这些工作组在研制新的措施和标准时通常与内部和外部的团体和机构进行密切合作，征求各个机构的意见和建议，有时还将这些正在研制的标准进行实验和测试，不断进行完善，以达到最佳效果。

C. 11　UN/CEFACT 的全会与论坛

UN/CEFACT 每年召开一到两次论坛，另外每年还召开一次全会。所有论坛和全会的资料、信息、联系以及会务工作都由他们负责。通常论坛可以由联合国成员国的某一国家接受 UN/CEFACT 委托承办。论坛的内容主要涉及 UN/CEFACT 贸易便利化措施和标准化理论的在各国贸易中的应用情况。全会通常在 UN/CEFACT 总部日内瓦召开，主要总结 UN/CEFACT 一年的工作。

C. 12　UN/CEFACT 的出版物

UN/CEFACT 将历年的出版物均保留和存档，并在其网站上能够查到。因此，当用户需要对以前的资料进行核查时，可以从 UN/CEFACT 网站上获得。UN/CEFACT 对其出版物拥有版权，禁止对其进行赢利性质的印刷和销售。

C. 13　各国的国际贸易便利化机构

UN/CEFACT 在第 4 号建议书中建议联合国各成员国为了促进本国的国际贸易成立各自国家的贸易便利化机构，以便协调各国国内多个贸易参与方之间的关系，推动和促进贸易便利化。UN/CEFACT 将各国的国际贸易便利化机构公布在其网站上，以便有关国家或地区的相关用户或参与方方便地查找。

参考文献

[1] UN/CEFACT Recommendation No. 1 "United Nations Layout Key for Trade Document"

[2] UN/CEFACT Recommendation No. 2 "Location of Codes in Trade Document"

[3] UN/CEFACT Recommendation No. 3 "ISO Country Code: Code for Representation of Name of Countries"

[4] UN/CEFACT Recommendation No. 4 "National Trade Facilitation Bodies"

[5] UN/CEFACT Recommendation No. 5 "Abbreviations of INCOTERMS "

[6] UN/CEFACT Recommendation No. 6 "Aligned invoice Layout Key for international Trade"

[7] UN/CEFACT Recommendation No. 7 "Numerical representation of date, time, and periods of time"

[8] UN/CEFACT Recommendation No. 8 "Unique identification code methodology"

[9] UN/CEFACT Recommendation No. 9 "Alphabetical code for representation of currencies"

[10] UN/CEFACT Recommendation No. 10 "Codes for ship' s name"

[11] UN/CEFACT Recommendation No. 11 "Documentary aspects of the international transport of dangerous goods"

[12] UN/CEFACT Recommendation No. 12 " Measures facilitate maritime transport documents procedures"

[13] UN/CEFACT Recommendation No. 13 "Facilitation of identified legal problems in import clearance procedures"

[14] UN/CEFACT Recommendation No. 14 "Authentication of Trade Documents by means other than signature"

[15] UN/CEFACT Recommendation No. 15 "Simpler shipping marks"

[16] UN/CEFACT Recommendation No. 16 "Codes for ports and other locations"

[17] UN/CEFACT Recommendation No. 17 "Payterms - - Abbreviations for terms of payment"

[18] UN/CEFACT Recommendation No. 18 "Facilitation Measures related to international Trade procedures"

[19] UN/CEFACT Recommendation No. 19 "Code for modes of transport"

[20] UN/CEFACT Recommendation No. 20 "Codes for units of measure used in international Trade"

[21] UN/CEFACT Recommendation No. 21 "Codes for types of cargo, packages and packaging materials"

[22] UN/CEFACT Recommendation No. 22 "Layout Key for standard consignment instructions"
[23] UN/CEFACT Recommendation No. 23 "Freight cost code"
[24] UN/CEFACT Recommendation No. 24 "Trade and transport status codes"
[25] UN/CEFACT Recommendation No. 25 "UN/EDIFACT"
[26] UN/CEFACT Recommendation No. 26 "Commercial use of interchange agreements for EDI"
[27] UN/CEFACT Recommendation No. 27 "Pre – shipment inspection"
[28] UN/CEFACT Recommendation No. 28 "Codes for types of means of transport"
[29] UN/CEFACT Recommendation No. 31 "Electronic commerce agreement"
[30] UN/CEFACT Recommendation No. 32 "E – commerce self – regulatory instrument"
[31] UN/CEFACT Recommendation No. 33 "Establishing a single window"
[32] UN/CEFACT Recommendation No. 34 "Data Simplification and Standardization for International Trade"
[33] UN/CEFACT Recommendation No. 35 "Establishing a legal framework for international trade Single Window"
[34] UN/EDIFACT
[35] ISO 7372
[36] ISO 11179
[37] UN/CEFACT 核心构件技术规范
[38] UN/CEFACT 核心构件库
[39] UN/CEFACT XML Schema
[40] UN/CEFACTXML 命名和设计规则技术规范
[41] UN/CEFACT 核心构件的 UML 轮廓技术规范
[42] UN/CEFACT 核心构件数据类型目录技术规范
[43] UN/CEFACT 业务需求规范
[44] UN/CEFACT 需求规范映射
[45] UN/CEFACT 建模方法技术规范
[46]《中华人民共和国对外贸易法》
[47] 黎孝先. 国际贸易实务（第五版）. 北京：对外经贸大学出版社，2011
[48] 李春田. 标准化概论. 北京：中国人民大学出版社，2010